DES
LETTRES MISSIVES

considérées au point de vue

DE LEUR INVIOLABILITÉ, DE LEUR PROPRIÉTÉ

et de leur production en justice

THÈSE POUR LE DOCTORAT

PAR

Léopold MAGISTRY

JUGE SUPPLÉANT AU TRIBUNAL CIVIL DE FORCALQUIER (B.-A.)

FORCALQUIER

ALBERT CREST, IMPRIMEUR DE L'ATHÉNÉE

ET DU FÉLIBRIGE DES ALPES

—

1898

DES LETTRES MISSIVES

CONSIDÉRÉES AU POINT DE VUE

DE LEUR INVIOLABILITÉ, DE LEUR PROPRIÉTÉ

et de leur production en justice

DES
LETTRES MISSIVES

considérées au point de vue

DE LEUR INVIOLABILITÉ, DE LEUR PROPRIÉTÉ

et de leur production en justice

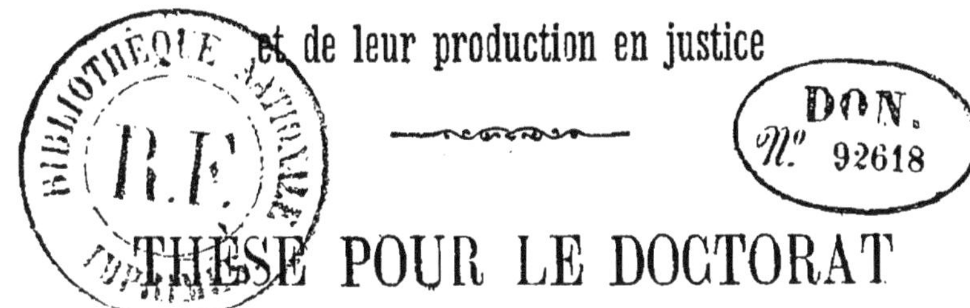

THÈSE POUR LE DOCTORAT

PAR

LÉOPOLD MAGISTRY

JUGE SUPPLÉANT AU TRIBUNAL CIVIL DE FORCALQUIER (B.-A.)

FORCALQUIER

ALBERT CREST, IMPRIMEUR DE L'ATHÉNÉE

ET DU FÉLIBRIGE DES ALPES

—

1898

A LA MÉMOIRE DE MON FRÈRE REGRETTÉ

E. MAGISTRY

ÉTUDIANT EN MÉDECINE NAVALE

A MON PÈRE ET A MA MÈRE

A MES SŒURS, BERTHE ET MARGUERITE

A MON ONCLE

LE COMMANDANT SOUBEYRAND

MEIS ET AMICIS

BIBLIOGRAPHIE

Abadie. — *De la propriété des lettres missives,* thèse de doctorat, Toulouse, 1882.

Baudoin (M. L'AVOCAT GÉNÉRAL). — *Des lettres missives.* Discours de rentrée, Lyon, 1883.

Belloc. — *Les Postes françaises, recherches historiques sur leur origine, leur développement, leur législation,* Paris, 1886.

Breton. — *De l'inviolabilité du secret et de la propriété des lettres,* thèse de doctorat, Bordeaux, 1889.

Bulletin mensuel des Postes, recueil publié par l'Administration.

Chauvet. — *Le secret et la propriété de la correspondance,* thèse de doctorat, Grenoble, 1891.

Cormenin (de). — *De la publication des lettres confidentielles,* (Revue critique de législation et de jurisprudence, T. 1er., 1851, p. 104).

Dalloz. — Répertoire et supplément. — Vis *Postes, Télégraphe, Lettres missives.*

Deffis. — *Lettres missives. — Propriété. — Droits de publication. — Droits d'auteur.* — (Annales de la propriété industrielle, artistique et littéraire, 1870, T. XVI, p. 97).

Du Camp (MAXIME). — *L'Administration des Postes,* (Revue des Deux Mondes, Janvier 1867, p. 167).

Frault. — *Manuel postal théorique et pratique,* Paris, 1890.

Girault. — *Traité des contrats par correspondance,* Paris, 1890.

Hanssens. — *Du secret des lettres,* Bruxelles, 1890.

Hepp. — *De la correspondance privée, postale ou télégraphique, dans ses rapports avec le droit civil et le droit commercial.* 1864.

Hugues-le-Roux. — *Le Cabinet noir,* série d'articles parus dans *Le Petit Marseillais,* en 1898.

Instruction générale sur le service des Postes, édit. 1876 ; *recueil officiel des règlements postaux.*

Jaccottey. — *Traité de législation et d'exploitation postales,* Paris, 1891.

Lafont de Sentenac (M. l'Avocat Général.) — *Des droits du mari sur la correspondance de sa femme,* discours de rentrée, Toulouse, 1897.

Lambry. — *Les mystères du Cabinet noir sous l'Empire et la poste sous la Commune.*

Legris (M. le Procureur de la République.) — *Du secret des lettres missives, de leur propriété et de leur production en justice,* Paris, 1894.

Rouland et Bouguet. — *Traité du service des Recettes des Postes,* Paris, 1888.

Rousseau. — *Traité théorique et pratique de la correspondance par lettres missives et télégrammes.* Paris, 1877.

Tissier. — *La propriété et l'inviolabilité des lettres missives,* thèse de doctorat, Paris, 1885.

Valabrègues (M. le Conseiller). — *Des lettres missives au point de vue du droit pénal,* (Journal des Parquets, 1888, p. 100).

Valéry. — *Des contrats par correspondance*, Paris, 1895.

Vanier. — *Des lettres missives*, (Revue pratique de droit français, T. XXI, 1866. p. 80).

Voillaume. — *Du respect dû à la correspondance.* Thèse de doctorat, Paris, 1888.

ABRÉVIATIONS

D. P.   Dalloz, périodique.
D. R.   Dalloz, répertoire.
D. R. S.   Supplément au répertoire de Dalloz.
J. P.   *Journal du Palais.*
G. T.   *Gazette des Tribunaux.*
J. D.   Journal *Le Droit.*
J. O.   *Journal Officiel.*
S.   Recueil de Sirey.
S. C. N.   Sirey, collection nouvelle.
B. C.   *Bulletin des arrêts de la Cour de Cassation*, Chambre criminelle.
G. P.   *Gazette du Palais.*

INTRODUCTION

1. — « La lettre missive est un message écrit, confié à un intermédiaire qui a pour mission, non pas d'en faire connaître verbalement la teneur au destinataire, mais de remettre à ce dernier l'objet qui sert de véhicule à la pensée de l'expéditeur. » (Valéry, des contrats par correspondance, p. 42-43).

2. — Nous n'entreprendrons pas de refaire, au début de cette étude, le tableau si souvent tracé de l'activité prodigieuse que le grand nombre et l'extrême rapidité des moyens de communication ont développé dans notre société contemporaine. « En les multipliant, a dit un auteur, la science moderne a, du même coup, multiplié les relations internationales. La lutte pour la vie, d'abord engagée sur quelques points isolés, entre individus d'une même région, ne connaît plus de frontières et s'étend désormais sur le vaste champ des deux mondes. La mêlée est générale ; tous les peuples y prennent part. » (*Revue encyclopédique*, An. 1891. Préface de G. Moreau.)

3. — Dans cet ordre d'idées, la Poste a été l'un des instruments qui devait le plus contribuer à entretenir cette intensité de vie qui est comme la caractéristique de notre civilisation. Principalement affectée au transport des lettres missives, elle a permis aux hommes de rester unis malgré les distances qui semblaient vouloir les séparer à jamais.

4. — La lettre est ainsi devenue la conversation des absents : « *Epistola*, écrivait déjà Bartole, *absenti idem est quod sermo prœsentibus, et qui mittit alteri litteras, intelligitur prœsens prœsenti loqui.* » (Sur la loi 1, au Dig., de donat., 39.5.) Il est aisé de comprendre dès lors l'immense utilité qu'elle peut nous offrir, tant dans le domaine des relations intimes établies entre parents et amis, que dans celui des opérations où le seul intérêt pécuniaire se trouve en jeu. C'est dans son sein, en effet, que se déposent les confidences de la famille et de l'affection, « là que viennent se traduire nos joies et nos douleurs, nos espérances et nos craintes, se tisser la trame même de notre vie entière [1] » et c'est encore par son entremise que se traite dans le monde la presque totalité des affaires commerciales et civiles.

5. — Il ne faut donc pas s'étonner que la correspondance ait soulevé sur le terrain juridique de nombreux problèmes. Le droit pénal contient la sanction du principe qui assure aux lettres l'inviolabilité du secret qu'elles renferment. Le droit administratif édicte, de son côté, les conditions auxquelles l'Etat se charge du transport de ces écrits. C'est enfin au droit civil et au droit commercial qu'il appartient d'établir le droit de propriété dont la lettre est susceptible, de décider à quel instant précis un contrat se forme par correspondance et de régler l'usage en justice de ce mode de preuve des conventions intervenues.

6. — La théorie de la lettre missive, pour être complète, devrait embrasser chacune de ces délicates

---

(1) BAUDOIN : *des lettres missives,* discours de rentrée, Cour d'Appel de Lyon, 2 novembre 1892.

questions. Mais nous bornerons nos recherches aux trois parties suivantes dont l'énumération sommaire donnera l'idée générale du programme auquel nous nous arrêtons :

I. — Une première partie sera consacrée à l'examen du principe qui protège la circulation des plis confiés à la Poste et aux exceptions qui y sont apportées soit par la loi, soit par la jurisprudence.

II. — Nous nous demanderons ensuite qui peut revendiquer la propriété d'une lettre, quels privilèges confère ce droit de propriété et quelles restrictions s'imposent à son exercice.

III. — Nous énoncerons en dernier lieu dans quels cas une correspondance, considérée comme moyen de preuve, peut légitimement être versée dans un débat à l'appui d'une demande en justice.

Même réduite à ces termes, notre étude, croyons-nous, n'en conservera pas moins un intérêt pratique considérable.

PREMIERE PARTIE

De l'inviolabilité du secret des lettres

7.—Chez la plupart des nations modernes, l'Etat s'est réservé le monopole exclusif du transport des correspondances. En France, on peut faire remonter l'origine de ce système à un édit de 1643 ; mais la loi des 26-29 août 1790 et le décret des 9-13 avril 1793 constituent seuls sa véritable base légale. (Cas. 30 juillet 1818. D. P. vº *Postes* p. 19 et 36). En vertu de cette législation, le particulier qui désire expédier une lettre ne peut, sans commettre un délit, s'adresser à un intermédiaire autre que l'Administration des Postes. Dans ces conditions, il importe que cette dernière inspire à chacun de nous toute confiance, et cette confiance ne demeurera entière que si l'Etat se conforme strictement à l'obligation, tout au moins tacitement consentie par lui, de respecter et de faire respecter le secret des écrits remis aux soins d'un service dont il a accepté l'exploitation. Supprimez, en effet, cette garantie et vous supprimerez presque complètement du coup une institution que l'on négligera parce qu'elle aura cessé d'être sûre. Pour ce motif seul, à défaut d'autres plus élevés, le principe de l'inviolabilité des correspondances s'imposait.

8. — Il repose toutefois sur un fondement plus sérieux et plus juridique. S'il ne se laisse pas définir il est, suivant les belles paroles d'un grand orateur, *gravé en caractères ineffaçables au fond de la conscience, dans la morale publique, et aucun code ne pourrait s'empêcher de le respecter.* (E. Pelletan, *Discours au Corps législ.*, séance du 21 fév. 1867. *Monit.* du 22 fév.)

9. — C'est dire que nous nous trouvons ici en présence d'un précepte de droit naturel. Notre Constitution, à l'encontre de beaucoup d'autres lois organiques étrangères, ne le consacre point, mais la Révolution semble avoir voulu implicitement le reconnaître dans la Déclaration des Droits de l'homme, en décrétant l'inviolabilité de la pensée humaine. «La liberté de la pensée et de la conscience ne serait qu'un vain mot, affirme un savant jurisconsulte, si le secret des correspondances et des lettres missives n'était entouré d'une inviolabilité absolue. » (Giron, *Traité de droit public*, n° 375. — *Sic:* F. Hélie, *Traité de l'inst. crim.*, T. V. p. 514-515, édit. de 1853. — Hanssens, *Du secret des lettres*, p. 6 et 39. — Legris, *Du secret des let. mis.*, p. 17, note 1.) On peut enfin ajouter, avec quelques écrivains, qu'il est de même essence que le principe de la liberté individuelle ; que le principe de l'inviolabilité du domicile, sanctionné par l'article 184 de notre Code pénal. (Batbie, *Cours de droit public*, T. II, p. 396.)

10. — Il y a mieux encore. Notre droit public intermédiaire l'a proclamé en termes exprès. « Le secret des lettres est inviolable, dit un décret de l'Assemblée nationale du 10 août 1790, et sous aucun prétexte il ne peut y être porté atteinte. » Quelques jours après (26 août), la même Assemblée ordonnait aux fonctionnaires des Postes de prêter serment de garder et observer fidèlement la foi due au secret des lettres et le 26 juillet 1791, une nouvelle délibération des pouvoirs législatifs, flétrissant les agissements de certaines administrations locales qui avaient intercepté des lettres privées, déclarait illégaux de pareils procédés d'investigation. On ne peut trouver une plus énergique affirmation de l'existence, dans notre droit moderne, du principe de l'inviolabilité des correspondances, si l'on admet, avec la presque unanimité de la doctrine, que ces textes de la période révolutionnaire n'ont jamais été formellement abrogés par la législation impériale. (Batbie, *loc. cit.*)

11. — Mais, il ne suffit pas de proclamer un principe ; il faut en outre, si l'on ne veut point le laisser tomber à l'état de lettre morte, édicter une sanction contre tous ceux qui seraient tentés de le transgresser. C'est à l'étude de cette sanction que nous arrivons avec le chapitre suivant. Dans un second chapitre, nous traiterons des exceptions apportées à notre règle protectrice du secret des lettres missives.

CHAPITRE PREMIER

Sanction du principe de l'inviolabilité

12. — La violation d'une correspondance peut
être l'œuvre : 1º de l'Etat ; 2º d'un fonctionnaire du
Gouvernement ou d'un agent de l'Administration des
Postes ; et 3º enfin d'un simple particulier. Il faut rechercher si, pour chacun des termes de cette énumération, il existe une disposition pénale qui la ré-
prime.

SECTION I

VIOLATION PAR L'ÉTAT

13. — Sous l'ancienne Monarchie française jusqu'à Louis XVI, aucune loi ne vint réprimer les abus
de pouvoir du Gouvernement en matière de violation
de lettres missives. On trouve bien des arrêts très
sévères rendus par quelques Parlements contre de
simples particuliers ou même contre des fonctionnaires qui s'étaient rendus coupables d'un semblable
fait. (Parlements : — de Bretagne, 5 mars 1534, Brillon,
Dictionnaire des arrêts des Parlements de France,
T. IV., vº *let. mis.*; — de Provence, 15 mars 1623,

Serpillon, *Code crim.*, p. 141, ch. XXI; — d'Orléans,
24 juillet 1717, du Fresne, *Journal des Audiences*,
T. 1, liv. IV, ch. XXI; — de Dijon, août 1726, *idem*).
Mais ces mêmes Cours de Justice ne pouvaient évidemment rien quand il s'agissait du Roi. Maître absolu, celui-ci ne trouvait d'autres limites à son bon
plaisir que celles qu'il acceptait de sa conscience,
souvent trop peu scrupuleuse, quand il lui fallait satisfaire un but politique ou seulement sa malsaine
curiosité (1).

14. — Ces scandaleuses pratiques, que signale
d'ailleurs l'histoire de tous les peuples, apparaissent
en France, déjà régulièrement organisées, aux premières heures d'existence d'un service postal rudi-
mentaire. En 1302, une célèbre Ordonnance de Phi-
lippe-le-Bel, après avoir interdit à toute personne,
exception faite des marchands, de sortir du royaume
sans l'expresse autorisation du roi, enjoint d'intercepter aux frontières les lettres ouvertes ou closes.
Des agents spéciaux étaient chargés de les arrêter au
passage soit qu'on essayât de les introduire en France,
soit qu'on voulût au contraire les expédier à l'étranger. Elles devaient être ensuite directement envoyées
au roi sans qu'il fût permis auparavant de les décacheter et de les lire.

15. — Louis XI fut chez nous le véritable fonda-
teur de la Poste dont il se fit un auxiliaire puissant
dans sa lutte contre la Féodalité. Mais son esprit
soupçonneux et inquiet imposa aux courriers l'obligation de lire les plis dont ils étaient porteurs pour

---

(1) V. Mme du Hausset, *Mémoires*, édit. Barrière, p. 33 et suiv.

vérifier s'ils ne contenaient aucune attaque contre sa personne. L'origine de ce que l'on appela dans la suite le *Cabinet noir* semble dater de cette époque.

16. — Louis XIII, Louis XIV et Louis XV en perfectionnèrent les rouages et en firent une véritable institution d'Etat, avec un personnel choisi et une organisation spéciale et occulte. St-Simon et Mme du Hausset dans leurs *Mémoires*, Mme de Genlis dans ses *Souvenirs*, en parlent en termes assez précis pour ne laisser aucun doute sur sa prodigieuse activité. Sa redoutable puissance s'attaquait aux plus hautes personnalités de la Cour et les membres de la famille royale n'étaient pas eux-mêmes à l'abri de ses indiscrétions. (Consulter à cet égard la très curieuse correspondance de la Princesse Palatine, mère du Régent, avec sa parente l'Electrice Sophie du Hanovre. *Revue Encyc.* du 11 janvier 1896, *Périodiques.*)

17. — De tels procédés répugnaient à la délicatesse de Louis XVI. Il résolut de les faire disparaître et un arrêt du Conseil d'Etat du 18 août 1775 reconnut solennellement le principe de l'inviolabilité des correspondances. Malheureusement, avec sa faiblesse de caractère habituelle, le roi ne sut point y tenir la main. Le Cabinet noir continua ses services et chaque année des fonds secrets lui étaient alloués. Les ministres avaient déclaré que, sans lui, il n'était pas de gouvernement possible ! De fait, cet usage était si bien enraciné dans les mœurs que Mme de Genlis a pu écrire : « Dans les choses qui nous répondent de la sûreté publique, cette mesure n'est qu'une surveillance nécessaire et d'autant moins susceptible d'être critiquée que tout le monde sait qu'elle s'exerce. »

18. — Un curieux document, tout récemment

découvert, semble établir que le maintien du Cabinet noir fut un des premiers actes de la Révolution. C'est un arrêté du Comité provisoire, daté du 29 juillet 1789, ordonnant la saisie à la Poste des lettres suspectes et leur ouverture à l'Hôtel de ville en présence de MM. Bailly et Lafayette. (V. le *Figaro* du lundi 21 mars 1898). Mais le 10 août 1790, l'Assemblée nationale rendait un décret consacrant l'inviolabilité du secret des lettres et cette déclaration de principe, énergiquement affirmée à différentes reprises, (1) de-

---

(1) Notamment dans les décrets du 26 août 1790, du 10 juillet 1791 et du 10 septembre de cette même année. M. Hugues-le-Roux rapporte à ce propos, d'après le *Moniteur Officiel* du 11 septembre 1791, l'anecdote suivante. Dans la séance de la veille, un des secrétaires de l'Assemblée fit connaître qu'il avait à donner lecture d'une lettre émanant d'un citoyen de Paris dans laquelle celui-ci demandait à soumettre aux représentants du peuple un *scrupule patriotique*. « Je suis allé, hier, à l'Abbaye, disait ce billet. Une voix plaintive s'est fait entendre ; un prisonnier m'a chargé de mettre une lettre à la poste, en me disant qu'elle était adressée à son frère, pour demander des secours. Il a exigé que je fisse le serment de m'acquitter avec fidélité de sa commission ; je me rendis à ses prières et lui promis de mettre la lettre à la poste. Mais le patriotisme dans un citoyen veille toujours. Un repentir m'arrêta ; une force invisible me détermina à décacheter la dite lettre..... » A ce moment, une clameur indignée coupa la parole au secrétaire. Sur un seul banc une protestation s'éleva : « Bien sûr, dit un membre de l'Assemblée, nous sommes unanimes à condamner la manière dont cette lettre nous est parvenue, mais le salut public exige que nous prenions connaissance des faits qu'elle contient. » Ce n'était pas la première fois que cette doctrine du salut public était invoquée en pareille circonstance au sein de l'Assemblée. Peut-être allait-elle déterminer ses membres à abuser d'un secret qu'une trahison mettait entre leurs mains, quand la voix de Vergniaud se fit entendre : « L'Assemblée, s'écria-t-il, ne peut délibérer sur le délit dont le particulier qui

vait laisser une trace profonde dans la législation répressive de cette époque. Pour la première fois en effet, on vit la loi réprimer la violation des correspondances dans l'article 23 du Code pénal des 27 septembre - 6 octobre 1791 ainsi conçu : « Si le crime (la violation) est commis *soit en vertu d'un ordre émané du pouvoir exécutif*, soit par un agent du service des Postes, *le ministre qui en aura contresigné l'ordre*, quiconque l'aura exécuté, ou l'agent du service des Postes qui, sans ordre, aura commis ledit crime, sera puni de la peine de deux ans de gêne. » (Section III, titre I, 2ᵉ partie.)

19. — Cette probité absolue, dont la Constituante fit preuve en votant ce texte, ne tint cependant pas longtemps en présence des prétendues nécessités de la politique. Le Gouvernement s'arrogea d'abord le droit de surveiller les lettres adressées aux émigrés (Décret du 9 mars 1793) ; puis les plis arrivant de

vous envoie cette lettre s'est rendu coupable. Décrétez sur le champ la suppression de cette lettre et brulez-là. » En réponse à un député qui voulait que la lettre fut envoyée au comité de surveillance, le représentant Garran protesta à son tour : « L'Assemblée, dit-il, ne peut laisser passer cette affaire sans témoigner son indignation souveraine contre cette violation de tout ce qu'il y a de plus sacré. On a dit qu'il pouvait être question du salut de la patrie. La patrie ne peut être sauvée que par la loyauté et la justice. Je demande comme Vergniaud que l'on brûle cette lettre. » A ces mots, l'Assemblée éclata en applaudissements et, d'enthousiasme, vota ce décret qui parut le lendemain au *Moniteur Officiel* : « L'Assemblée ferme la discussion. Elle décrète que son procès-verbal énoncera que l'Assemblée nationale indignée a passé à l'ordre du jour après avoir ordonné la suppression et le brûlement de la lettre. » (Hugues-le-Roux *Le Cabinet Noir*, *Petit Marseillais* du 3 mars 1898, 3ᵉ article : *La Doctrine de la Révolution*.)

l'étranger ou expédiés à l'étranger (Loi du 7 septembre 1793). Cette dernière restriction fut même ajoutée *in fine* à l'article 638 du Code des délits du 3 Brumaire an IV où se trouvait textuellement reproduit l'article 23 du Code pénal de 1791 précité. Enfin un arrêté du 27 Nivôse an IV (17 janvier 1796) alla jusqu'à ordonner la saisie des lettres provenant des pays occupés par les Chouans ou qui y étaient envoyées. Sous le Directoire, les décrets des 2 Messidor et 7 Fructidor an VI, réservant à l'Etat le monopole de l'exploitation postale, laissent percer, dans l'exposé des motifs, l'intention où l'on était de ne pas s'arrêter en si bon chemin. La raison fiscale ne fut pas seule mise en avant pour faire adopter le système du monopole. On osa discrètement invoquer, sans soulever la moindre protestation, que la liberté accordée aux entrepreneurs de transporter les dépêches privées pouvait entraîner « *l'inconvénient de favoriser les correspondances clandestines et criminelles.* »

20. — Dans le Code pénal de 1810 il n'y a plus place pour aucune peine contre le ou les représentants du pouvoir exécutif, coupables d'avoir violé le secret des lettres. Le Cabinet noir reparut. La police impériale avait ce qu'elle appelait « *ses bureaux de revision* » où l'on décachetait les écrits privés. Mais elle mettait, paraît-il, dans ces délicates opérations, par trop de maladresse, de sorte que, les intéressés étant prévenus, le contenu des lettres était presque toujours insignifiant. Comme le disait très spirituellement le Maréchal Clarke « ces procédés maladroits détruisaient la confiance du public » ! Napoléon, tout en déclarant « qu'il n'était nullement partisan de cette mesure » a avoué lui-même qu'il s'en servait, mais seulement pour espionner son entourage et se renseigner sur l'état d'esprit des hauts dignitaires composant sa Cour. *(Mémorial de Ste-Hélène*, T. I, p. 241 et suiv. ; — Général Montolhon : *Récits de la captivité de l'empereur Napoléon à Ste-Hélène*, chap. VII ; — *Correspondance de Napoléon 1er*, publiée sous le 2e Empire ; — *Mémoires de Fauvelet de Bourienne*, révisés par Villemarest, T. IV, p. 102). Il est toutefois établi qu'il ne se faisait aucun scrupule d'y recourir pour aider à sa politique. La fameuse affaire du baron Stein en fait foi. Une lettre écrite par cet adversaire acharné de Napoléon et interceptée par ordre du général Soult, causa la disgrâce de l'éminent homme d'Etat prussien. D'autre part, la récente publication d'une partie de la correspondance de l'Empereur restée jusqu'à ce jour inédite, ne permet plus d'en douter. Voici, entre autres documents des plus curieux, les mesures qu'il prescrivit à son représentant en Italie pour surveiller les menées de Pie VII. « Le Pape se conduisant mal..... assurez-vous qu'aucun courrier n'est reçu ni expédié à Savone, que le Pape n'a aucune correspondance secrète et n'a commerce qu'avec le Préfet. Envoyez-moi la liste des personnes qui entourent le Pape. Si on peut lui en retirer quelques-unes, surtout celles qui travaillent le plus à ses écritures, cela sera d'un très bon effet. Tout ce qu'il fait est plein de poison ; il serait donc convenable de le réduire à sa propre écriture et de lui ôter ce tas d'hommes qui expédient. Enfin, je vous prie de bien recommander au Gouverneur de faire une police sévère, de faire en sorte qu'aucun domestique ne porte de lettres, et de les faire surveiller de près. Il faudrait que le Directeur de la Police eût, dans la maison du Pape, quelque agent qui pût savoir par quel canal secret passent les lettres, et qui informât de ce qui se fait dans cette maison. » *(Lettres inédites de Napoléon,* An VIII - 1815, publiées par Léon Lecestre, 1897.) (1).

21. — La Restauration, la Monarchie de Juillet et le 2ᵉ Empire conservèrent le Cabinet noir dont les dépenses étaient soldées par les fonds secrets du Ministère des Affaires étrangères (Max. du Camp : *Revue des Deux Mondes,* 1ᵉʳ janvier 1867, p. 180 ; — Belloc : *Les Postes franç.,* p. 448 ; — Lambry : *Les mystères du Cabinet noir sous l'Empire et la Poste sous la Commune ;* — Hanssens, *op. cit.,* p. 31 et 32).

22 — Cette triste institution, telle que nous venons de la dépeindre avec son budget, ses bureaux occultes et ses agents spéciaux, véritables artistes dans l'art

---

(1) On conte, à propos des libertés que l'Empereur prit avec la correspondance des ambassadeurs accrédités près de sa personne une histoire assez divertissante. Le prince de Metternich, ambassadeur d'Autriche à Paris, avait de bonnes raisons de croire que sa correspondance etait ouverte. Il fit venir secrètement de Vienne le double du cachet qui servait à fermer ses lettres. Un graveur fut chargé d'y imprimer un coup de poinçon dont on frappa également le cachet qui demeurait à Paris entre les mains de l'ambassadeur. Cependant, les lettres qui arrivèrent de Vienne, dans les mois qui suivirent, ne portaient pas trace de cette légère retouche. Désormais édifié, tenant sa preuve, M. de Metternich envoya son cachet au directeur des Postes avec ce billet : « Monsieur, j'ai l'honneur de vous faire remarquer que mon cachet a, par malheur, reçu un coup de poinçon. Veuillez donc donner des ordres pour en faire autant au vôtre, afin que je continue à ne m'apercevoir de rien. Agréez, etc... » (Rapporté par M. Hugues-le-Roux : « *Le Cabinet Noir* », *Petit Marseillais* du 14 mars 1898, 4ᵉ article : « *Les Pénalités.* »)

d'ouvrir un pli sans laisser trace de la violation commise, fonctionne-t-elle encore ? M. le comte d'Hérisson, dans un ouvrage très documenté, n'hésite pas à le croire. « Le Cabinet noir, dit-il, dont tous les gouvernements ont nié l'existence, a, au contraire, depuis qu'on écrit des lettres, existé sous tous les gouvernements. Aujourd'hui même, en dépit de tout ce qu'il plaît aux intéressés de dire ou d'écrire à ce sujet, aucune correspondance, tant soit peu importante, n'échappe à l'inquisition administrative. » Malgré le scandale soulevé tout récemment encore par certains incidents, (1) nous nous refusons à ajouter foi à une pareille affirmation. L'énorme quantité de lettres circulant aujourd'hui en France rendrait en effet bien difficile, pour ne pas dire impossible, une surveillance constante et efficace des plis confiés à la Poste. D'autre part, il semble que le pouvoir exécutif n'a plus intérêt à recourir à un pareil procédé, puisqu'il possède ainsi que nous le verrons plus tard, un moyen exorbitant sans doute, mais *légal* à coup sûr, d'arrêter toute lettre suspecte en faisant agir ses Préfets, en vertu de l'article 10 du Code d'Instruction criminelle.

SECTION II

VIOLATION PAR UN AGENT DU GOUVERNEMENT

23. — Le délit de violation peut encore être commis par un fonctionnaire du Gouvernement ou par un

---

(1) Affaire de la lettre soustraite à M. Delcassé, député. *J. O.* du 4 février 1898, p. 394-399, discussion à la Chambre de l'interpellation Millerand, séance du 9 février. — V^r aussi : *Le*

agent des Postes et des Télégraphes. Les articles 187 et 378 du Code pénal, la Circulaire ministérielle du 15 février 1873 et l'article 81 de l'Instruction générale sur le service des Postes sont alors applicables.

§ 1er. — ARTICLE 187 DU CODE PÉNAL

24. — Notre législation criminelle, à l'égard du délit qui nous occupe, s'est montrée, suivant les époques, d'une très inégale sévérité. Une Ordonnance de 1742 punissait de mort l'ouverture des lettres contenant des valeurs, et du bannissement ou des galères l'interception ou la suppression des lettres missives ordinaires, sans distinguer entre le fonctionnaire et le simple particulier (V. aussi les arrêts des Parlements, antérieurs à cette Ordonnance, cités *supra* n° 13).

25. — De son côté, le Code pénal des 25 septembre-6 octobre 1791, article 23, prononçait contre l'agent du Gouvernement coupable du délit de violation des correspondances la peine de deux années de gêne, tandis que celui de 1810 au contraire, dans son article 187, ne visait plus qu'une amende de 16 à 300 francs avec interdiction de toute fonction publique pendant un laps de temps déterminé.

26. — Lors de la revision de ce dernier Code en 1832, on estima avec raison, que cette peine était

général Boulanger devant la Haute Cour, réquisitoire de M. le Procureur général Quesnay de Beaurepaire (dans Lèbre, *Revue des grands procès contemporains*, an. 1889, p. 401-558.)

insuffisante et la loi du 28 avril de cette même année, prenant un moyen terme très équitable entre l'extrême sévérité du droit ancien et du droit intermédiaire d'une part, et la dérisoire indulgence du Code Napoléon de l'autre, nous donna un nouveau texte ainsi libellé : « *Toute suppression, toute ouverture de lettres, confiées à la Poste, commise ou facilitée par un fonctionnaire ou un agent du Gouvernement ou de l'Administration des Postes, sera punie d'une amende de 16 à 3oo fr. et d'un emprisonnement de 3 mois à 5 ans. Le coupable sera de plus interdit de toute fonction ou emploi public pendant 5 ans au moins et 1o ans au plus.* »

27. — L'application de l'article 187 est subordonnée aux trois conditions suivantes. Il faut : 1º Que l'intention frauduleuse soit établie à l'encontre de l'agent qui a commis la violation ; — 2º Que la personne qui s'en est rendue coupable soit un fonctionnaire du Gouvernement ou de l'Administration ; — 3º Qu'il y ait suppression ou ouverture de la correspondance.

Reprenons séparément ces trois éléments.

28. — **A. Intention de l'Agent.** — Cette condition ne se trouve pas explicitement énoncée dans la loi. Mais elle résulte des principes primordiaux de notre législation pénale. Il n'y a pas, en général, de délit si l'intention coupable n'existe pas. Le Code de Brumaire an IV, l'exigeait expressément en notre matière (Cas. 4 juin 1807, D. R., Vº *Postes*, nº 142). Il ne saurait en être autrement aujourd'hui. Donc, la perte fortuite d'une lettre, son ouverture par un agent qui croyait en être le destinataire, sa mise au rebut par erreur, etc., pourront bien engager la responsabilité civile de l'employé, mais ne sauraient constituer un fait délictueux (Dalloz, *Code pénal annoté*, sous l'art. 187.— Chauveau et Hélie, *Théorie du Code pén.*, T. III, p. 36, édit. de 1862).

29. — B. Qualité de l'Agent. — La loi parle de la violation de la correspondance commise par les agents du Gouvernement ou de l'Administration. Ces expressions très compréhensives visent tous les fonctionnaires en général, à un titre quelconque. Cette règle est par là très simple. Elle nécessite toutefois, en ce qui concerne les agents des Postes, l'examen de quelques cas particuliers dont la solution de prime-abord pourrait paraître douteuse.

30. — L'Administration n'emploie pas seulement des agents commissionnés et assermentés ; dans certains cas, elle a aussi recours à des employés qui ne reçoivent pas de commission écrite et qui ne prêtent pas serment. Les receveurs sont, en effet, autorisés par des instructions ministérielles, pour pourvoir à l'insuffisance de leur personnel, à s'aider d'agents auxiliaires, assujettis aux mêmes devoirs que les titulaires et auxquels sont faites les mêmes recommandations de discrétion et de loyauté dans le service. La jurisprudence est unanime pour étendre à ces personnes l'article 187, le public ayant toujours droit aux garanties que la loi accorde au transport des correspondances. Il se forme, selon la Cour d'Orléans, entre l'Administration qui choisit un agent et l'accrédite comme tel et le public acceptant le service de cet agent, un contrat de bonne foi, placé sous la protection de la loi pénale, que, ni le défaut de serment, ni le défaut de commission, formalités dépendant de l'Administration, ne peuvent rendre inefficace. (Orléans, 24 avril 76. D. P. 77. 2. 28. — Cas. 15 août 1856, S. 56. 1. 149. — Legris, *op. cit.* p. 37, n° 29. — Jaccottey, *Traité de législation et d'exploitation postales*, p. 217).

31. — Il faut en dire autant : 1° de l'employé attaché comme aide à une Recette et qui a prêté serment en cette qualité, bien que sa commission lui ait été délivrée avant l'âge fixé par l'Instruction générale sur le service des Postes (Cas. 12 octobre 1849, D. P. 49. 5. 312. — Dalloz, *Code pénal, an.*, art. 187, n° 12 ; — Blanche, *Etudes prat. sur le Code pénal*, T. III, p. 742, n° 470) ; — 2° de tous les sous-agents et parmi eux, du garçon de bureau préposé à l'entretien et à la propreté des locaux ; du facteur provisoire nommé ou accepté par le Directeur du département en remplacement du titulaire empêché (Nîmes, 28 fév. 1856, D. P. 56. 2. 118 ; — Chauveau et F. Hélie, *op. cit.*, T. III, p. 33 ; — Rousseau, *Traité th. et prat. de la corresp. par let. mis. et télégram.*, p. 195, n° 360) ; — 3° du courrier ayant obtenu, par soumission, l'entreprise du transport des dépêches d'un bureau à un autre ou à une gare de chemin de fer, bien qu'il soit généralement dispensé du serment professionnel (Poitiers, 1er déc. 1877, D. P. 78. 2. 235) ; — 4° du courrier-convoyeur faisant le service des ambulants sur la voie ferrée. (D. R. S. v° *Postes*, n° 166).

32. — On doit y comprendre encore les employés des compagnies de chemin de fer desservant les appareils télégraphiques placés dans les gares. Ce ne sont évidemment pas des agents du Gouvernement. Mais ils agissent en qualité de fonctionnaires publics dans le service de la télégraphie officielle et privée qui leur est confié et qu'ils exécutent du reste pour le compte de l'Etat. (P.-L.-M., Circ. n° 8, 1895, *Exploitation. Inst. gén. pour le service télég.*, art. 5o, § 2, p. 47.)

33. — Nous ferons remarquer enfin que notre texte n'exige pas que le fonctionnaire ait agi dans l'exercice de ses fonctions. Il frappe même celui qui, par abus de son autorité ou de son influence, aurait commis, en dehors de ses fonctions et dans un intérêt privé, la suppression ou l'ouverture d'une lettre. Ainsi jugé, à l'égard d'un maire qui, sans exciper de sa qualité, s'était fait remettre une correspondance confiée à la Poste. (B. C. 6 août 1841 ; — Cas. 23 novembre 1849, D. P. 52. 5. 283 ; — D. R. v° *Postes*, n° 139, note 2 ; — Legris, *op. cit.*, p. 37, n° 28; — Chauveau et Hélie, *op. cit.*, T. III, p. 34 ; — Blanche, *op. cit.*, T. III, p. 742, n° 471.)

34. — Il n'est même pas nécessaire que l'agent soit l'auteur direct du délit. La loi nous dit formellement que sa culpabilité existera par cela seul qu'il en aura intentionnellement facilité l'exécution, comme si, par exemple, un préposé des Postes avait contribué à la violation du secret d'une lettre en donnant accès dans le bureau à l'auteur de cette violation, ce dernier fut-il un simple particulier. (Dalloz, *Code pén. an.*, art. 187, nᵒˢ 9 et 10 ; — Cas., 6 août 1841, *déjà cité.*)

35. — O. Suppression et ouverture. — L'Article 187, C. P., déclare un arrêt de la Cour d'Orléans du 5 juillet 1870, prévoit deux cas qu'il punit de la même peine mais qui n'en sont pas moins distincts : l'ouverture des lettres confiées à la Poste, et leur suppression (D. P., 70. 2. 173.) Il s'agit maintenant de préciser le sens de ces deux expressions et de déterminer le caractère propre de chacune des infractions qu'elles désignent.

36. — Notons d'abord que le délit de *suppression* n'implique en rien l'idée de soustraction frauduleuse au sens juridique du mot et ne fait par conséquent pas double emploi avec les différents articles qui prévoient et punissent le vol, *lato sensu*. Notre texte n'est donc pas un obstacle à des peines plus fortes si la suppression ou l'ouverture de la lettre a pour objet la perpétration d'un crime ou d'un délit plus grave, tel que, par exemple, la soustraction d'un effet inséré dans cette lettre. Il a même été décidé en ce sens que l'employé de l'Administration des Postes qui s'empare frauduleusement d'un pli dans les bureaux où il travaille habituellement, est passible des peines portées par l'article 386 al. 3, encore bien que ce pli ne contienne aucune somme ou valeurs. (Cas. 24 juillet 1829, D. P., 30. 1. 320.) Nous n'insistons pas davantage sur cette proposition qu'il sera nécessaire de justifier plus tard. Nous voulons seulement, pour le moment, en tirer cette conclusion que l'appréhension d'une correspondance, non pour se l'approprier, en tant qu'objet mobilier, mais pour en violer le secret, constitue seule le délit qui nous occupe. (*Sic :* Chauveau et Hélie, *op. cit.*, T. III., p. 36, nº 769 ; — Legris, *op. cit.*, p. 34, nº 27 ; — Tissier, *La propr. et l'inviol. du sec. des let. mis.*, p. 14 et 16 ; — Blanche, *op. cit.*, T. III, p. 744, nº 473.)

37. — D'autre part, à s'en rapporter à la définition académique du terme, il semblerait que l'article 187 n'a en vue que la *destruction totale* de la lettre. Supprimer n'est-ce-pas faire disparaître, retrancher, abolir ou annuler ? (V. Dict. Littré v° *Supprimer*.) Tel n'est cependant pas ici la seule signification juridique de ce mot. Il y aura aussi suppression dans le fait de verser au rebut une correspondance que l'on savait en dehors des conditions requises pour être légalement astreinte à cette formalité; (Cas. 9 août 1889, D. P. 89. 5. 368.) — dans la rétention momentanée d'un pli en vue d'en retarder la distribution, alors même que l'agent ne l'aurait conservé que pendant un laps de temps relativement court, dès qu'il ne l'a pas fait parvenir au destinataire dans le délai normal ; (Poitiers, 1er décembre 1877, D. P. 78. 2. 235 ; — Limoges, 6 juin 1884, D. P. 84. 2. 152.) — dans le fait calculé de remettre une correspondance à une personne autre que le véritable destinataire indiqué sur l'adresse ; (Rousseau, *op. cit.*, n° 367 ; — D. R. v° *Postes*, n° 141 ; — Carnot, *Comm. sur le Code pén.*, T. I, p. 489.).....etc. En résumé, le délit de suppression se réalise lorsque, *sans s'approprier les lettres et leur contenu*, les agents, par simple abus d'autorité, s'abstiennent volontairement de transmettre ces lettres, soit qu'ils en retardent l'envoi, même en leur donnant une fausse destination, soit qu'ils les jettent au rebut ou les détruisent. Il y a donc à la fois délit de suppression et violation du secret des lettres dans le fait d'un agent qui ouvre des correspondances et met obstacle à ce que certaines d'entre elles parviennent à leur adresse. (Cas. 9 août 1889, D. P. 89. 5. 368.) Cette dernière décision de la Cour suprême nous montre au surplus que la suppression d'une lettre n'est pas à proprement parler une véritable violation *du secret* des correspondances puisqu'on ne peut connaître le contenu d'un pli cacheté qu'en ouvrant l'enveloppe qui le renferme. Toutefois, la suppression d'une dépêche privée, de quelque façon qu'elle se produise, n'en demeure pas moins une atteinte portée au respect que l'on doit aux lettres missives. C'est pourquoi elle devait trouver place dans une disposition dont le but général est d'assurer, en toutes circonstances, la régularité du service des Postes et de prémunir les particuliers contre les abus que pourraient commettre les agents de l'Administration.

38. — Enfin, *ouvrir* une correspondance que l'expéditeur n'a pas cru devoir faire circuler à découvert est l'action d'enlever, par un moyen violent ou adroit, l'obstacle qui devait en empêcher la lecture. C'est déchirer l'enveloppe ou briser la cire protectrice. C'est aussi décoller cette enveloppe sans l'entamer et sans laisser de traces. C'est enfin l'art d'en enlever les cachets, sans dégrader l'empreinte, afin de rendre possible leur reconstitution.

39. — Ces définitions bien comprises, voyons maintenant quels sont les objets confiés à la Poste que protège l'article 187 ? En d'autres termes, doit-on donner au mot *lettres* qu'emploie la loi un sens restrictif ne s'appliquant qu'à la lettre missive proprement dite, ou bien faut-il y comprendre en outre tous les autres moyens de correspondance ? Pour la carte-lettre, le doute n'est pas possible. Elle ne se distingue en effet de la lettre ordinaire que par sa forme et son mode de fermeture plus commode et plus expéditif. On s'accorde encore à y ranger les paquets cachetés, les sacs de procédure (Cas., 13 mai 1870, D. P. 70.

1. 281.) et les télégrammes. (Loi du 27 novembre 1850, art 5.)

40. — Mais que penser des *imprimés*, terme générique qui désigne les prospectus, les journaux, les lettres de faire-part, les cartes de visite, les circulaires électorales, les avis et les circulaires des commerçants et des industriels ? Cette question, autrefois très controversée, a une grande importance à raison du rôle considérable que jouent certains de ces objets dans le monde commercial. L'Administration leur accorde le bénéfice d'un tarif privilégié pourvu qu'ils soient expédiés sous bandes mobiles ou sous enveloppe ouverte. Depuis plusieurs années déjà leur nombre s'est si prodigieusement accru que le service des facteurs s'en est trouvé sensiblement surchargé. On comprend que, dans ces conditions, quelques-uns de ces agents, considérant les avis imprimés comme des papiers sans valeur aient cru pouvoir parfois les détruire pour éviter les déplacements qu'exigeait leur remise à destination. Or, si le délit *d'ouverture* ne saurait être relevé vis-à-vis de ces objets puisqu'ils circulent à découvert et que l'Administration a, sur leur contenu, un droit de contrôle très rigoureux, doit-on aussi admettre que leur *suppression* ne constitue qu'un manquement à des devoirs professionnels, à l'abri des peines édictées par l'article 187 ?

41. — Dans une étude parue au *Journal du Ministère Public* (1870, art. 1330-1371), M. Dutruc soutient l'affirmative. Pour lui, le législateur de 1810 n'a pas pu songer aux imprimés en écrivant l'article 187 pour l'excellent motif que la pratique en ignorait à peu près complètement l'usage, à raison de l'excessive élévation des tarifs postaux de cette époque. Si, d'autre part, ajoute-t-il, on s'en tient au texte même de la loi on est obligé de reconnaître qu'elle n'établit aucune différence entre l'ouverture et la suppression d'une correspondance. Ces deux faits étant ainsi placés sur la même ligne, il semble logique de conclure que le législateur n'a eu présent à l'esprit que l'objet pouvant être à la fois supprimé et ouvert. Or, la lettre close ou cachetée réunit seule ces conditions. On peut intercepter une circulaire commerciale, on ne peut l'ouvrir puisqu'elle doit nécessairement se trouver sous pli non cacheté. C'est donc seulement la lettre missive ordinaire qui est visée par l'article 187. (*Sic* : Trib. Saumur, 12 novembre 1869, conf. par C. d'Angers, 20 décembre 1869, D.P. 70. 1. 281; — Grenoble, 28 août 1873, D. P. 74. 2. 114 ; — Caen, 20 décembre 1875, J. P. 76, p. 588; — Morin : *Journal du droit crim.*, 1870, art. 9036.)

42. — M. l'Avocat général Bizot, dans des conclusions remarquables prises devant la Cour d'Angers, donne de ce système l'éloquente réfutation que voici : « Le législateur, expose-t-il, a sans doute eu pour but principal d'empêcher la violation du secret des correspondances. Mais tel n'a pas été son seul but. Le texte même de l'article 187 le prouve. L'ouverture des lettres n'est pas seule punie, leur suppression l'est aussi ; or, il peut y avoir suppression d'une lettre sans violation du secret qu'elle contient. Qu'importe, dès lors, que la correspondance supprimée soit expédiée sous enveloppe close ou sous bandes, qu'elle soit manuscrite ou imprimée? Dès lors que cette correspondance aura le caractère d'une lettre, si elle vient à être supprimée par un agent des Postes, l'un des délits prévus par l'article 187 aura été commis, quel que soit le mode employé pour tracer les caractères et la faire parvenir à destination. Qu'est-ce donc qu'une lettre ? C'est, dit M. Dalloz, une sorte de conversation entre personnes absentes. La circulaire de commerce est donc une lettre, car elle n'a d'autre but que de faire connaître au consommateur, les conditions auxquelles le producteur peut livrer sa marchandise ; par ce moyen, le vendeur converse avec l'acheteur ou s'efforce de nouer des relations. La circulaire est toute autre chose qu'une annonce. L'annonce ne s'adresse à personne et s'offre aux regards de tout le monde ; la circulaire s'adresse à tel individu que des relations antérieures, des renseignements recueillis par des commis voyageurs ou un annuaire désignent à l'attention du producteur. Le motif qui a déterminé ce dernier à l'envoyer à telle personne est connu de lui seul ; mais, quel qu'il soit, c'est à la personne désignée sur l'adresse, et non à une autre qu'il a entendu faire parvenir des offres de service. C'est donc une correspondance personnelle. Elle n'est ni confidentielle ni même secrète, mais qu'importe ? Ce n'en est pas moins une lettre et la meilleure preuve c'est qu'on l'appelle une lettre circulaire. Le mot circulaire n'est qu'un adjectif qualificatif dont l'usage a fini par faire un substantif. Si l'expression *lettre* ne comprend que les correspondances confidentielles, il ne suffira pas même au ministère public de prouver qu'on a supprimé des enveloppes cachetées, il lui faudra démontrer que ces enveloppes contenaient des communications confidentielles et non pas de simples circulaires. L'interprétation restrictive de l'article 187 laisserait une lacune regrettable dans la loi. Toutes les correspondances

expédiées sous bande ou sous enveloppe ouverte......
pourraient désormais être impunément supprimées.»

43. — En outre, on ne peut s'arrêter davantage à
l'objection tirée de ce que, à l'époque de la rédaction
du Code pénal, la pratique ignorait presque complète-
tement l'usage des circulaires imprimées. Il suffit en
effet pour comprendre l'imprimé dans les termes de
l'article 187, qu'on puisse le faire entrer dans les pré-
visions probables qu'a dû envisager la loi. Or, il est
douteux que le législateur, en parlant de *lettres*, ait
voulu s'en tenir exclusivement au seul mode de correspondance alors employé. Il est plus logique de
penser qu'il a entendu embrasser, dans cette expression, tout autre mode nouveau, pouvant s'ajouter
plus tard aux opérations du service des Postes. Nous
adressera-t-on le reproche de violer ce principe absolu
de droit criminel *pœnalia non sunt extendenda ?*
Nous répondrons victorieusement, à notre sens, qu'il
ne s'agit pas ici d'étendre la portée de la loi ; il s'agit
simplement de reconnaître qu'il n'y a aucune différence de fond entre les correspondances manuscrites
et les imprimés, mais seulement une différence de
forme et de tarif, trop secondaire pour soustraire
l'imprimé à la protection de l'article 187, dont la
généralité préméditée semble bien exclure toute distinction. (*Sic :* Cas. 13 mai 1870, D. P. 70. 1. 281.)

44. — D'ailleurs, ainsi que le fait fort justement
observer Dalloz, on ne saurait, pour une simple rec-
tification de nomenclature, remanier les lois à chaque
innovation administrative qui se produit. Est-ce que
les règles édictées à l'égard des entreprises de mes-
sagerie en matière de transport de lettres n'ont pas
été applicables aux chemins de fer venus longtemps

après, malgré d'importantes différences dans le service et le système d'exploitation ? (D. R., v° *Postes*, n°s 154 et suiv.)

45. — La Cour de cassation s'est toujours prononcée en faveur de la thèse que nous venons de soutenir, depuis l'arrêt du 13 mai 1870 déjà cité où elle eut pour la première fois à trancher cette controverse. Quelques Cours d'appel ne l'ont pourtant pas admise sans difficulté. (V^r arrêts rapportés au n° 41.) Mais aujourd'hui la jurisprudence et la doctrine tendent unanimement à se ranger à cette opinion, la seule qui soit tout à la fois conforme au droit et à l'équité. (Orléans, 5 juillet 1870, D. P. 70. 2. 173 ;— *Idem*, 24 août 1876, D. P. 77. 2. 28 ; — Poitiers, 1er décembre 1877, D. P. 78. 2. 235 ; — Cas. 20 nov. 1880, J. P., 81., p. 78 ; — Trib. St-Etienne, 6 déc. 1889, *Bul. mens. des Postes*, n° du 30 mars 1890, p. 429 ; — Legris, *op. cit.*, p. 38 et suiv., n° 32 ; — Rousseau, *op. cit.*, p. 200 et suiv., n° 369 ; — Tissier, *op. cit.*, p. 12.)

46. — Une solution identique doit être adoptée relativement à la carte postale. Ce mode de correspondance est expédié sans être clos ce qui lui permet de jouir d'un tarif réduit. Il pourra donc faire l'objet du délit de suppression mais non pas évidemment du délit d'ouverture. Nous verrons toutefois plus tard que la lecture d'une carte postale, sévèrement interdite aux agents de l'Administration, ne demeure pas absolument impunie.

47. — En terminant le commentaire de l'article 187 faisons remarquer que le droit, conféré aux Tribunaux par l'article 463 C. P., d'abaisser, en cas d'admission de circonstances atténuantes, les peines correctionnelles jusqu'au degré d'une amende de simple police, implique virtuellement celui d'affranchir, dans les mêmes conditions, l'employé des Postes, condamné pour violation du secret des correspondances, de l'interdiction de toute fonction publique. (D. R. v° *Peine*, n° 566.)

§ 2. — ARTICLE 378 DU CODE PÉNAL.

CIRCULAIRE MINISTÉRIELLE DU 15 FÉVRIER 1873.

ARTICLE 84 DE L'INSTRUCTION GÉNÉRALE

DES POSTES.

48. — Les agents de l'Administration des Postes sont tenus au secret professionnel à raison du serment qu'ils sont obligés de prêter avant leur entrée en fonction aux termes du décret des 26-29 août 1790, voté par l'Assemblée nationale. L'article 2 du titre 1er de ce décret est ainsi conçu : *Les commissaires des Postes et les administrateurs prêteront serment entre les mains du Roi de garder et observer fidèlement la foi due au secret des lettres, et de dénoncer aux Tribunaux toutes les contraventions qui pourraient avoir lieu et qui parviendraient à leur connaissance. Les employés dans les Postes prêteront, sans frais, le même serment devant les Juges ordinaires des lieux.* Cette dernière partie du texte s'applique à tous les fonctionnaires de l'Administration, commissionnés ou non, titulaires ou auxiliaires.

49. — La même obligation est prescrite par l'Ordonnance du 24 août 1833, art. 23 et par le Sénatus-Consulte de 1852, aux employés du Télégraphe qui, avant de prendre en main leur service, doivent prononcer le serment suivant : « Je jure de garder inviolablement le secret des dépêches qui me sont confiées et de ne donner connaissance des documents télégraphiques à qui que ce soit, *sans un ordre du Ministre de l'Intérieur.* » (1)

50. — La sanction pénale du défaut de prestation de serment se trouve dans l'article 196 C. P. : « Tout fonctionnaire public qui sera entré en exercice de ses fonctions sans avoir prêté le serment, pourra être poursuivi et sera puni d'une amende de 16 à 150 fr. »

51. — Par une conséquence logique du devoir de discrétion qui les lie, les employés ne doivent pas répondre aux questions qui leur sont posées dans le but de savoir si telle ou telle personne reçoit des lettres, si des valeurs sont insérées dans sa correspondance, ou si des plis lui sont habituellement ou non adressés poste restante. Il leur est encore interdit de dévoiler le lieu d'origine ou de destination des dépêches qui leur sont confiées. (Foucard, *Droit administ.* T. II, n° 202 ; — Legris, *op. cit.,* p. 43, n° 34 ; — Tissier, *op. cit.,* p. 14 et 15.)

52. — L'inobservation de ces prescriptions constitue la violation du secret professionnel que prévoit et punit l'article 378 du Code pénal : *Les médecins, chirurgiens et autres officiers de santé, ainsi que les pharmaciens, les sages-femmes et toutes autres personnes dépositaires, par état ou profession, des secrets qu'on leur confie qui, hors les cas où la loi les*

---

(1) Nous verrons plus tard ce qu'il faut penser de cette dernière restriction.

oblige à se porter dénonciateurs, auront révélé ces secrets, seront punis d'un emprisonnement de un mois à six mois et d'une amende 100 à 500 fr. On a cependant nié que ce texte pût être applicable aux agents de l'Administration des Postes et des Télégraphes en prétextant qu'aucune confidence ne leur était faite par l'expéditeur d'une lettre. Mais cette objection est, à notre avis, sans portée décisive. Si l'employé n'est pas un *confident,* il est tout au moins *dépositaire par état d'un secret ;* dès lors il rentre dans les termes mêmes de l'article 378. Un particulier, en s'adressant à l'Administration, est nécessairement obligé de s'en rapporter à la loyauté des agents qu'elle emploie. Il a eu confiance dans les garanties de moralité et de discrétion qu'implique leur nomination et dans le serment professionnel qu'ils ont dû prêter. Or, ce serment leur défend de révéler ce qui est relatif à leur service ou ce qu'ils ont appris à l'occasion de ce service. C'est là plus qu'il n'en faut pour justifier l'exactitude d'une solution, aujourd'hui presque universellement acceptée et corroborée d'ailleurs par l'article 9 du règlement général de l'Administration des Postes. (*Sic :* Cauwès, *dans Sirey*, an. 75. 1. 89 ; — Tissier, *op. cit.*, p. 14 ; — Legris, *op. cit.*, p. 43, n° 33, *in fine ;* — Rousseau, *op. cit.*, p. 209, n° 371.)

53. — Un très important arrêt de la Cour de Bordeaux expose clairement cette doctrine dans des considérants fortement motivés. Il décide, que le fait de la part d'un agent de dire qu'un tiers reçoit d'une personne déterminée une nombreuse correspondance, constitue la violation du secret professionnel tombant sous le coup de l'article 378 du Code pénal. Nous

croyons devoir le reproduire in-extenso : « Attendu,
dit la Cour, qu'aux termes du décret des 26-29 août
1790, les agents de l'Administration des Postes prêtent serment de garder et observer fidèlement la foi
due au secret des lettres ; que l'article 9 du règlement
général de l'Administration des Postes interdit aux
agents de cette Administration de certifier qu'une lettre ou tout autre objet de correspondance a été expédié ou reçu ; — Attendu, qu'il résulte nettement de
ces textes, que les agents de l'Administration des
Postes sont tenus, sous les peines édictées par l'article
378, C. P., d'observer religieusement dans l'intérêt
des tiers, *le secret qui leur est imposé* ; — Attendu,
en fait, que la Dlle B... a, dans deux circonstances,
manqué au serment de discrétion qui lui était imposé : une première fois, le 30 janvier 1896, dans le
bureau de Postes de J... où, sans se préoccuper du
public qui se trouvait aux guichets, elle aurait révélé
au Receveur des Postes de J... que P... écrivait souvent à Mlle X... ; une deuxième fois, le dimanche 2
février 1896, à St-S..., à la sortie de l'Église, en tenant le même propos à la femme M..., domestique du
sieur P..., et en ajoutant que la veille, P...avait adressé
une lettre recommandée à Mlle X... ; — Attendu, que
Mlle B... a reconnu le premier fait dans sa matérialité
et a déclaré ne pas se souvenir du propos rapporté
par la femme M... ; — Attendu que le Tribunal (de
Cognac) a prononcé l'acquittement par cet unique
motif que la buraliste a pu connaître le fait qu'elle
révélait en dehors de ses fonctions et que ce léger
doute devait profiter à la prévenue ; — Attendu,
*qu'un agent de l'Administration des Postes, tenu au
secret*, ne peut, en aucun cas, se prévaloir de la no-

toriété publique comme excuse de sa faute ; que d'ailleurs, même en admettant la thèse du Tribunal, Mlle B... devait faire la preuve certaine que, dès avant le 30 janvier 1896, le bruit de cette correspondance entre le sieur P... et Mlle X... s'était répandue dans le public ; et qu'en rapportant le fait elle agissait sans aucune intention mauvaise ; que Mlle B... ne fait pas cette preuve qui lui incombe, que tout fait présumer, au contraire, que la buraliste de St-S... qui subissait les tracasseries de P..., a voulu dans un moment de surexcitation être désagréable au plaignant en révélant sa correspondance avec Mlle X..., précédente buraliste de St-S... ; — Par ces motifs, réforme le jugement dont est appel ; condamne la Dlle B... par application de l'article 378 du Code pénal...»

54. — Nous savons que le fait de prendre connaissance du contenu d'une correspondance écrite au verso d'une carte postale ne constitue pas le délit *d'ouverture* prévu par l'article 187 C. P., les cartes postales étant destinées à circuler à découvert et ne pouvant être placées sous scellés ou sous enveloppe. (Cas., 21 novembre 74. D. P. 75. 1. 234.) Mais la lecture de ce contenu faite par un agent, soit à une personne quelconque en dehors du bureau, soit à haute voix à l'intérieur du bureau en présence d'autres employés, devient une véritable révélation du secret professionnel, relevant des peines portées en l'article 378 C. P. (Cas. 21 novembre 1874 *précité ;* — D. R. S., v° *Postes*, n° 270 ; — Rouen, 12 fév. 1875, D. P. 76. 5. 341.)

55. — Au contraire, la simple lecture par l'agent du contexte de la carte postale, sans communication à des tiers de ce qui s'y trouve inséré, n'est réprimée ni par l'article 378 puisqu'il n'y a pas eu révélation de secret, ni, *a fortiori*, par l'article 187. Elle ne comporte que l'application des mesures disciplinaires prescrites par la Circulaire du Ministre des Finances du 15 février 1873. Ce document administratif décide que si les agents ont le droit de prendre connaissance des inscriptions placées au côté recto réservé à l'adresse et de jeter au rebut les cartes postales contenant, en cet endroit, des paroles ou des dessins diffamatoires ou immoraux, il leur est pourtant absolument interdit de lire, sous aucun prétexte, même pour y rechercher la preuve des infractions qui pourraient s'y rencontrer, les mentions inscrites au verso.

Tout manquement à ces prescriptions ministérielles rend l'agent passible de la peine portée en l'article 84 de l'Instruction générale qui punit de la révocation la violation du secret des lettres.

56. — L'obligation imposée aux préposés des Postes de ne pas répondre aux questions qui leur sont faites dans le but de savoir si telle personne reçoit des lettres, entraîne cette conséquence logique que la saisie, entre les mains de l'Administration, d'un pli présumé contenir des valeurs, ne peut pas être ordonnée à la requête d'un créancier. (Art 187, *Inst. gén.*, 1868.) Voici une espèce dans laquelle ce principe a été appliqué : Un sieur C..., négociant à Paris, créancier d'une dame S..., ayant appris que cette dame devait recevoir des valeurs dans deux lettres expédiées de l'étranger, se pourvut en référé auprès du Président du Tribunal civil de la Seine, afin d'obtenir opposition à la remise de ces lettres, pour sûreté de sa créance. Il fut fait droit à sa requête. Mais l'ordonnance rendue par le Juge, autorisant cette opposition, parut contraire à la règle de l'inviolabilité des correspondances. Le garde des Sceaux consulté exprima l'avis qu'il n'y avait pas lieu de saisir, même temporairement, les deux lettres litigieuses, pour venir en aide à des intérêts purement privés et que le principe de la libre circulation et du secret des lettres ne pouvait souffrir d'exception que dans un intérêt d'ordre public, pour la constatation des crimes et des délits. L'Administration fut donc invitée à demander le retrait de l'ordonnance intervenue, que le magistrat rapporta d'ailleurs en adoptant les motifs invoqués par le Ministre de la Justice. (V. *Inst. gén.*, 1868 : *Jurisp.* ; — Trib. Seine, Réf., 13 septembre 1872, D. P. 73. 3. 80 ; — Cons. d'Etat, 13 mars 1874, D. P. 75. 3. 34 ; — Tissier, *op. cit.*, p. 15 ; — Legris, *op. cit.*, p. 44, n° 35.)

57. — Devons-nous conclure, de la théorie qui vient d'être émise et des termes absolus de l'article 378, que le secret professionnel dispense les fonctionnaires de l'Administration des Postes de témoigner en justice dans une affaire criminelle ?

Un auteur, M. Hanssens, *(op. cit.*, p. 60 et suiv.) l'a soutenu. L'agent des Postes, selon lui, a prêté, avant d'entrer en fonction, le serment de ne pas révéler ce qui peut être relatif à son service. La loi est formelle et le but poursuivi par ses auteurs est évident. Ils ont voulu atteindre le manquement aux devoirs professionnels et ces devoirs existent pour l'employé des Postes avec autant de force que pour le médecin, l'avocat ou le confesseur. L'article 378 met sur la même ligne toutes les personnes auxquelles il s'applique. Il ne cite pas, il est vrai, l'agent

des Postes nominativement, mais il convient de remarquer qu'il ne désigne pas davantage les hommes
d'affaires, les médecins et les prêtres et si ceux-ci sont
admis sans conteste à se retrancher derrière le secret
professionnel, l'agent des Postes doit de son côté
pouvoir revendiquer le même privilège.

58. — Nous répondrons, avec un arrêt de la Cour
de cassation du 14 mars 1885 (D. P. 85. 1. 425),
qu'en principe tout citoyen doit la vérité à la justice
lorsqu'il en est interpellé par elle. Ceux-là même qui,
en vertu de l'article 378 du Code Pénal, sont dépositaires par état ou par profession des secrets qu'on
leur confie ne sont pas dispensés de cette obligation,
théoriquement égale pour tous. Aucune loi ne les
soustrait à ce devoir social, car le législateur, en
votant l'article 378, n'a eu d'autre intention que de
proscrire *la révélation spontanée* des secrets d'autrui
par des tiers placés dans des situations exceptionnelles comme le sont, par exemple, les avoués, les notaires, les sages-femmes, etc. Toutefois, la jurisprudence,
formulant en cette délicate matière *une règle de
haute morale et de haute utilité*, selon l'heureuse
expression de M. Tissier, n'appliqua pas ce principe
dans toute sa rigueur. Elle décide que les personnes
visées par l'article 378 pourront se retrancher derrière
le secret professionnel chaque fois que les faits sur
lesquels on veut les interroger seront parvenus à leur
connaissance dans l'exercice de leur profession, et,
qu'en outre, la confidence aura été *personnelle*,
ainsi qu'elle l'est, par exemple, vis-à-vis du médecin,
du confesseur ou de l'avocat. (F. Hélie, *op. cit.*, p.
563 et suiv., § 357 ; — D. R., v° *Témoin*, n° 43 ; —
Cas., 20 juillet 1845, D. P. 45. 1. 340 ; — 10 juin

1853, D. P. 53. 1. 205 ; — 6 janvier 1855, D. P. 55. 1. 31 ; — 18 août 1882, D. P. 83. 1. 46 ; — 14 mars 1885, D. P. 85. 1. 425 *et la note*.)

59. — Or, telle n'est pas évidemment la situation des agents des Postes. Sans doute, ils sont soumis au devoir de discrétion que leur imposent l'article 378 C. P. et les règlements administratifs. Mais ce n'est là qu'une mesure prise contre eux pour protéger les citoyens contre toute révélation que pourraient leur inspirer la méchanceté et le dessein de diffamer et de nuire. Ce qui le prouve bien d'ailleurs, c'est qu'il est unanimement admis, ainsi que nous aurons à l'expliquer plus tard, que les juges ont le droit de faire des perquisitions dans les bureaux de Poste, tandis qu'on leur refuse la faculté d'agir de même dans le cabinet d'un avocat ou d'un médecin. Si donc, dans l'intérêt de la répression, on a cru devoir faire fléchir un principe aussi important que celui du secret des lettres, comment pourrait-on autoriser un agent à refuser son témoignage sur de simples faits se rapportant à la partie administrative de ses fonctions ? (C. d'as. d'Eure-et-Loir, 11 juin 1830, *Journ. de Droit crim.* T. II, p. 187 ; — Cas., 14 mars 1885 *précité* ; — Tissier, *op. cit.*, p. 15 ; — Legris, *op. cit.*, p. 45 et suiv. ; — Jaccottey, *op. cit.*, p. 227, § 6 ; — Duverger, *Man. du Juge d'Inst.*, T. II, p. 323, 2ᵉ édition.)

59 *bis*. — Devant les juridictions commerciales et civiles, les préposés des Postes ont au contraire le devoir, tout en se rendant à la convocation qui leur est adressée, d'invoquer le secret qui les lie pour décliner leur témoignage. L'ordre public ici n'est plus en jeu comme en matière criminelle ; il n'y a plus en présence que des intérêts purement privés.

(Tissier, *op. cit.*, p. 16 ; — Legris, *op. cit.*, p. 17, n° 38 ; — Jaccottey, *op. cit.*, p. 227.)

60. — Observation. — Indépendamment des sanctions pénales édictées par les différents textes que nous venons de passer en revue, les agents de l'Etat peuvent encore être actionnés en dommages-intérêts, conformément au droit commun, pour les délits ou les fautes qu'ils commettent dans l'exercice de leurs fonctions. (Art., 1382, C. Civ. ; — Cas., 4 août 1880, D. P. 81. 1. 454 ; — Cas., 23 fév. 1881, D. P. 81. 1. p. 325 ; — Trib. Conf., 26 mars 1881, D. P. 82. 3. 58 ; — 19 nov. 1881, D. P. 83. 3. 23 ; — 18 mars 1882, D. P. 83. 3. 83 ; — Cas., 29 mars 1882, D. P. 82. 1. 325 ; — Laferrière, *Traité de la jurid. adm.*, 1877, T. I, p. 596 ; — Jaccottey, *op. cit.*, p. 248, *in fine* ; — Tissier, *op. cit.*, p. 12 et 14 ; — Legris, *op. cit.*, p. 43).

SECTION III

VIOLATION COMMISE PAR UN PARTICULIER

61. — On ne retrouve plus dans l'article 187 C. P. la distinction établie dans la peine par l'article 23 du Code de 1791, selon que le coupable est un simple particulier ou un fonctionnaire de l'Etat. Concluons-en que la suppression ou l'ouverture d'une correspondance, commise par un simple particulier, n'est punie, en l'état de notre législation, par aucune disposition pénale. (Trib. Bourbon-Vendée, 31 janv. 1835, D. R. v° *Postes*, n° 138 ; — Orléans, 31 juillet 1896, J. D. 14 sept. 1896 ; — Legris, *op. cit.*, p. 35, n°. 24 ; — F. Hélie et Chauveau, *op. cit.*, T. III, p.

32-33, n° 767 ; — Rousseau, *op. cit.*, p. 196, n° 361 ; — M. le conseiller Valabrègue, *Des lettres missives au point de vue du droit pénal, Journ. des Parq.*, p. 106.) Il ne reste au tiers lésé que l'application de l'article 1382 C. C. qui lui permettra d'intenter une action en dommages-intérêts.

62. — Le tribunal de Fontenay avait cependant essayé d'appliquer à ce cas l'article 187. (*Journal de droit crim.* 1839, p. 85 ; — D. R. v° *Postes*, n° 138.) Il se fondait sur les expressions qui commencent cet article et qui semblent embrasser tous les cas, et sur la différence que sa rédaction présente, en ce qui concerne l'énonciation des fonctionnaires, avec la rédaction des articles qui le précèdent et qui le suivent. D'après cette interprétation, « l'indication des fonctionnaires dans l'article 187 n'aurait pas eu pour but de limiter l'application de cet article à certaines classes de personnes, mais d'exprimer que le délit existe, soit qu'il ait été commis par des fonctionnaires seuls ou par des particuliers avec le concours des fonctionnaires, et que la bonne foi de ceux-ci, lorsqu'ils auraient par leur négligence facilité le délit, ne saurait être une sauvegarde pour les tiers qui auraient agi avec une intention criminelle. » (F. Hélie et Chauveau. *loc. cit.*) Il suffit de lire avec quelque attention l'article 187 pour voir aussitôt qu'une pareille thèse est insoutenable, et que ses termes très clairs n'incriminent et ne punissent que les agents de l'Etat ou de l'Administration des Postes coupables d'avoir perpétré ou facilité la violation des correspondances. Le même fait commis par tout autre individu entre dans la classe de ces faits immoraux que la loi a omis de sanctionner. (*Sic* : Chauveau et F. Hélie, *loc. cit.* ;

— Tissier, *op. cit.*, p. 11 ; — et les autorités citées *supra*, n° 61.)

63. — L'impunité cesse cependant lorsque le simple particulier a obtenu, pour arriver à la suppression ou à l'ouverture de la lettre, l'aide d'un fonctionnaire de l'Etat. Il doit alors être considéré comme complice de l'agent et puni, en vertu de l'article 60 C. P. des mêmes peines que l'auteur principal. (Cas., 9 janvier 1863, D. P. 63. 1. 360 ; — Legris, *op. cit.*, p. 33, n° 25 ; — Tissier, *op. cit.*, p. 16 ; — Rousseau, *op. cit.*, p. 197, n° 362.) Si le moyen employé pour amener le fonctionnaire à laisser commettre le délit d'ouverture ou de violation par le particulier constitue le délit de corruption de fonctionnaires, les articles 177 à 179 seront alors applicables. (Tissier, *loc. cit.*)

64. — Le défaut de sanction que nous avons constaté plus haut est une regrettable lacune que récemment le législateur s'est proposé de combler. A cet effet, un projet de loi, dû à l'initiative de M. Albert Tissot, député, a été déposé sur le bureau de la Chambre le 23 juillet 1894. (*J. O.* du 13 septembre 1894. Annexe 878, p. 1189.) Il consiste dans l'addition à l'article 187 d'un second paragraphe qui, après plusieurs rapports et discussions, a été ainsi libellé : Art. 187, al. 2. *En dehors des cas prévus par le paragraphe premier du présent article, toute suppression, toute ouverture de correspondance adressée à des tiers, faite de mauvaise foi, sera punie d'un emprisonnement de 6 jours à 1 an et d'une amende de 16 à 500 fr., ou de l'une de ces deux peines seulement.* Voté par la Chambre, ce texte a été transmis au Sénat qui n'a pu jusqu'ici en aborder l'examen.

CHAPITRE II

Exceptions au principe de l'inviolabilité des Lettres Missives.

65. — Les exceptions au principe de l'inviolabilité du secret des lettres, très nombreuses dans notre droit, se divisent en deux groupes : les unes, édictées dans un intérêt d'ordre public, les autres, en faveur des particuliers.

SECTION I

EXCEPTIONS BASÉES SUR L'ORDRE PUBLIC

§ 1er. — POUVOIRS DU JUGE D'INSTRUCTION

66. — Sous l'ancien régime, où la violation du secret des correspondances en matière politique était pourtant passée dans les mœurs, la jurisprudence n'admettait point qu'on put saisir une lettre pour la produire en justice et baser sur elle une accusation. Jousse (*Traité de la Just. crim*, T. I. 744), Denisart (v⁰ *Let. mis.*), Serpillon (*Comment. de l'Ord.* de 1670, T. I, p. 142) enseignaient cette doctrine. « Les écrits de l'accusé, rapporte Jousse, qui servent à constater le crime, peuvent servir, comme les autres pièces à conviction, contre cet accusé. Dans l'instruction du procès de la marquise de Brinvilliers, elle fut interrogée sur tous les actes de sa prétendue confession qui avait été trouvée dans ses papiers. *Mais il n'en est pas de même des lettres missives qui auraient été écrites à un ami. Car il n'est pas toujours permis de faire usage de ces lettres, et, si elles renferment des confidences, celui à qui elles sont écrites ne pourrait les mettre au jour sans crime, en sorte que, si elles étaient produites, elles ne pourraient servir de preuves contre celui qui les a écrites. On a toujours exigé, dans ce cas, que les lettres seraient rendues, quelques preuves qu'elles puissent apporter dans l'affaire soumise à la décision du juge, ce qui est fondé sur ce motif que le dépôt du secret ayant été violé, on ne devait y avoir aucun égard.* » Ainsi, à une époque où la torture n'était pas encore abolie on semble professer, même en droit criminel, le respect le plus absolu pour le principe de l'inviolabilité du secret des lettres. (Rapport de M. le Conseiller Gast, à la Ch. Crim. de la C. de cas., D. P. 84. 1. 89.)

67. — Au contraire, d'après l'opinion universellement admise, les articles 87 à 89 de notre Code de procédure criminelle donnent aujourd'hui au magistrat instructeur le droit de rechercher les preuves d'une infraction à la loi pénale dans la correspondance des prévenus. Le terme générique *«papiers»*, employé par la loi dans ces textes, ne peut en effet

que comprendre dans sa généralité toute lettre missive
trouvée au cours d'une perquisition. (Cas., 13 octob.
1832, D. R. v° *Let. mis.*, p. 11, n° 31 ; — Bruxelles,
12 mars 1858, *J. du Min. Pub.*, 1. 241 ; — Cas, 19
septembre 1861, B. C., *à sa date,* etc., *Jur. constante ;* — Desquiroz, *De la preuve par témoin en mat.
crim.*, p. 81.)

68. — Mais les pouvoirs du Juge d'Instruction en
matière de saisie de lettres sont-ils illimités ? La controverse est restée très vive à cet égard. Elle n'a
d'ailleurs qu'un intérêt purement théorique puisqu'une pratique constante investit le magistrat d'un
droit absolu, ne comportant d'autres restrictions que
celles qui lui sont imposées par sa conscience et le
sentiment de ses devoirs. Avant de l'aborder, transcrivons le texte des articles qui s'y rapportent :

ART. 87. — *Le juge d'instruction se transportera, s'il
en est requis, et pourra même se transporter d'office,
dans le domicile du prévenu, pour y faire la perquisition des papiers, effets et généralement de tous les
effets qui seront jugés utiles à la manifestation de la
vérité.*

ART. 88. — *Le juge d'instruction pourra pareillement se transporter dans les autres lieux où il présumerait qu'on aurait caché les objets dont il est
parlé en l'article précédent.*

ART. 89. — *Les dispositions des articles 35, 36,
37, 38 et 39 concernant la saisie des objets dont la
perquisition peut être faite par le Procureur du Roi,
dans les cas de flagrants-délits, sont communes au
juge d'instruction.*

Telle est la loi qui règlemente ici trois points :

1º Le cas où la saisie est faite au domicile où sur la personne du prévenu ; 2º Le cas où elle a lieu chez un tiers et 3º enfin les formes prescrites pour arriver dans l'une et l'autre hypothèse à la saisie des correspondances.

69. — Domicile du prévenu. — On admet sans contestation en doctrine et en jurisprudence que le juge instructeur peut s'emparer de toute lettre adressée au prévenu et de toutes celles écrites par lui et non encore expédiées qui se trouveraient à son domicile ou sur sa personne.

Il suffit pour cela que ces papiers soient jugés utiles à la manifestation de la vérité, qu'ils puissent par conséquent servir *à conviction ou à décharge*. (F. Hélie, *op. cit.*, T. V, p. 502 ; — Legris, *op. cit.*, p. 60, nº 45 ; — Laborde, *Cours élém. de droit crim.* 1891. p. 586, nº 1018.)

70. — Domicile des tiers. — Le magistrat doit agir ici avec la plus grande discrétion. Pour qu'il puisse pratiquer une perquisition à fin de saisie, il ne faut pas qu'il ait seulement une sérieuse présomption lui permettant de croire que des papiers, pouvant servir à l'établissement de la preuve du fait incriminé, ont été cachés chez ce tiers ; il faut encore, comme le recommande F. Hélie, « que la saisie soit opérée avec tous les ménagements propres à sauvegarder les papiers, les actes, les secrets de famille qui ne se rattachent pas immédiatement au fait incriminé et auxquels, dès lors, la justice n'a pas le droit de toucher ». (*Loc. cit.* p. 503.)

71. — Mais à part ces restrictions et malgré toute

opposition, le juge aura le droit de saisir les papiers trouvés en la possession du tiers non seulement s'ils forment le corps constitutif du délit ou s'ils apportent la preuve ou l'indice du délit recherché, mais encore s'ils ne renferment simplement qu'un élément de la vérité, un renseignement quelconque sur le fait incriminé. L'intérêt du tiers basé sur son titre de propriétaire, ou sur cette considération qu'il importe pour lui de n'être pas dessaisi de ses papiers est d'ordre purement privé. Il doit donc céder devant l'intérêt général qui exige que la justice connaisse l'entière vérité sur les faits qu'elle est appelée à juger. (F. Hélie, *eod. loc.*)

72. — La même question devient au contraire plus épineuse lorsque le tiers détient les pièces à saisir en qualité de défenseur du prévenu. Cela peut arriver, par exemple, lorsqu'une correspondance se trouve aux mains d'un notaire, d'un avocat ou d'un avoué. Le Juge d'Instruction pourra-t-il encore l'appréhender?

73. — L'article 177 de l'Ordonnance d'août 1539 portait : « Défendons à tous notaires et tabellions de ne monstrer ni communiquer leurs registres, livres et protocoles, fors aux contractans ou à d'autres auxquels le droict des dits contracts appartiendroit notoirement, *ou qu'il fust ordonné par justice.* » Cette prescription est facilement reconnaissable dans les articles 22 et 23 de la loi du 25 Ventôse an XI, contenant organisation du notariat, ainsi conçus : Art. 22 : « Les notaires ne pourront se dessaisir d'aucune minute, *si ce n'est dans les cas prévus par la loi,* et en vertu d'un jugement... » Art. 23 : « Les notaires ne pourront également, *sans l'ordonnance du Président du Tribunal de première instance,* délivrer expédition ni donner connaissance des actes à d'autres qu'aux personnes intéressées... sauf néanmoins l'exécution des lois et règlements sur le droit d'enregistrement, et de celles relatives aux actes qui doivent être publiés dans les tribunaux. » Il ressort de ces textes, d'une façon évidente, que le secret des actes confiés aux notaires n'est pas une obligation absolue puisque, d'une part, la loi autorise le déplacement de ces papiers dans les cas prévus par elle et que, de l'autre, le juge a la faculté d'en ordonner la communication. Il reste donc à déterminer quels sont ces cas prévus par la loi où l'officier ministériel peut être dessaisi par la justice des actes confiés à son étude. Le Code d'Instruction criminelle semble ne vouloir en reconnaître que deux qui se trouvent indiqués dans les articles 452 et 454. Le premier de ces articles impose à tout dépositaire public ou particulier le devoir de remettre au Juge d'Instruction, sur la réquisition de ce magistrat, les pièces arguées de faux et le second ajoute que ces mêmes dépositaires pourront être contraints à fournir les pièces de comparaison qui seront en leur possession. Est-ce à dire que cette très courte énumération soit limitative et qu'en dehors de ces deux hypothèses, spécialement prévues en matière de faux, le juge ne pourra jamais saisir les actes d'un notaire pour y trouver une pièce à conviction ou à décharge ayant trait à une infraction pénale quelconque qu'il serait chargé d'instruire ? Ou bien doit-on admettre que les articles 37, 38 et 39 rapportés plus haut ont une portée plus générale, donnant au magistrat le pouvoir de s'emparer de tout papier, en quelque lieu qu'il soit caché, sans excepter même l'étude d'un notaire, lorsqu'il y a lieu de supposer que ce papier

ou cet acte peut servir d'élément à la manifestation de
la vérité ? On ne conçoit pas très bien quelle serait
la base juridique d'une restriction en cette matière.
« Ne serait-il pas étrange, écrit F. Hélie, que les articles 452 et 454, qui ne sont que des corollaires du
principe posé par les articles 88 et 89, eussent réglé
dans un cas particulier l'application d'une mesure qui
ne serait pas contenue dans le principe lui-même ?
Ne serait-il pas contradictoire que le juge ne pût
ordonner en matière de banqueroute frauduleuse,
d'abus de blanc-seing, d'escroquerie, de concussion,
un moyen d'instruction qu'il peut ordonner en matière de faux ? » (F. Hélie, *loc. cit.*, p. 506-507.)
Cette doctrine semble, au premier abord, préjudiciable à l'intérêt des familles qui paraît devoir exiger
l'inviolabilité absolue des actes confiés à un dépositaire dont les fonctions sont reconnues par la loi.
Mais, d'une part, la nécessité de la répression est un
principe supérieur qui touche trop à la morale et à la
sécurité publiques pour qu'il puisse s'effacer même
devant une considération aussi puissante. D'autre
part, la pratique ne saurait en être dangereuse puisque l'arbitraire du juge instructeur trouvera toujours
ici son contrepoids dans le contrôle qu'exercent sur
ses actions les différentes autorités dont se compose
la hiérarchie judiciaire. Si donc les écrits, rencontrés
dans une étude au cours d'une perquisition, sont
reconnus étrangers aux poursuites engagées, le juge
s'abstiendra de les divulguer ; il les joindra au contraire à sa procédure s'ils fournissent la moindre
indication utile à la manifestation de la vérité.

74. — Cependant nous apporterons une limite à
cette règle que nous venons de formuler. Sans doute,

il importe à la société qu'aucun crime ne demeure impuni ; mais encore ne doit-on pas, pour atteindre ce but, blesser la liberté de la défense qui est un des éléments les plus nécessaires à l'administration d'une bonne justice repressive. Nous avons dit en étudiant l'article 378 C. P. que certaines personnes sont dispensées de donner leur témoignage sur les faits qui ne leur ont été confiés qu'à raison de leurs fonctions. La jurisprudence range les notaires dans la catégorie de ces personnes que lie le secret professionnel. Or, ces officiers ministériels ne sont pas seulement des rédacteurs d'actes et de conventions. Ils sont encore dans bien des cas les conseils et les confidents des parties. En cette qualité, ils reçoivent en dépôt des papiers qui ne leur sont remis que sous le sceau du secret. Le Juge d'Instruction pourra-t-il saisir ces pièces confidentielles ? Nous ne le croyons pas parce qu'elles participent évidemment du privilège qui protège tous les actes de la défense. Il a paru, écrit encore F. Hélie, que cette défense comprenait non seulement les communications que motive un procès ou une poursuite, mais toutes celles auxquelles donnent lieu les transactions civiles, lorsque ces transactions se rattachent aux secrets des familles, à des intérêts qui ne pourraient être trahis sans compromettre les droits des tiers. Le Juge d'Instruction doit donc s'arrêter devant la déclaration des notaires que tels ou tels papiers sont un dépôt confidentiel. C'est la conséquence du droit qu'ils exercent généralement de donner des conseils, de diriger des intérêts, d'éclairer les droits ou les prétentions des parties. Le juge ne peut que s'en rapporter à cet égard à la consciencieuse affirmation de ces fonctionnaires. (F. Hélie, *op. cit.*, p.

5o5 et 5o9 ; — (*Contra* : D. R. v° *Inst. crim.* n° 35o ; — Duverger, *op. cit.*, p. 439-440.)

75. — La même exception doit s'étendre *a fortiori* aux papiers déposés chez un avoué ou un avocat par le prévenu. Ici encore les droits de la défense et les obligations du secret professionnel restreignent les pouvoirs des magistrats. MM. Mangin (*De l'instr. écrite*, T. II, p. 496) et Duverger (*op. cit.*, p. 437-438) sont les seuls auteurs qui combattent cette opinion. « Il n'y a pas de lieu d'asile pour la personne, écrit M. Duverger, et il ne peut y en avoir pour les papiers ou effets. Comment donc un prévenu pourrait-il être autorisé à déjouer les recherches de la justice en prenant pour dépositaire un avocat ou un avoué ? Qu'un défenseur, qu'un avocat ou un avoué garde le secret de son client, à la bonne heure : cela est de l'essence de sa profession. Mais qu'il garde un dépôt que la justice revendique, parce qu'il se dirait être un dépositaire privilégié, cela doit paraître exorbitant. »

76. — Cette thèse n'est pas admissible. Comment d'ailleurs expliquer la contradiction qu'elle renferme ? Comment soutenir que le juge, d'une part, n'aura pas le droit d'exiger du défenseur la révélation du secret qui lui a été confié par le prévenu et qu'il pourra, de l'autre, le forcer à dévoiler ce secret en le mettant dans l'obligation de lui remettre les papiers et les lettres qui le contiennent ? Une telle conséquence est impossible. M. Duverger lui même l'a si bien compris qu'après avoir exposé sa doctrine il s'empresse d'ajouter timidement qu'*il serait peut-être imprudent de poser des règles absolues en cette matière.*

77. — La théorie que nous défendons avec la presque unanimité des auteurs était déjà reconnue sans contestation par notre ancien droit. Un arrêt du Parlement de Toulouse du 12 avril 1672 ordonne en effet la restitution immédiate de lettres saisies dans le cabinet d'un Procureur à qui elles avaient été adressées par un inculpé. (Anc. *Journ du Pal.* T. I p. 161.) Notre jurisprudence actuelle à son tour s'y est toujours scrupuleusement conformée. Un arrêt de la Cour de cassation du 12 mars 1886 (D. P. 86. 1. 345) la résume en ces termes : « Le principe de la libre défense domine la procédure criminelle ; il commande d'affranchir de toute entrave les communications des accusés avec leurs conseils ; il est interdit à ces derniers, sous les peines portées par l'article 378 du Code pénal, de révéler les secrets qui leur ont été confiés, et ils sont même dispensés d'en déposer comme témoins devant les tribunaux ; il suit de là qu'il n'est point permis de saisir dans leur domicile les papiers et lettres missives qu'ils ont reçus de leurs clients. (*Sic :* Laborde, *op. cit.*, p. 586-587, n° 1019 ; — Legris, *op. cit.*, p. 77-78, n° 51 ; — F. Hélie, *op. cit.*, p. 509-511.)

78. — La Cour va plus loin encore en déclarant qu'on ne saurait intercepter ces lettres avant leur remise aux mains de l'avocat. « Elles partent sous la protection inviolable de la libre défense », dit M. le Conseiller rapporteur Dupré-Lasale. Et la Cour adoptant ces vues ajoute : « Il n'est pas permis de saisir ces lettres, puisqu'elles commencent la communication qui doit être respectée et portent la confidence qui doit être sacrée (1). » — Le même arrêt reconnaît

---

(1) Nous verrons en effet que la correspondance échangée

en outre que ce n'est pas seulement la correspondance personnelle du client qui doit être considérée comme inviolable mais encore tous les documents, même ceux provenant des tiers, remis à l'avocat pour étayer la défense du prévenu.

79. — Cette question de l'insaisissabilité des lettres confiées, par l'inculpé à son défenseur a fait tout récemment l'objet d'une très vive discussion. En vertu d'une commission rogatoire délivrée par le Juge d'Instruction de St-Dié et portant ordre de perquisition domiciliaire, le commissaire central de Nancy se présenta le 7 mai 1892 au domicile de Me L..., avocat. Il avait mission d'y rechercher et d'y saisir, avec différentes pièces à lui confiées par le sieur D..., prévenu d'escroqueries, toutes lettres émanées d'un nommé S..., mandataire de l'inculpé. Me L... protesta contre cet acte qui, à ses yeux, violait la liberté de la défense et il fit consigner sa protestation dans le procès-verbal de perquisition. Cependant, pour éviter des recherches dans tous ses papiers, il consentit à livrer au commissaire de police les pièces exigées par le Juge d'Instruction de St-Dié. Cette remise faite, il porta l'affaire devant le Conseil de l'Ordre des Avocats, pour permettre à ses membres d'apprécier la conduite qu'il avait cru devoir tenir en cette circonstance. Ceux-ci approuvèrent l'attitude de Me L... et prirent une délibération où sont affirmés avec la plus grande énergie, les princi-

---

entre un prévenu et son défenseur ne peut être interceptée par le directeur de la maison d'arrêt, pour être remise au Juge d'Instruction.

pes exposés plus haut. « Considérant, dit le Conseil, qu'une perquisition faite dans le cabinet d'un avocat, lorsqu'elle a pour but la recherche et la saisie de pièces ou correspondances qui lui ont été confiées par son client, viole à la fois la liberté de la défense et le secret professionnel ; — Considérant, comme l'a dit la Cour de cassation dans son arrêt du 12 mars 1886, que le principe de la libre défense domine la procédure criminelle, qu'il commande d'affranchir de toute entrave les communications des accusés avec leurs conseils ; qu'il est interdit à ces derniers, sous les peines portées en l'article 378 C. P., de révéler les secrets qui leur ont été confiés, et qu'ils sont même dispensés d'en déposer comme témoins devant les tribunaux ; qu'il suit de là qu'il n'est point permis de saisir dans leur domicile les papiers et les lettres missives qu'ils ont reçus de leurs clients, et que, par une conséquence nécessaire, il n'est pas permis de saisir, avant qu'elles leur soient parvenues, les lettres qui leur sont envoyées, puisqu'elles commencent la communication qui doit être respectée et portent la confidence qui doit être sacrée ; — Considérant que ce n'est pas seulement la correspondance du client que l'arrêt de la Chambre criminelle déclare insaisissable ; que la prohibition s'étend — et c'est là le point sur lequel il convient d'insister — à tous les papiers, c'est-à-dire à tous actes et docu- ments confiés à l'avocat pour le procès et dans l'intérêt de la défense; — Considérant que si, comme le décide l'arrêt de 1886, il n'est pas permis de saisir dans le cabinet de l'avocat les papiers et lettres mis- sives qu'il a reçus de son client, il faut en conclure que le mandat qui prescrit une telle saisie dépasse le pouvoir du juge ; — Considérant néanmoins qu'on ne saurait faire un grief à Me L... de n'avoir pas résisté à l'exécution d'une mesure illégale, et d'avoir remis au commissaire central une partie des pièces que ce fonctionnaire avait mission de saisir ; qu'il faut d'abord tenir compte de la surprise qu'a dû éprouver Me L... en présence d'un acte inattendu et sans précédent ; que la remise des pièces n'a d'ailleurs pas été volontaire ; qu'elle a été en quelque sorte arrachée à cet avocat par menace d'une perquisition imminente, et par la crainte de voir la police porter ses investigations dans ses dossiers et dans sa correspondance ; que Me L... ne s'est dessaisi du dossier D... qu'après avoir protesté contre la mesure dont il était l'objet et contre la violation du dépôt fait entre ses mains ; que, dans ces circonstances et en agissant ainsi, on ne saurait dire qu'il ait manqué à ses obligations professionnelles ; — Considérant qu'il n'apparaît pas que, dans ses rapports avec son client, Me L... soit sorti de son rôle de conseil, ni qu'il ait, par un fait personnel quelconque, donné prétexte à la mesure rigoureuse et blessante ordonnée contre lui ; — Considérant que la décision du Conseil, statuant sur une règle de conduite et sur une question d'intérêt général, il y a lieu de la porter à la connaissance de tous les membres de l'Ordre ; — par ces motifs, dit à l'unanimité que Me L... n'a pas manqué à ses devoirs professionnels et que sa conduite ne peut, à aucun égard, donner prise à l'action disciplinaire ; s'associant au contraire à la protestation de Me L..., qui n'est que la juste revendication des droits qui ont toujours été reconnus à la défense, le Conseil, sans prétendre un droit de blâme qui ne lui appartient que vis-à-vis des membres de l'Ordre, décide néanmoins, en raison du caractère de l'incident, qu'une expédition de la présente délibération sera adressée à M. le Procureur Général près la Cour d'appel de Nancy ; dit également que sa décision sera portée à la connaissance des membres de l'Ordre. »

80. — Le Procureur général qui avait demandé à la Cour d'appel de Nancy d'annuler cet arrêté « *comme constituant la censure d'un acte de fonctions d'un magistrat* » et comme « *contenant un excès de pouvoir portant atteinte à l'indépendance de la magistrature* » vit sa demande rejetée par arrêt du 5 mai 1892 (G. P. 92. 1. 637). Nous croyons devoir y relever le passage suivant qui déclare formellement que « les principes proclamés par la Cour de cassation, dans son arrêt du 12 mars 1886, ne laissent aucun doute sur le caractère nettement illégal de la perquisition ordonnée par le magistrat instructeur, dans le cabinet d'un avocat, pour y saisir la correspondance *d'un client de cet avocat* ou *du mandataire de ce client.* »

81. — Remarquons enfin en terminant cette longue discussion que si le notaire, l'avocat ou l'avoué font par eux-mêmes l'objet d'une poursuite comme prévenus d'un délit ou d'un crime, aucun obstacle ne s'oppose plus alors à ce que des perquisitions soient ordonnées et exécutées dans chacun des appartements constituant leur domicile. (Mollot, *Règles de la profes. d'avocat.*, p. 41. 106. 502 et 554 ; — F. Hélie, *loc. cit.*, p. 509 ; — Duverger, *op. cit.*, T. I. p. 437 ; — Legris, *op. cit.*, p. 75, n° 51.)

82. — Il nous reste à examiner maintenant si la correspondance confiée aux soins de l'Administration des Postes peut être saisie par le Juge d'Instruction.

En 1829, plusieurs parquets adressèrent à des Receveurs des Postes des réquisitoires tendant à la saisie de lettres adressées à des prévenus ou ayant été l'objet de tentatives de soustraction de la part d'employés infidèles. L'Administration, soutenue par le Ministère des Finances, refusa de s'y conformer. Elle alléguait les différents décrets rendus par l'Assemblée constituante sur l'inviolabilité du secret des lettres et en outre celui des 26-27 août 1790, article 1er, t. VII disposant « que les Assemblées et Directoires de département et de district, les municipalités ni les tribunaux ne pourraient ordonner aucun changement dans le travail, la marche et l'organisation du service des postes aux lettres, des postes aux chevaux et des messageries. » Il est indubitable que cette législation rendait illégale, sous la période révolutionnaire, la saisie des correspondances dans un bureau de l'Administration des Postes. La même solution s'imposait-elle sous l'empire du Code de 1810 ? L'Administration le soutenait. Le Conseil d'Etat fut alors appelé à trancher le conflit et le 4 février 1829, son comité des Finances, contrairement aux prétentions du service des Postes, posa en principe : « 1º que les lettres qui ont fait l'objet d'une tentative de soustraction criminelle, de la part d'un employé des Postes, constituant le corps même du délit, peuvent sans doute, aux termes de l'article 35 C. I. C., être mises sous la main de justice ; 2º qu'il en est de même des lettres adressées à des prévenus ; mais 3º que les lettres adressées à des tiers, qui ne sont ni en état d'accusation ni de prévention régulière, sont placées sous la garantie de la foi publique ; que s'il importe de donner aux magistrats les moyens de convaincre les criminels, des considérations non moins graves, quoique d'une autre nature, exigent l'inviolabilité de la conservation et du secret des lettres. » (Jaccottey, *op. cit.*, p. 221.)

83. — Une jurisprudence constante reconnaît aujourd'hui la légalité des saisies de lettres effectuées à la Poste. Nous verrons même que les tribunaux ont considérablement étendu les limites édictées à cet égard par l'avis précité du Conseil d'Etat. Quoiqu'il en soit, les objections n'ont point manqué à ce système. On a prétendu d'abord que l'article 187 qui punit la suppression ou l'ouverture des lettres par un fonctionnaire s'opposait à toute saisie de correspondance dans un bureau de Poste. (*Sic :* Carnot, *De l'Inst. Crim., sur l'art. 37;* — Mangin, *op. cit.*, T. I., n° 92 ; — Trébutien, *Inst. Crim.*, p. 247 ; — Muteau, *Du secret professionnel*, p. 532 et suiv.) Mais on répond victorieusement, à notre sens, que si le Juge d'Instruction est un fonctionnaire, c'est, dans tous les cas, un fonctionnaire spécial que la loi a entendu soustraire à l'application de l'article 187 puisque dans le Code d'instruction criminelle elle lui donne le droit de perquisitionner, non seulement au domicile du prévenu (art. 87), mais encore, d'une façon spéciale, « dans les autres lieux où il présumerait qu'on aurait caché les objets » nécessaires à l'établissement de la preuve qu'il recherche. (art. 87 et 88.) Cette décision est toujours dictée par cette considération d'ordre public qui exige qu'aucun délit ne soit impuni. Quand il s'agit en effet de réprimer un fait de ce genre, on ne peut rendre un bureau de Poste plus inviolable et plus sacré que le domicile

des prévenus et des autres citoyens eux-mêmes. *(Sic :*
Laborde, *op. cit.*, p. 588, n° 1022; — Legris, *op. cit.*,
p. 61 ; — Tissier, *op. cit.*, p. 19 et 20.)

84.—On a ensuite disputé sur les mots et l'on a refusé
de voir, dans une lettre missive mise à la Poste, un
objet *caché*, au sens attaché à cette expression par
l'article 88 du Code de procédure criminelle. A s'en
tenir à la définition purement académique du mot,
cacher une chose, c'est certainement la dérober à la
vue avec intention *(Littré)*. Cependant ce n'est pas
à la signification littérale qu'il faut s'attacher ici. Le
législateur a voulu plutôt opposer l'article 88 à l'article 87. Dans ce dernier, il s'agit de tout objet que le
magistrat doit rencontrer en perquisitionnant dans
les lieux habités par le prévenu. Dans le second, au
contraire, il est question de tout ce qui peut se trouver en dehors de ce domicile, de tout objet qui, en ce
sens, demeurerait *caché* aux investigations de la justice. *(Sic :* F. Hélie, *op. cit.*, T. V., p. 511-519 ; —
Laborde, *op. cit.*, p. 586-587, n° 1019; — Legris, *op.
cit.*, p. 60, n° 45-46 ; — Tissier, *op. cit.*, p. 20 et 21;
— *Contra :* Carnot, Mangin, Trebutien, Muteau,
loc. cit.)

85. — Nous venons d'exposer les raisons qui justifient la règle générale par laquelle la saisie des lettres à la Poste doit être considérée comme licite.
Mais faut-il considérer ce principe comme absolu ou
bien faut-il établir des distinctions suivant les hypothèses ? La correspondance à arrêter dans un bureau
en effet peut être l'œuvre : 1° d'un prévenu qui l'adresse à un tiers ; 2° d'un tiers qui l'adresse à un prévenu
et 3° d'un tiers qui l'adresse à un autre tiers. Les
pouvoirs du magistrat seront-ils identiques dans cha-

cun de ces cas ? Ici encore les auteurs ne sont pas toujours d'accord.

86. — On admet sans difficulté que les lettres adressées à un inculpé peuvent être arrêtées car elles auraient pu se trouver en sa possession et être saisies à son domicile au cours d'une perquisition. Repouser cette première hypothèse serait en réalité enlever au juge tout pouvoir sur les correspondances suspectes confiées à la Poste.

87. — Quelques criminalistes, au contraire, et parmi eux un des plus remarquables, M. Garaud, estiment que le Juge d'Instruction ne doit pas être autorisé à saisir les lettres écrites et expédiées par le prévenu. D'après le savant criminaliste, dont nous avons cité le nom, rien en effet, dans ces conditions, ne saurait faire connaître que le pli à intercepter est bien l'œuvre de l'inculpé. On risquerait trop souvent, à vouloir accepter ce système, de prendre une lettre pour une autre et de s'immiscer ainsi involontairement dans la correspondance d'un individu complètement étranger aux poursuites. (Garaud, *C. de droit crim.*, p. 589.) La grande majorité des auteurs et l'unanimité des décisions judiciaires ne se sont pas laissées arrêter par cette objection, bien que, il faut l'avouer, l'avis du Conseil d'Etat rapporté plus haut semble refuser ce droit à la justice. L'inconvénient signalé par M. Garaud est exagéré. L'intérêt du juge est de n'agir jamais, en d'aussi délicates matières, qu'avec la plus grande circonspection. On peut donc être certain qu'il ne se résoudra à la saisie que lorsqu'il aura acquis la conviction d'arrêter un pli écrit par l'accusé lui-même. En outre, et celà est décisif, la loi ne parle d'aucune restriction de ce genre ; par conséquent, en prescrivant une pareille mesure, le juge ne commet aucun abus de pouvoir. En réalité, comme dans l'espèce précédente, il ne fait que saisir à la Poste des papiers dont il aurait pu s'emparer s'ils s'étaient encore trouvés en la possession du prévenu, d'autant qu'une lettre missive, nous aurons à l'expliquer plus tard, continue à appartenir à l'expéditeur jusqu'au moment de sa remise par l'Administration aux mains du destinataire. (*Sic :* F. Hélie, *loc. cit.*, p. 516 ; — Blanche, *op. cit.*, T. III, p. 475 ; — Laborde, *op. cit.*, p. 587, n° 1020 ; — Legris, *op. cit.*, p. 62 ; — Tissier, *op. cit.*, p. 21 et 22 ; — Rousseau, *op. cit.*, p. 213, n° 378.)

88. — Que penser maintenant d'une lettre adressée par un tiers à un autre tiers, tous deux étrangers à l'inculpation ? Ici encore la jurisprudence et les auteurs sont à peu près d'accord pour concéder au magistrat le droit de saisir. (D. R. v° *Inst. crim.*, n° 348 ; — de Dalmas, *Des frais de just. crim.* ; supp., p. 113-117 ; — Duverger, *op. cit.*, T. 1., p. 455 ; — Laborde, *op. cit.*, p. 587, n° 1021 ; — Rousseau, *op. cit.*, p. 213 ; — Vanier, *Des let. mis.*, *Rev. prat. de droit franç.*, T. XXI, p. 101 ; — Baudoin, *op. cit.*, p. 25 ; — Tissier, *op. cit.*, p. 21-22 ; — Hanssens, *op. cit.*, p. 127 et suiv. ; — Legris, *op. cit.*, p. 62, n° 45.) M. F. Hélie émet une opinion contraire. Mais la réfutation de son système résulte de la généralité de l'article 88 C. I. C., qui abandonne sans aucune réserve au magistrat instructeur la faculté d'apprécier s'il trouvera ailleurs que chez le prévenu les pièces à conviction dont il peut avoir besoin pour la marche de son enquête. (F. Hélie, *op. cit.*, T. V. p. 516 ; — V^r aussi avis précité du Conseil d'Etat de 1829.)

89. — Théoriquement, d'ailleurs, le système soutenu par M. F. Hélie serait préférable ; aussi le projet de refonte du Code d'Instruction criminelle, dans son article 54, restreint-il les pouvoirs du magistrat en décidant qu'il « ne peut faire saisir et se faire livrer par l'Administration des Postes et des Télégraphes que les lettres et télégrammes *émanant de l'inculpé ou à lui adressés*. » Même avec ce correctif, nous sommes encore loin des prescriptions imposées aux juges par notre législation révolutionnaire, laquelle n'autorisait la saisie des lettres que si ces papiers étaient trouvés au domicile ou sur la personne du prévenu. (Art. 125, 126, 127, 131 et 132 du Code du 3 Brumaire an IV.) Nous n'hésitons pas à penser que ces mesures, trop restrictives, devaient rendre bien souvent impuissante l'action de la justice, au grand détriment du bon ordre et de la sécurité sociale.

90. — Enfin, du droit de saisie à la Poste résulte encore pour le juge la possibilité d'exiger des Receveurs la déclaration, sous la foi du serment, qu'il n'existe dans leurs bureaux aucune lettre à l'adresse d'un prévenu. (C. d'as. Indre-et-Loire, 11 juin 1830 ; — Rousseau, *op. cit.*, n° 378.)

91. — Formes de la saisie. — Les règles à suivre, en matière de saisie de correspondances, sont, d'après l'article 89 C. I. C., celles indiquées par les articles 36, 37, 38 et 39 du même Code. Si donc ces papiers sont saisis au domicile du prévenu, ou chez des tiers, un inventaire, énumérant chaque pièce, sera dressé en présence de l'inculpé ou du tiers et signé par lui. Le paquet sera ensuite scellé, cacheté et remis à la garde du greffier. Si la saisie est opérée dans un bureau de Poste, une ordonnance du Juge d'Instruction sera en outre nécessaire à peine de nullité.

92. — D'autre part, certains points de détail concernant spécialement la saisie des lettres missives à la Poste sont fixés par de nombreuses circulaires émanant de l'Administration des Postes, du ministère de l'Intérieur et du ministère des Finances. Nous allons les résumer brièvement.

93. — Une ordonnance spéciale est nécessaire pour chaque saisie de lettres, tandis que pour les imprimés, une ordonnance permanente peut suffire. *(Circ. Min. Intér.*, 21 fév. 1854 ; — *Décis. Min. Fin.*, 2 fév. 1854 ; — *Circ. Adm. Postes*, n° 5, 20 mars 1854 ; — *Instruct. gén.*, art. 701.)

94. — Ces ordonnances viseront *personnellement* les Receveurs dans les bureaux desquels les objets sont à saisir. *(Déc. Min. Fin.*, 11 juin 1867.) Elles ne devront donc jamais être adressées au nom du Directeur du Département avec invitation de donner aux Receveurs les ordres utiles pour arriver à la saisie. Les agents des Postes n'ont pas en effet le droit d'être délégués aux opérations confiées à la police judiciaire. On peut toutefois les adresser aux Receveurs par l'intermédiaire de leurs chefs de service. *(Circ.*, 20 janvier 1870, *Bul. mens.*, mars 1870, *Inst. gén*, n° 26.)

95. — Il est également indispensable que le nom et l'adresse des destinataires des lettres à saisir soient indiqués d'une façon précise ; à défaut, l'ordonnance doit fournir des indices tels qu'il soit possible de reconnaître sans difficulté les écrits visés. *(Déc. Min. Fin.*, 23 mai 1867 et 6 juillet 1868.) C'est ainsi qu'une ordonnance enjoignant de remettre entre les mains du magistrat toutes les lettres d'une écriture semblable à celle d'un modèle donné serait formulée en termes trop vagues pour pouvoir être acceptée. *(Déc. Min.*, 23 mai 1867 ; — *Lettre du Min. des Fin. au Min. de la Just.*, 18 juin 1872.)

96. — Le magistrat chargé d'opérer la saisie doit se présenter au bureau du Receveur, mais il lui est interdit de pénétrer dans le local où sont déposées les correspondances. *(Inst.*, n° 143. *Bul. mens.*, septembre 1874, n° 531.) Un reçu énonçant le nombre et la taxe des objets doit être remis par le magistrat requérant au Receveur dont la responsabilité est mise ainsi à couvert. Enfin, copie de l'ordonnance est en outre adressée au Directeur du Département. *(Déc. des Min. des Fin., de l'Int., de la Just.*, 21 fév. et 26 mars 1854).

97. — En aucun cas une saisie ne peut atteindre dans un bureau de *passe* les objets de correspondance transitant en dépêches closes par ce bureau. *(Circ. Min. Int. aux Préfets*, 22 fév. 1870 ; — *Circ. adm*, 20 janv. 1870. *Bul. Mens.*, n° 3. Mars 1870, n° 26 ; — *Article 700, Inst. gén.)* La saisie peut cependant être effectuée dans un bureau ambulant lorsqu'il s'agit de correspondances expédiées à l'étranger. L'ordonnance est alors remise au Directeur de la ligne et c'est également à lui que sont transmis, sous chargement d'office, par le chef de brigade, les objets réclamés et saisis. En cas d'urgence, les magistrats peuvent présenter leur mandat de perquisition directement aux chefs de brigade en cours de route. L'accès dans les wagons leur est même permis, mais il leur est interdit de s'immiscer dans la manipulation des dépêches.

(Lettres du Min. des Postes et Télég. au Garde des Sc., 14 mars et 11 août 1884.)

98. — Une même ordonnance est suffisante pour permettre la saisie non seulement des lettres déjà parvenues mais encore de toutes celles qui arriveraient ultérieurement à la même adresse. *(Déc. Min. Fin., Int. et Just.,* 2 et 21 fév. et 26 mars 1854.)

99. — Le rôle des agents des Postes est nettement défini par la lettre en date du 18 juin 1872 adressée par le Ministre des Postes à M. le Garde des Sceaux. Nous croyons devoir la reproduire in-extenso à raison de son importance : « Monsieur et cher Collègue, — Comme suite à votre dépêche du 29 avril dernier, vous avez bien voulu me transmettre, le 3 mai suivant, des renseignements complémentaires au sujet du conflit qui s'est élevé à X... entre l'autorité judiciaire et le service des Postes, à l'occasion de saisie de lettres. Votre département fait, à ce sujet, diverses observations d'où il résulterait : 1º que le Juge de Paix (1) avait le droit d'entrer, accompagné de son greffier, dans le cabinet du Receveur des Postes et de saisir lui-même les lettres et papiers utiles à la manifestation de la vérité, les agents des Postes ne pouvant eux-mêmes opérer la saisie ; 2º qu'il n'était pas indispensable de mentionner dans les réquisitoires de saisie les noms des destinataires, les officiers de police judiciaire pouvant saisir toutes les correspondances qui d'après l'écriture seule, ou d'après tout autre indice, leur paraissent pouvoir être utiles

----

(1) Nous expliquerons bientôt que le Juge d'Instruction peut déléguer son droit de saisie aux officiers de police judiciaire.

à la justice. Permettez-moi de vous faire remarquer
que cette manière de procéder serait en opposition
formelle avec les instructions émanées du départe-
tement des Finances et qui n'ont pas été modifiées,
comme vous paraissez le croire, par la lettre d'un
de mes prédécesseurs, en date du 13 juillet 1870,
dont vous avez bien voulu m'envoyer copie. D'après
les termes mêmes de cette dépêche, l'officier de police
doit se présenter au cabinet du Receveur des Postes,
dépositaire des objets à saisir, et non pas dans le local
où se manipulent les dépêches ; c'est donc à ce Receveur qu'il appartient de rechercher les correspondances désignées ; mais l'officier de police judiciaire ne
doit assister, dans aucun cas, et pour ainsi dire
coopérer, à l'ouverture des dépêches. Votre département fait observer, avec raison, que cette saisie ne
peut être effectuée par les agents des Postes, mais il
n'en est pas moins vrai que le concours de ces agents
est indispensable pour remettre l'objet recherché entre les mains du magistrat qui seul en opère la saisie et en délivre reçu. — Quant à la teneur du réquisitoire de saisie, les décisions ministérielles des 23
mai 1867 et 6 juillet 1868 portent que cet acte doit
indiquer le nom et l'adresse du destinataire de la
lettre ou de l'enveloppe close, et qu'il n'y a pas lieu
de déférer à un réquisitoire ayant pour objet de faire
retenir toutes les lettres d'une écriture semblable à
celle d'un fac-similé donné. Enfin, le réquisitoire doit
être remis au Receveur des Postes de la localité qui
détient l'objet à saisir et non au Directeur du département.

« Les agents des Postes ne me paraissent, en ce qui
concerne la saisie opérée à X..., que s'être confor-

més aux dispositions précitées ; serait-il opportun, et surtout prudent de les modifier ? Je reconnais avec vous que dans certains cas spéciaux, et l'affaire de X.. en offre un rare exemple, les règlements adoptés par le département des Finances peuvent ne pas donner toutes les facilités désirables à l'action de la justice, mais ces inconvénients sont de peu d'importance en présence des garanties dont les règlements entourent le secret des correspondances. Il s'agit là d'un intérêt de premier ordre pour la société dont la sauvegarde a été attribuée par la loi à l'Administration des Postes et qui, en définitive, serait gravement compromis dans le système dont vous proposez l'adoption. Il est évident, en effet, qu'en laissant aux officiers de police judiciaire la faculté d'assister au dépouillement de toutes les dépêches et en ne désignant pas d'une manière précise et par avance, au moyen du réquisitoire, la correspondance dont l'ouverture est indispensable à la manifestation de la vérité, on remettrait, non plus à la discrétion des agents des Postes, mais à celle des officiers de police judiciaire, toutes les correspondances privées qui n'ont aucun rapport avec celles dont la saisie a été ordonnée. D'après ces considérations, j'estime qu'il y a lieu de maintenir les règles sur la matière telles qu'elles ont été fixées par mes prédécesseurs. » (Jaccottey, *op. cit.*, p. 225 et 226.)

100. — Les objets saisis, lorsqu'ils ont été ouverts, ne peuvent être réintégrés dans le service qu'après avoir été recachetés par le magistrat qui a ordonné la saisie, et scellés, soit au moyen d'un timbre portant ces mots « *ouvert par autorité de justice* », soit au moyen du cachet officiel du fonctionnaire qui a pratiqué la saisie, accompagné de la même mention, écrite de la main de ce fonctionnaire. Aux objets saisis doit en outre être jointe une déclaration énonçant qu'il y a lieu de les réintégrer dans le service. Il est interdit aux Receveurs de reprendre les objets arrêtés, lorsque ces formalités n'ont pas été remplies. Ces dernières prescriptions surtout distinguent la saisie judiciaire de la saisie effectuée par le Cabinet Noir. Celui-ci, en effet, après avoir pris connaissance des dépêches, s'empressait de les rétablir dans leur état primitif en s'efforçant de ne laisser aucune trace visible de la violation commise.

101. — Le Juge d'Instruction peut déléguer son droit de saisie aux officiers de police judiciaire placés sous ses ordres. L'article 83 C. I. C. qui spéficie un cas où le magistrat peut déléguer le Juge de Paix pour entendre des témoins n'est pas limitatif, d'après un arrêt de la Cour suprême du 6 mars 1841. (D. R. v° *Douanes*, n° 873.) La délégation est au contraire la règle en fait de procédure criminelle. Il faut donc la sous-entendre dans les articles 87, 88, 89 et 90. D'ailleurs les exigences de la pratique appellent cette solution. Refuser ce pouvoir au magistrat serait, en réalité, dans la plupart des affaires importantes, lui interdire le droit de saisir lui-même. La doctrine pourtant n'admet pas unanimement cette thèse. Carnot (*op. cit.*, T. I p. 376), Mangin (*op. cit.*, n° 88) et F. Hélie, (*op. cit.*, T. V. p. 480) professent l'opinion contraire. Mais elle perd chaque jour du terrain. Le projet de refonte du Code de Procédure criminelle, dont nous parlions tantôt, reconnaît au juge le droit délégation. Son article 57 est ainsi conçu : *Lorsqu'il y a lieu à recherche de papiers, le juge ou l'officier de* *police régulièrement commis, a seul le droit d'en prendre connaissance, avant de procéder à la saisie.* (*Sic:* Legraverend, *Traité de législ. crim.* T. I, p. 285 ; — Baudoin, *op. cit.*, p. 27 ; — Rousseau, *op. cit.*, p. 380 ; — Legris, *op. cit.*, p. 63, n° 47 ; — Laborde, *op. cit.*, p. 619 n° 1102.) Notre ancienne jurisprudence était contraire. (Farinacius, *Quœst.* 77, n° 71 ; — Jousse, *op. cit.*, T. III. p. 150 ; — Julius Clarus, *Quœst.*, p. 26, n° 4.)

102. — Enfin une circulaire du Directeur général des Postes, en date du 24 juin 1864, réglemente de son côté la saisie des télégrammes par l'autorité judiciaire. Nous en détachons les passages suivants qui déterminent la procédure à suivre pour arriver à cette saisie :

« En général, dit ce document administratif, l'autorité judiciaire n'interviendra qu'en matière criminelle, pour la recherche d'un crime ou d'un délit.(1) En cette matière, il faut entendre par *autorité judiciaire* le Procureur impérial (2) et le Juge d'Instruction, ou tout officier de police judiciaire délégué, à cet effet, par l'un ou l'autre de ces magistrats. Les réquisitions doivent être écrites, et désigner les dépêches qui en font l'objet, soit par le nom de l'expéditeur ou celui

------

(1) Il eût été plus exact de dire que la saisie des télégrammes, comme celle des lettres missives d'ailleurs, ne peut intervenir qu'en matière criminelle, dans un intérêt supérieur d'ordre public. La circulaire citée au texte accorde pourtant, *in fine*, le même droit aux juridictions civiles et commerciales. Nous verrons que c'est là une grave erreur.

(2) Nous aurons à examiner au paragraphe suivant si ce droit de saisie à la Poste appartient légalement au Ministère public.

du destinataire, soit par une indication précise se rapportant au texte des dépêches ou aux personnes qui pourraient y être mentionnées.

« Les directeurs des travaux télégraphiques déféreront immédiatement à toute réquisition formulée dans ces conditions. Ils communiqueront même, mais seulement si la réquisition le porte d'une manière formelle, soit les dépêches qui pourraient leur être présentées ultérieurement, soit celles qui leur seraient, ultérieurement aussi, transmises par un autre bureau. Mais, dans tous les cas, ils auront dû, au préalable, se faire remettre la réquisition pour la garder dans les archives du bureau.

« A moins que l'autorité judiciaire n'ait expressément demandé les pièces originales, le chef du bureau ne délivrera, pour chacune des dépêches désignées, qu'une copie certifiée conforme, et il en sera fait mention sur l'original. Mais si la réquisition se réfère soit à l'original d'une dépêche, soit à une copie écrite à l'époque de la transmission, il y sera fait droit ; et, dans ce cas, le document délivré sera remplacé dans les archives par une copie certifiée.

« Telles sont les conditions simples dans lesquelles seront ordinairement présentées les réquisitions de la justice. La marche à suivre ne pourra laisser alors prise au doute, et il devra y être déféré sans hésitation.

« Toutes les fois, au contraire, qu'une réquisition renfermera des indications trop vagues pour diriger efficacement les recherches, ou comprendra soit un long espace de temps, soit un grand nombre de dépêches, de manière à importer aux bureaux un travail considérable et difficile à opérer dans les conditions ordinaires du service, il y aura lieu, pour parer à ces éventualités, de prendre certaines mesures sur lesquelles l'Administration se réserve de prononcer : on devra donc, dans ces cas exceptionnels, la consulter sur la suite à donner à la réquisition... » (*Min. de l'Intér.; Direct. Gén. des lignes télég.* Lois et règlements, T. XI. Années 1864 et 1865. *Circ.* n° 381.)

103.—Transcrivons, pour finir, l'article 59 du projet de refonte du Code de Procédure criminelle, auquel nous avons déjà fait plusieurs allusions. Cet article a pour but d'entourer de nouvelles garanties la saisie des correspondances, de maintenir dans de justes limites cette exception au principe de l'inviolabilité du secret des lettres qui, si elle est indispensable en matière criminelle, ne doit point être livrée cependant à l'arbitraire des magistrats.

« Le Juge d'Instruction, y est-il dit, prend seul connaissance des lettres ou télégrammes saisis, dès que le scellé lui est remis. Il maintient la saisie de ceux qui sont utiles à la manifestation de la vérité ou dont la communication serait de nature à nuire à l'instruction et il fait remettre les autres à l'inculpé ou au destinataire. Les télégrammes ou lettres dont la saisie est maintenue sont communiqués, dans le plus bref délai, en original ou en copie, en tout ou en partie, à l'inculpé ou au destinataire, à moins que cette communication soit de nature à nuire à l'instruction. »

§ 2. — POUVOIRS DU PROCUREUR

DE LA RÉPUBLIQUE

104. — Le Procureur de la République a exceptionnellement dans certaines circonstances le droit de faire des actes d'instruction. Mais les pouvoirs qu'il tient de la loi à cet égard, outre qu'ils ne s'appliquent jamais qu'en cas de flagrant délit, sont de plus beaucoup moins étendus que ceux du juge. C'est ainsi que les articles 36 et 37 C. I. C. ne l'autorisent à perquisitionner et à saisir les papiers et effets pouvant servir à conviction ou à décharge qu'au domicile de l'inculpé. Hors de là, le principe du secret des lettres s'oppose à ce que le Procureur de la République opère la saisie et fasse l'ouverture des plis cachetés dans lesquels il est à présumer qu'on trouvera la preuve d'un crime ou d'un délit, l'indication de son auteur ou quelque renseignement ayant trait à une information judiciaire. Quand la nécessité de procéder à de tels actes s'imposera, quand il y aura lieu, par exemple, de faire saisir des correspondances chez des tiers ou dans un bureau de Poste, le Procureur de la République devra ouvrir une information régulière et confier ces opérations au Juge d'Instruction, seul compétent.

105. — M. Legris toutefois (p. 65, n° 47, *note* 1), partant de ce principe que le Ministère public, en matière de flagrant délit, est temporairement investi du pouvoir de procéder aux actes les plus urgents de l'information et que la saisie des correspondances à la Poste est quelquefois l'une des premières mesures à laquelle il importe de recourir, enseigne qu'il faut étendre aux magistrats du Parquet ce droit de saisie dans les bureaux de l'Administration des Postes et des Télégraphes. Mais les dispositions très claires et très précises des articles 36 et 37 précités ne nous permettent pas de nous rallier à cette thèse. Aucun texte n'accorde au Procureur de la République le droit de perquisitionner chez des tiers, et un bureau de Poste ne peut évidemment être considéré que comme un tiers. Il convient donc de s'en tenir aux termes formels de la loi. D'ailleurs, l'urgence qu'il peut y avoir à prescrire une telle mesure n'est pas une raison suffisante pour qu'elle soit concédée au Ministère public. Ainsi, ne sera-t-il pas souvent d'un intérêt immédiat d'ordonner une perquisition chez des tiers non inculpés ? L'on n'a cependant jamais prétendu que cette perquisition pourrait être exécutée par le Parquet. *(Sic :* F. Hélie, *op. cit.*, T. IV, p. 721-728 ; — Laborde, *op. cit.*, p. 610-611, n° 1079 ; — Chauveau et F. Hélie, *op. cit.*, T. III, p. 10, n° 748 ; — Vallet et Montagnon, *Manuel des Parquets*, v° *Proc. de la Rép.*) (1). Nous devons reconnaître pourtant que dans la pratique l'opinion soutenue par M. Legris est journellement appliquée : en matière de saisie de lettres à la Poste, l'Administration exige soit une ordonnance du Juge d'Instruction, soit même un réquisitoire signé du Procureur de la République. A notre sens, c'est là une coutume vicieuse et illégale. (Jaccottey, *op. cit.*, p. 222 ; — Rouland et Bouguet :

---

(1) L'article 181 des projets de réforme du Code d'Instruction criminelle consacre expressément cette extension.

Traité du serv. des recettes des Postes, p. 126, n°
397.)

106. — Remarque : Les droits que nous venons
d'étudier appartiennent encore, dans la limite de leurs
attributions respectives, aux officiers remplissant près
les Conseils de guerre les fonctions équivalentes à
celles de Juge d'Instruction et de Ministère public
dans les tribunaux de droit commun. (Jaccottey ;
Rouland et Bouguet, *eod. loc.*)

§ 3. — POUVOIRS DU PRÉSIDENT D'ASSISES

107. — Ce magistrat, on le sait, est investi pour
la direction des débats, d'un pouvoir appelé *discré-*
tionnaire, en vertu duquel il peut prendre sur lui
d'ordonner tout ce qu'il croira utile pour découvrir
la vérité et en favoriser la manifestation (art. 268
C. I. C.). L'étendue de ce pouvoir est déterminée par
l'article 269 du même Code que nous transcrivons :
« Il (le président) pourra, dans le cours des débats,
appeler, même par mandat d'amener, et entendre toutes personnes, *ou se faire apporter toutes nouvelles*
pièces, qui lui paraîtraient, d'après les nouveaux développements donnés à l'audience soit par les accusés, soit par les témoins, pouvoir répandre un jour
utile sur le fait contesté...» Ces attributions, qui tou-
chent à celles du Juge d'Instruction, sont nécessaires.
Certains faits, que rien n'a pu laisser soupçonner au
cours de la procédure écrite, se révèlent souvent pendant le débat final. Fallait-il surseoir pour les vérifier

et ouvrir une information nouvelle ? On ne l'a pas voulu, avec juste raison, et le législateur a pensé, dans l'intérêt de la défense et de l'accusation, que ce supplément d'instruction devait être accompli sur le champ, à l'audience même.

108. — En ce qui concerne spécialement les correspondances privées, on pose comme règle générale que le Président de la Cour d'assises a le droit d'ordonner la lecture et la jonction à la procédure de toutes pièces nouvelles dont la production serait utile à la manifestation de la vérité. C'est ainsi qu'il a été jugé qu'il est autorisé à faire état des lettres adressées au prévenu par son fils et saisies à son domicile après l'arrêt de renvoi de la Chambre des mises en accusation. (Cas., 28 mars 1833, D. R. v° *Inst. Crim.*, n° 2188.) En un mot, le pouvoir discrétionnaire du Président lui permet de retenir aux débats les pièces ou lettres dont la production est postérieure à la clôture de l'instruction et qui, néanmoins, se trouvent être assez importantes pour servir à étayer la conviction des jurés, sous la seule condition d'en donner communication à la défense, après les avoir jointes au dossier. (Cas., 26 décembre 1839, D. R. v° *Inst. crim.*, n° 2188-4° ; — 8 janv. 1846, B. C. n° 11 ; — 2 avril 1846, B. C. n° 85 ; — 15 octobre 1847, D. P., 47. 1. 328 ; — 14 oct. 1851, D. P. 51. 5. 143 ; — 25 août 1852, D. P. 52. 5. 165 ; — 27 janvier 1852, B. C. n° 302 ; — 24 juin 1853, B. C. n° 224 ; — 5 mars 1857, D. P. 57. 1. 178; — 23 décembre 1864, D. P. 65. 5. 100 ; — 16 mars 1866, D. P. 66. 1. 359 ; — 7 décembre 1888, B. C., n° 256).

109. — Les mêmes pouvoirs doivent être reconnus aux Présidents des Conseils de guerre, en vertu de l'article 125 du Code de justice militaire. (E. Pelloux, *Manuel à l'usage des Présidents des Conseils de guerre*, p. 62, nᵒˢ 337 à 340.)

§ 4. — TRIBUNAUX

110. — Les tribunaux sont toujours en droit, pour éclairer leur religion, de demander communication des pièces, registres ou documents relatifs au service des Postes et Télégraphes. D'après l'article 9 de l'Instruction générale, lorsque des réquisitions de ce genre sont faites, l'Administration offre un extrait ou une copie certifiée conforme. Si la production des documents originaux est jugée indispensable, la réquisition du tribunal est conservée à la place de la pièce ou du feuillet communiqués ; avis de la réquisition et de la suite qu'elle a reçue doit être donné au chef de service. (Jaccottey, *op. cit.*, p. 220.)

111. — Mais cette faculté n'appartient, bien entendu, qu'aux tribunaux répressifs. En effet, un pareil compulsoire ne saurait être exigé par les juridictions civiles ou commerciales, les dérogations au principe de l'inviolabilité du secret des lettres n'étant admises, nous le savons, qu'en matière criminelle, dans un intérêt supérieur d'ordre public. (Jaccottey, *op. cit.*, p. 220 ; — Pau, 2 janv. 1888, infirmant jugement de Tarbes, du 31 décembre 1887, D. P. 89. 2. 134.)

§ 5. — CONSULS

112. — Nos Consuls à l'étranger ont-ils le droit de pratiquer des saisies de lettres dans les mêmes conditions que le peuvent faire en France les autorités judiciaires ? Il y a lieu de distinguer entre les Consuls établis dans les Echelles du Levant et dans quelques autres régions de l'Extrême Orient et ceux dont la résidence est fixée en pays chrétiens.

113. — Les Consuls accrédités dans les Echelles du Levant et de Barbarie ont, en vertu de la loi spéciale du 28 mai 1836, une juridiction criminelle très étendue. Les textes très précis de cette loi leur accordent tous les pouvoirs attribués en France aux Juges d'Instruction. Dès lors, rien ne s'oppose à ce qu'ils pratiquent des saisies de lettres à la Poste, en remplissant les formalités prescrites à nos magistrats en pareil cas. Les mêmes privilèges appartiennent encore à nos Consuls en Chine, au Siam, au Japon et à Mascate, en vertu de traités spéciaux passés en 1844, 1856, 1857 et 1858. (Legris, *op. cit.*, p. 74, n° 50, *note* 1.)

114. — La situation des Consuls français en pays chrétiens est toute différente. La loi de 1836, spéciale aux Echelles du Levant, ne leur est pas applicable et la juridiction de ces fonctionnaires, en matière civile et criminelle, n'a plus été réglée depuis les ordonnances de 1681 et de 1778. Cette dernière, dans les articles 39 à 81, leur donnait des pouvoirs assez larges dans les affaires criminelles intéressant nos nationaux. Mais ces dispositions, si elles n'ont pas été abrogées par l'article 82 de la loi de 1836, sont, dans tous les cas, tombées en désuétude. Une circulaire du Département des Affaires étrangères du 29 novembre 1833 a même enjoint à nos Consuls en pays chrétiens de ne pas revendiquer les pouvoirs judiciaires qui leur étaient conférés par les textes précités et de se borner à exécuter les commissions rogatoires qui leur seraient adressées par des juges français ou étrangers pour recevoir les dépositions de nos nationaux. D'ailleurs, cette décision s'imposait, les attributions judiciaires des Consuls devant être restreintes dans des limites très étroites, par application des principes du droit international, qui ne permettent pas à d'autres qu'aux magistrats d'un pays de rendre la justice sur son territoire. (Lettre de M. le duc Decaze, Min. des Af. étr. à M. le Min. des Fin., 12 octobre 1875 ; — Lettre de M. le G. des S. Dufaure au Min. des Fin. du 6 novembre 1875 ; — D. R. v° *Consuls*, n° 88 ; — F. Hélie, *op. cit.*, p. 252 et suiv. et 235 ; — Legris, *loc. cit.*)

§ 6. — PRÉFET DE POLICE A PARIS

ET PRÉFETS DES DÉPARTEMENTS

115. — Un problème du plus haut intérêt s'offre maintenant à notre examen. Il s'agit de décider si les Préfets des départements et le Préfet de police à Paris sont revêtus, en vertu de l'article 10 du Code d'Instruction criminelle, de tous les droits conférés au Juge d'Instruction ; s'il leur appartient par conséquent, pour nous placer au point de vue spécial qui nous occupe, d'opérer la saisie à la Poste des correspondances privées. Nous touchons ici à une question dont la solution, en doctrine du moins, a toujours été très controversée.

116. — Lisons d'abord la loi : *Les Préfets des départements et le Préfet de police à Paris*, dit-elle, *pourront faire* personnellement, *ou requérir les officiers de police judiciaire, chacun en ce qui le concerne, de faire tous actes nécessaires à l'effet de constater les crimes, délits et contraventions et d'en livrer les auteurs aux tribunaux chargés de les punir, conformément à l'article 8 ci-dessus.* (Art. 10. C. I. C.) Article 8 : *La police judiciaire recherche les crimes, les délits et les contraventions,* en rassemble les preuves *et en livre les auteurs aux tribunaux chargés de les punir.*

117. — La première application de ces textes à la saisie des lettres à la Poste par les Préfets a été faite en 1851. A cette époque, quelques difficultés s'étant élevées entre ces hauts fonctionnaires et les agents des Postes, touchant le mode de recherche et de saisie des correspondances, une instruction fut concertée entre les trois Départements de l'Intérieur, des Finances et de la Justice. Après accord, une circulaire, datée du 8 avril 1851, fut adressée aux Préfets et communiquée aux agents des services postaux. Elle avait pour objet de déterminer nettement les droits et les devoirs des Préfets agissant comme officiers de police judiciaire. Nous y trouvons la déclaration suivante : « l'article 10 C. I. C., vous donne le droit de faire personnellement tous actes nécessaires à l'effet de constater les crimes, délits et contraventions et d'en livrer les auteurs aux tribunaux. »

118. — Le 10 mai de la même année, l'Administration des Postes prit ses mesures pour combler la lacune que présentait l'Instruction générale de 1832 à l'égard de ce droit ainsi défini. Les prescriptions ministérielles précédentes terminent l'article 529 *bis* de cette instruction, devenu l'article 700 de la nouvelle Instruction générale actuellement en vigueur. (Jaccottey, *op. cit.*, p. 223.)

119. — Cette interprétation de l'article 10 ne fut pourtant pas admise sans contestation par la jurisprudence. Un arrêt de la chambre criminelle de la Cour de cassation du 23 juillet 1853 (D. P. 53. 1.223) décida, dans la fameuse affaire Coëtlogon, contrairement à la Cour d'appel de Paris, que la saisie des lettres à la Poste n'appartient qu'au Juge d'Instruction et que ce pouvoir n'est pas compris au nombre de ceux conférés aux Préfets par l'article 10. L'affaire fut renvoyée devant la Cour de Rouen ; mais cette dernière maintint à son tour la validité de la saisie. La Cour suprême fut alors appelée à se prononcer toutes chambres réunies et le 21 novembre 1853 (D. P. 53. 1. 273), abandonnant la jurisprudence de sa chambre criminelle, elle déclarait légal le droit de saisie des Préfets. Le 16 août 1862 (D. P. 65. 5. 230), la chambre criminelle, elle-même, se rangeait à cette thèse qu'elle avait précédemment combattue et aujourd'hui, en jurisprudence, la question des pouvoirs des Préfets n'est plus discutée. L'entière assimilation de ces fonctionnaires administratifs au Juge d'Instruction est un point reconnu constant par l'unanimité des décisions judiciaires. (Cas., 19 janvier 1866, D. P. 67, 1. 509 ;

— 3 décisions du Trib. des Conflits du 25 mars 1889, D. P. 90. 3. 65 et suiv. ; — *En doctrine, dans le sens indiqué* : D. R. S. v⁰ *Inst. Crim.*, n⁰ 254 ; — D. R, v⁰ *Inst. Crim.*, n⁰ 254 et suiv. ; — Blanche, *op. cit.*, T. III, p. 746; — Mangin, *Traité des procès-verbaux en mat. de délits et de contraventions*, n⁰ˢ 62 et suiv. ; — Duverger, *op. cit.*, T. I, n⁰ 84; — Boitard, *Leçons de droit crim.*, 13ᵉ édit., n⁰ 512 ; — Legris, *op. cit.*, n⁰ 29 ; — Rousseau, *op. cit.*, n⁰ 381 ; — Laborde, *op. cit.*, n⁰ 945, p. 557.— *Contra* : F. Hélie, *op. cit.*, T. IV, p. 179-183; — Vanier, *op. cit.*, p. 104 ; — Morin, *op. cit.*, v⁰ *Préfet*.)

120.— Pour comprendre l'exactitude juridique de la solution donnée à l'article 10 par la Cour suprême il est nécessaire d'étudier les origines de ce texte. La règle de la séparation des pouvoirs gouverne tout notre droit ; mais, notre article, en faisant concourir des fonctionnaires de l'ordre administratif à des actes qui, en général, sont réservés à la justice seule, y apporte une grave dérogation. Les rédacteurs du Code d'Instruction criminelle avaient décidé de ranger les Préfets *au nombre des officiers de police judiciaire ;* ils ne leur en accordaient toutefois les attributions que *pour les crimes intéressant la sécurité de l'Etat.* Ils devaient donc demeurer incompétents pour les infractions de droit commun. Dans l'exposé des motifs, Treilhard, répondant aux objections soulevées par ce système, disait : « On veut refuser au Préfet le droit qu'on accorde au Juge de Paix de constater les faits (intéressant la sûreté de l'Etat) et de mettre les prévenus sous la main de la justice. Si on le réduit à provoquer l'action de la justice, les traces du crime seront effacées avant que la justice ne soit mise en mouvement. Par exemple, un Préfet est instruit qu'il se tient actuellement une assemblée de conjurés, il s'y transporte à l'instant même, et saisit tout à la fois et les hommes et les pièces à conviction. Tout aurait disparu s'il avait fallu s'adresser au Ministère public. On objecte qu'il sera sous la surveillance du Procureur-général. Qu'importe, dès qu'il n'y est pas définitivement assujetti, et que cette surveillance ne s'exerce que dans des cas très limités ? Cependant, on peut retrancher les Préfets de la nomenclature des officiers de police judiciaire, pourvu que par d'autres articles on leur en donne les fonctions. » Mais l'Empereur demanda pour les.Préfets des droits plus entendus encore. Il voulait qu'ils fussent compétents non seulement quand il s'agissait de crimes intéressant la sûreté de l'Etat, mais aussi quand ils se trouvaient en présence de *crimes de droit commun.* « Le Préfet, déclara-t-il, comme chargé de la police administrative veille sur les malfaiteurs, évente leurs projets, fait saisir les pièces à conviction et s'empare des coupables. Il semblerait donc utile qu'il pût aussi interroger sur le champ et constater les traces de tout crime quelconque. La Section lui donne la police judiciaire pour les cas qui intéressent la sûreté publique, parce qu'elle sait qu'il a tous les moyens de la bien exercer ; pourquoi l'empêcher de diriger les mêmes moyens contre les autres crimes ? C'est apparemment parce qu'on ne veut pas le subordonner au Procureur Général. Mais cette subordination existerait déjà pour les affaires de sûreté publique ; car, si comme la Section en convient, il y a concurrence entre le Préfet et les officiers de police judiciaire, le Procureur Général est toujours le magistrat supérieur. On peut tout concilier en autorisant le Préfet à rédiger des procès-verbaux, *à instruire*, à envoyer ces actes au Procureur Général, et en laissant au Procureur Général l'alternative ou de les recommencer ou de leur donner le caractère d'actes judiciaires, lorsqu'il les trouvera suffisants. Par là, on éviterait l'inconvénient de refaire sans nécessité la procédure, sans toutefois subordonner le Préfet au Procureur Général. Cet officier n'aurait point d'ordres à donner au Préfet ; il pourrait opérer par ses agents, et néanmoins, les actes du Préfet ne seraient plus que de simples renseignements..... » Le législateur fit droit à ces remarques. D'un côté, il lui parut plus convenable de ne pas porter les Préfets sur la liste des officiers de police judiciaire, tout en leur en conférant les fonctions, pour éviter l'inconvénient de les placer sous l'autorité des Procureurs Généraux ; de l'autre, il étendit leur action à tous les crimes indistinctement. Là ne s'arrêtèrent pas les modifications apportées au texte primitif que défendait Treilhard. Les termes très larges employés dans la rédaction de l'article 10 démontrent en effet que l'on en vint même à abandonner l'idée de restreindre la compétence des Préfets aux seuls flagrants délits. C'est surtout cette dernière proposition qui est vivement attaquée par une partie de la doctrine qui enseigne que si les auteurs du Code n'ont pas voulu donner aux représentants du Gouvernement le titre d'officier de police judiciaire afin de les soustraire au contrôle des Cours d'appel, ils n'ont pas entendu davantage leur attribuer plus de droits qu'ils n'en accordaient au Ministère public. (F. Hélie, *loc. cit.*) Mais l'arrêt solennel de la Cour suprême a fait justice de ce système. Son argumentation très serrée établit irréfutablement que l'article 10, par la portée générale de ses expressions, reconnaît aux Préfets des droits identiques à ceux dont sont revêtus les Juges d'Instruction : « Attendu que l'article 10 du Code d'Instruction criminelle a expressément chargé les Préfets des départements et le Préfet de police à Paris, de faire tous les actes nécessaires à l'effet de constater les crimes, délits et contraventions, et d'en livrer les auteurs aux tribunaux ; qu'aux termes de l'article 8, auquel se réfère l'article 10, le Préfet de police, dont il s'agit spécialement dans l'espèce, doit rechercher ces crimes, délits et contraventions et en rassembler les preuves ; que ce droit embrasse le cercle de la police judiciaire tel qu'il est tracé par l'article 8, et qu'il a, pour conséquence nécessaire, le droit de faire, tant au domicile du prévenu que partout ailleurs, les perquisitions et saisies indispensables pour la manifestation de la vérité ; *qu'on objecte vainement que la recherche des pièces, pouvant servir à conviction, ne saurait être pratiquée au domicile des tiers où dans un dépôt public que par le Juge d'Instruction, qui en trouve la mission dans l'article 88 C. I. C. ; que, si cette recherche, qui est évidemment un moyen de constater les crimes, délits et contraventions, a été mise dans les attributions du Juge d'Instruction par l'article 88, elle appartient également aux Préfets et au Préfet de police, en vertu des articles 8 et 10 combinés ; qu'il résulte de ces derniers textes que tout acte d'instruction, tendant à constater les crimes, délits et contraventions, est du domaine du Préfet de police ; que c'est vainement encore qu'on prétend établir une séparation entre la police judiciaire, qu'on convient appartenir au Préfet de police, et l'instruction, qu'on soutient n'appartenir qu'au seul Juge d'Instruction ; que cette distinction n'est pas fondée ; qu'il n'est pas possible de concevoir que la police judiciaire s'exerce sans instruction, de même qu'il n'est pas possible de concevoir que tout fonctionnaire ou magistrat, qui prend part à l'instruction, ne soit pas officier de police judiciaire ; que c'est ce qui est démontré : 1º par la définition de la police judiciaire que donne l'article 8 ; 2º par l'article 9 C. I. C., qui classe les Juges d'Instruction parmi les officiers de police judiciaire ; 3º par la division du livre I du Code d'Instruction criminelle qui place le chapitre de l'instruction sous la rubrique de la police judiciaire ;...* que, dans ces circonstances, l'arrêt attaqué, qui a décidé que le Préfet de police avait légalement procédé, loin de violer aucune loi, s'est, au contraire, conformé aux articles 8 et 10 C. I. C, par ces motifs rejette.

121. — Ces attributions judiciaires ne sont d'ailleurs pas attachées à la personne même du Préfet mais à la fonction. En cas d'absence, de maladie, de destitution ou de démission de celui-ci, elles seront valablement exercées par son remplaçant provisoire. C'est ce qu'a implicitement reconnu le Tribunal des Conflits à l'occasion de la saisie à la Poste d'une lettre du comte de Paris, effectuée en Savoie, sur les réquisitions du Conseiller de Préfecture, agissant en l'absence du Préfet empêché. (25 mars 1889, D. P. 90. 3. 65, 2ᵉ espèce.)

122. — De plus, le Préfet, comme le Juge d'Instruction, peut en déléguer l'exercice à un officier de police judiciaire. Ce point cependant, ainsi que nous l'avons déjà dit à propos du magistrat instructeur, est controversé en doctrine ; en jurisprudence, il ne se discute plus. (Trib. des Conflits, 3 décisions du 25 mars 1889, D. P. 90. 3. 65 et suiv., V^r *supra*, n° 119. — *Contra* : F. Hélie, *op. cit.*, T. V., p. 480 et suiv. ; — Mangin, *op. cit.*, p. 153.)

123. — Enfin, il est bien évident que les Préfets devront, pour la saisie des correspondances dans un bureau de l'Administration des Postes et des Télégraphes, se conformer à la procédure établie par le Code d'Instruction criminelle. Ainsi, un Préfet ne pourra prescrire, *par une réquisition unique adressée au Directeur des Postes*, la saisie, dans les bureaux de son département, de toute lettre qui paraîtrait contenir un écrit déterminé, signalé comme contraire aux lois.

124. — Un cas de ce genre, qui constitue un véritable abus de pouvoir, a été accompli sous le second Empire dans les circonstances suivantes. Au début de l'année 1867, le Préfet de police adressa un réquisitoire au Directeur Général des Postes pour qu'il ordonnât la saisie, *dans tous les bureaux de France*, d'un écrit imprimé ou autographié de M. le comte de Chambord. Cette circulaire, *en forme de lettre, sous pli scellé*, était adressée au général St-Priest et le Gouvernement la soupçonnait de présenter un caractère délictueux à raison des attaques qu'elle paraissait contenir contre l'ordre de choses établi. Le Directeur fit droit à cette requête par une circulaire en date du 24 janvier dans laquelle il donnait aux Receveurs des Postes les instructions qu'on va lire : « ..... Je vous invite à surveiller avec le plus grand soin toutes les correspondances qui parviennent directement ou indirectement à votre bureau, afin de découvrir les

7

exemplaires de la lettre dont il s'agit, qui pourraient faire partie des correspondances et qui se trouveraient placés soit sous bandes, isolément ou avec d'autres publications, soit sous des enveloppes closes..... Vous formerez un paquet spécial de tous ces exemplaires que vous aurez été à même de reconnaître et de retenir, et vous adresserez ce paquet au Receveur principal des Postes à Paris, sous l'étiquette portant, indépendamment de l'adresse, les mots suivants : *lettres saisies en vertu de l'ordre d'administration du 24 jaavier 1867*, et au dessous, l'indication du nombre des objets expédiés. »

125. — Aux critiques très vives que suscita dans la presse cette mesure, l'Administration répondit par un *communiqué* ainsi conçu :

« Cette polémique soulève deux questions, une question de droit *et une question d'exécution*. Au point de vue légal, le Code d'Instruction criminelle investit les magistrats chargés de la police judiciaire du droit d'opérer entre les mains de l'Administration des Postes la saisie des lettres qui peuvent servir à constater les crimes, délits et contraventions. Un arrêt de la Cour de cassation, toutes chambres réunies, du 21 novembre 1853, établit que le Préfet de police à Paris et les Préfets dans les départements sont investis, en leur qualité d'officiers de police judiciaire, des attributions dévolues par le Code d'Instruction criminelle aux magistrats instructeurs. Cette doctrine a déjà été exposée par le Gouvernement devant le Corps législatif, dans la séance du 21 juin 1865. Ce droit n'est donc pas controversable.

« La question *d'exécution* est plus simple encore. Une publication autographiée, présentant un caractère délictueux et contenant une attaque contre le Gouvernement a été mise en circulation par la voie de la Poste. Dès lors, le Préfet de police a dû user des pouvoirs dont il est investi par l'article 10 C. I. C. et a notifié à l'Administration des Postes le réquisitoire par lequel il prescrivait la saisie du document incriminé. Pour parvenir à généraliser cette mesure, l'autorité judiciaire aurait dû faire des réquisitions dans tous les bureaux de France. C'eût été là une mesure extrême que l'importance de l'événement ne comportait pas. Pour y suppléer, l'Administration des Postes a dû prescrire à ses agents, non pas de violer le secret des lettres, comme on l'allègue inexactement, mais de vérifier si aucun signe extérieur ne viendrait révéler la présence du document autographié ou imprimé recherché par l'autorité compétente. Elle a en outre ordonné que les plis cachetés fussent transmis à la Direction centrale, après avoir été revêtus des formalités qui devaient en assurer l'inviolabilité. L'intervention de l'Administration supérieure a donc eu pour objet unique, non de faire ouvrir les correspondances par les agents des Postes, mais de centraliser à Paris, celles de ces correspondances qui, par leurs signes extérieurs, paraîtraient pouvoir motiver les investigations de l'autorité judiciaire, autorité devant laquelle seule s'efface le principe du secret des correspondances, au profit des intérêts généraux de la société. Donc, d'une part, le droit est certain, et, d'autre part, le fait témoigne que l'Administration supérieure a accompli son devoir en restant dans la légalité. »

126. — De ce document, il résulte bien que l'Administration des Postes considérait la mesure ordonnée par le Directeur général sur la requête du Préfet de police *comme un acte judiciaire* et non comme *une mesure politique*, échappant à raison de son caractère exceptionnel et pour cause de force majeure à l'application des règles ordinaires. Elle soutenait au contraire que le procédé employé pour exécuter cette mesure était autorisé par le droit commun.

127. — C'est là une erreur manifeste. L'article 10 en effet n'a pas pour conséquence d'investir les Préfets de pouvoirs supérieurs à ceux du Juge d'Instruction ; il ne les dispense donc pas d'observer rigoureusement les conditions imposées par la loi à ce magistrat. Or, ces formalités protectrices avaient été manifestement violées dans la saisie de la lettre du comte de Chambord.

128. — En premier lieu, le Préfet de police dans cette affaire n'avait pas agi par lui-même. Par son réquisitoire unique, adressé au Directeur général des Postes, il *transmettait illégalement ses pouvoirs à des agents étrangers à la police judiciaire et dont il n'était même pas le chef hiérarchique.* En réalité donc, la saisie se trouvait avoir été faite en vertu des ordres de l'Administration des Postes, par des employés de cette Administration n'ayant ni compétence, ni qualité pour l'opérer et cela, sans qu'un réquisitoire particulier eût été remis au Receveur de chacun des bureaux du territoire, sans qu'un reçu des lettres saisies eût été délivré, sans qu'un procès-verbal des opérations eût été dressé.

129. — En second lieu, à supposer même, par impossible, que le Préfet de police, en l'espèce, pût être considéré comme ayant agi en personne, la mesure qu'il prescrivait était encore contraire à la loi, parce que la juridiction de ce fonctionnaire ne s'étend pas sur toute la France. Comment en effet concevoir qu'un Préfet de police à Paris puisse valablement accomplir lui-même un acte de procédure quelconque à Marseille, à Lyon, à Bordeaux ou dans toute autre ville située en dehors de sa circonscription administrative ?

130. — Ces agissements, qui firent grand bruit dans le monde politique d'alors, furent dénoncés à la tribune du Corps législatif et y soulevèrent un passionnant débat. M. E. Pelletan, dans un discours très mesuré, démontra que le principe de l'inviolabilité des correspondances avait été méconnu dans cette affaire où toutes les règles de la procédure criminelle avaient été violées. Le Gouvernement, par la bouche de M. Rouher, dut avouer qu'il avait outrepassé ses droits. Le ministre reconnut formellement que des saisies de lettres ne pouvaient être demandées par le Préfet de police en dehors des limites de son département et que les lettres ainsi appréhendées ne devaient être remises qu'à l'autorité judiciaire de l'arrondissement où elles avaient été arrêtées et non pas envoyées à Paris sous prétexte de centraliser les opérations de la saisie.

131. — Cette règle qui assujettit les Préfets aux prescriptions ordinaires de la procédure criminelle n'est, du reste, que l'application d'un principe plus général. Il convient de remarquer, en effet, que les actes accomplis en vertu de l'article 10, ne doivent jamais être considérés comme des *actes politiques* ou de *Gouvernement*, mais *comme des actes de police judiciaire et d'instruction*. Leur appréciation ainsi que les réclamations qu'ils soulèvent rentrent donc dans les attributions des tribunaux de droit commun. C'est ce qui a été jugé par le Tribunal civil de la Seine, le 17 novembre 1888 et par le Tribunal des Conflits, le 25 mars 1889, dans une intéressante espèce.

132. — Le 5 juillet 1888, le Préfet de police donna un mandat ainsi conçu : « Vu les renseignements à nous parvenus desquels il résulte que l'imprimerie Paul Dupont, à Clichy, tire des exemplaires d'une lettre aux maires des communes de France, datée de Sheen-House, le 4 juillet, et signé « *Philippe, comte de Paris* » ; en vertu de l'article 10 C. I. C., mandons et ordonnons à M. Duchanoy, Commissaire de police au Contrôle général, de se transporter au domicile de M. P. Dupont, imprimeur, et partout où besoin sera, à l'effet d'y rechercher et saisir tous papiers, correspondances, brochures et généralement tous objets susceptibles d'examen, qui seront envoyés à la Préfecture de police ;..... le procès-verbal qui sera dressé de cette opération, nous sera transmis sans délai avec les objets saisis placés sous scellés. » En vertu de ce mandat, le Commissaire de police se transporta d'abord à l'imprimerie P. Dupont où il saisit les formes, clichés et griffes ayant servi à l'impression et qui étaient la propriété du représentant du comte de Paris, M. Dufeuille, et ensuite au domicile de ce dernier où il saisit un ballot contenant 975 exemplaires de la lettre incriminée.

133. — M. Dufeuille ayant assigné M. Lozé, Préfet de police, en restitution des objets saisis, celui-ci opposa un déclinatoire d'incompétence fondé sur ce qu'il n'avait fait qu'exécuter les instructions qui lui avaient été données par le Gouvernement, et que, dans ces circonstances, *il n'avait pas accompli un fait personnel, mais qu'il avait agi comme administrateur et dans l'exercice de ces fonctions.* A la date du 17 novembre 1888, le Tribunal de la Seine rejeta le déclinatoire : « Attendu, dit le jugement, que la demande de Dufeuille a pour but d'obtenir la restitution d'imprimés et de griffes et clichés qui seraient sa propriété et qui ont été saisis le 6 juillet 1888, tant à son domicile que dans les ateliers de P. Dupont, en exécution d'un mandat de perquisition décerné la veille par le Préfet de police ; qu'elle constitue donc, en réalité, une revendication d'objet mobilier et, qu'à ce titre, elle rentre dans la compétence de l'autorité judiciaire ; qu'il n'en serait autrement qu'au cas où le mandat de perquisition du 5 juillet 1888 aurait le caractère d'un acte administratif ou d'un acte de Gouvernement, dont le tribunal ne pourrait apprécier la légalité sans porter atteinte au principe de la séparation des pouvoirs ; — Attendu que l'acte administratif est caractérisé par ce double fait qu'il émane d'un fonctionnaire appartenant à l'Administration et qu'il se rapporte à un objet rentrant dans les attributions administratives ; — Attendu que, d'après ses énonciations mêmes, le mandat de perquisition du 5 juillet a été délivré par le Préfet de police en vertu de l'article 10 C. I. C. ; que cet article attribue au Préfet de police le droit de faire opérer par les officiers de police judiciaire tous actes nécessaires à l'effet de constater les crimes, délits et contraventions et d'en livrer les auteurs aux tribunaux, conformément à l'article 8 du même Code ; qu'aux termes de l'article 8, la police judiciaire recherche les crimes, délits et contraventions, en rassemble les preuves, et en livre les auteurs aux tribunaux chargés de les punir ; que par suite, le Préfet de police, quand il use des droits spéciaux que lui confère l'article 10, exerce les attributions de police judiciaire ; que les actes qu'il accomplit alors ne sauraient être considérés comme des actes administratifs, leur nature propre ne pouvant être modifiée par cela seul qu'ils émaneraient d'un fonctionnaire qui n'appartient pas à l'ordre judiciaire ; — Attendu que le mandat de perquisition du 5 juillet 1888 n'affectait pas davantage le caractère d'un acte de Gouvernement, par le motif que le Préfet de police l'aurait délivré sur les instructions du Ministre de l'Intérieur et pour la sauvegarde d'intérêts supérieurs ; que ces instructions, quelles qu'en aient été la forme et la portée, n'ont pu avoir pour effet d'enlever au mandat dont il s'agit la nature qui lui est propre et de lui en imprimer une autre qui serait contraire ; qu'à tous égards, l'appréciation de cet acte et des réclamations qu'il soulève rentre dans les attributions de l'autorité judiciaire ; — se déclare compétent. »

134. — Le Préfet prit un arrêté de conflit visant les instructions verbales qui lui avaient été données par le Président du Conseil, Ministre de l'Intérieur, ainsi que les textes relatifs à la séparation des pouvoirs. Mais le Tribunal des Conflits approuva la jurisprudence du tribunal de la Seine, par jugement du 25 mars 1889 : « Considérant, que l'action portée par le Sr Dufeuille a pour unique objet la restitution d'imprimés et de griffes et clichés dont il se prétend propriétaire, et qui auraient été illégalement saisis et enlevés de son domicile et dans les ateliers de P. Dupont, le 6 juillet 1888, par un Commissaire de police, porteur d'un mandat

délivré par le Préfet de police, en vertu de l'article 10
C. I. C. ; — Considérant que, dans ces termes, la demande de Dufeuille, n'ayant d'autre but que la revendication d'objets mobiliers, était de la compétence de
l'autorité judiciaire ; qu'en vain le Préfet de police
prétend que le mandat du 5 juillet 1888 et la saisie
qui l'a suivi sont des actes administratifs ou même
des actes de Gouvernement qui échappent à la compétence de l'autorité judiciaire, soit par le seul fait qu'ils
ont été requis par lui, en qualité de fonctionnaire de
l'ordre administratif, soit, en tout cas, parce qu'ils
auraient été prescrits par le Ministre de l'Intérieur ;
— Considérant d'une part, que de la combinaison des
articles 8 et 10 C. I. C., il résulte que le Préfet de police, bien que fonctionnaire administratif et non dé-
nommé dans l'article 9 du même Code, agit dans le
cercle des attributions de la police judiciaire quand
il exerce les pouvoirs que lui donnent ces articles ; que
les mandats qu'il délivre et les saisies qu'il opère ou
fait opérer en vertu de l'article 10 ne sont pas des actes administratifs, mais les éléments préliminaires d'une
instruction criminelle ou correctionnelle qui ne relèvent que de l'autorité judiciaire ; — Considérant d'autre part, qu'en admettant que les instructions verbales invoquées par le Préfet de police eussent été données par application de la loi du 27 juillet 1881 sur la
presse, ou de celle du 22 juin 1886 relative aux membres des familles ayant régné en France, elles ne sauraient imprimer au mandat et à la saisie des 5 et 6
juillet 1886 le caractère d'actes administratifs ou de
Gouvernement ; qu'en effet, la saisie ne change pas de
nature par ce fait qu'elle est ordonnée par le Ministre
de l'Intérieur, dans un but politique et que la mesure

a été approuvé par les Chambres ; — Considérant que si le Gouvernement a le devoir d'assurer la sécurité de l'Etat et de réprimer toute entreprise contre la République tentée par les membres des familles ayant régné en France, il n'est investi à cet égard que des pouvoirs que la loi lui donne ; — Considérant que le droit de pratiquer discrétionnairement des saisies ne résulte, ni de la loi susvisée du 23 juin 1886, ni d'autres lois ; d'où il suit que la demande de Dufeuille était de la compétence du Tribunal civil et qu'en rejetant le déclinatoire du Préfet de police, le Tribunal n'a violé ni les lois des 16-24 août 1790 et 16 Fructidor, an III, ni le principe de la séparation des pouvoirs... par ces motifs, rejette. » (25 mars 1889, D. P. 90. 3. 65.) Cette jurisprudence est constante ; elle se rencontre encore notamment dans deux autres décisions rendues à la même date que la précédente à l'occasion de saisies de lettres effectuées à la Poste par les Préfets de la Savoie et du Loiret. (D. P., *loc. cit.*)

135. — L'assimilation des Préfets aux magistrats instructeurs, que l'arrêt solennel de la Cour suprême du 21 novembre 1853 a très juridiquement fait découler des intentions du législateur et des termes de la loi, a été de tout temps violemment critiquée. Sous la 3e République, il a été question, à différentes reprises, de supprimer ou tout au moins de restreindre la portée de l'article 10 qui consacre, en faveur d'agents administratifs essentiellement révocables, un pouvoir jugé exhorbitant et dangereux. On a en effet pensé avec raison que ces hauts fonctionnaires, dont les attributions sont surtout politiques, ne présentaient pas de suffisantes garanties d'indépendance et l'on s'est inquiété des périls que pouvait faire courir à la liberté individuelle et à l'inviolabilité du domicile une arme aussi redoutable placée entre les mains d'un Gouvernement sans scrupule.

D'aucuns, à la vérité, soutiennent que ces appréhensions sont loin d'être fondées. Pour eux, de tels pouvoirs sont nécessaires au Préfet de police qui, à Paris, est informé, bien avant l'autorité judiciaire elle-même, des crimes et des délits commis dans la capitale. Quant aux Préfets des départements, aucune atteinte portée aux immunités des citoyens n'est à redouter de leur part puisque l'expérience démontre qu'ils n'ont jamais exercé ces droits que dans de très rares et très exceptionnelles occasions. « Les mesures urgentes à prendre, écrivait M. Andrieux (1), sont prises par mes auxiliaires, et bien souvent en vertu de mandats émanant de moi-même. Dans bien des cas qui requièrent célérité, si, avant d'agir, je devais, à n'importe quelle heure du jour ou de la nuit, aviser la justice, et attendre, soit un ordre du Parquet, soit une ordonnance du Juge d'Instruction, mes agents arriveraient trop tard et le plus souvent les coupables ou le corps du délit échapperaient aux investigations tardives, qui seraient le résultat d'une procédure en forme... En résumé, j'estime que l'abrogation de l'article 10 du Code d'Instruction criminelle ne changerait rien pour les départements à ce qui existe au point de vue judiciaire, et enlèverait aux Préfets *un moyen d'action dont le Gouvernement*

---

(1) Rapport au Garde des Sceaux du 28 août 1879, rapporté dans les « *Souvenirs d'un Préfet de police* », T. II, p. 298 et suiv·

pourrait avoir besoin à un moment donné. En ce qui concerne Paris, il en serait tout autrement ; il y aurait une perturbation véritable jetée dans la marche des instructions criminelles, et je ne crains pas de dire que si le législateur dépouillait les Préfets des départements des attributions que leur confère cet article, il devrait en maintenir les dispositions pour le Préfet de police. »

136. — On peut, à la rigueur, admettre qu'il serait inopportun de dépouiller ce dernier des prérogatives dont il a l'apanage ; toutefois, même en poussant jusque-là la réforme, il suffirait, pour remédier aux inconvénients signalés, de ranger le Préfet de police au nombre des fonctionnaires tenus, aux termes de l'article 29 du Code d'Instruction criminelle, de communiquer sur le champ au Procureur de la République les renseignements par eux recueillis et d'organiser en outre d'une façon permanente au Parquet de la Seine un service de jour et de nuit identique à celui que possède la Préfecture de police. Mais nous nous refusons à croire que la nécessité de conserver ces attributions s'impose avec autant de force à l'égard des Préfets des départements et nous avons tout lieu de supposer, au contraire, que M. Andrieux ne défendrait peut-être plus aujourd'hui cette thèse avec une aussi grande conviction. Se fonder, pour exiger le maintien intégral de l'article 10, sur ce motif qu'à un moment donné le Gouvernement pourrait se trouver dans l'obligation de faire appel à un pareil moyen doit lui paraître, comme à nous, contenir la menace à peine déguisée de laisser, pour les besoins de la politique, une porte largement ouverte à l'arbitraire le plus odieux. Aussi, depuis longtemps déjà, nos Assemblées législatives ont-elles résolu de faire disparaître, avec l'article 10, « *une anomalie que les circonstances avaient pu justifier en 1808, mais qui, sous un régime régulier où la légalité ne comporte aucune exception, ne peut être considérée que comme un anachronisme dangereux.* » (1). Dans sa séance du 24 juillet 1882, le Sénat a adopté en seconde lecture une disposition (art. 10 de son projet) enlevant aux Préfets des départements les droits dont ils sont investis par le Code d'Instruction criminelle et n'accordant au Préfet de police que le pouvoir d'informer en cas de flagrant délit, dans les limites imposées au Ministère public lui-même. Le 4 novembre 1884, la Chambre des Députés, après un brillant débat entre M. Ribot, garde des sceaux, et M. Goblet, rapporteur, rejeta ce projet qui lui était soumis en première lecture et vota l'abrogation pure et simple de l'article 10. Malheureusement, aucun accord n'a pu s'établir entre les deux Assemblées et la solution de cette question est restée jusqu'ici pendante. (Ch. des Dép., *Documents parlementaires*, T. 18, p. 99-100 ; — *Id.* T. 21, p. 78-79 ; — *J. O.* 18 mars 1891, *Doc. Parl.*, Ch., *Annexe* n° 1114.)

§ 7. — DROIT DE SURVEILLANCE
DE L'ENREGISTREMENT

137. — Les préposés de l'Enregistrement, des Domaines et du Timbre ont, entre autre mission, le

---

(1) Discours de M. Royer, à la séance du Sénat du 24 juillet 1882.

devoir de rechercher les fraudes commises au préjudice du Trésor dans la perception des taxes qu'ils sont
chargés de recouvrer. Or, un objet de correspondance
constituera quelquefois un acte passible d'un droit
fixe ou proportionnel ; ce sera, par exemple, pour
nous en tenir à une hypothèse très simple et très fréquente, une quittance envoyée par la voie de la Poste
sans être revêtue du timbre de o fr. 10 exigé par l'article 18 de la loi du 23 août 1871. Dans ce cas, l'Enregistrement sera-t-il toujours autorisé à constater
l'existence de cette contravention fiscale?

138. — Si la quittance incriminée est expédiée
comme *papier d'affaires* il ne peut y avoir aucun
doute. Le droit de surveillance de l'Administration
sur ces papiers est absolu et, en le lui accordant, on
ne fait nullement échec au principe de l'inviolabilité
des correspondances puisque ces objets doivent circuler à découvert pour bénéficier du tarif réduit et que
l'Etat s'est réservé sur eux un droit de contrôle illimité. Toutefois, cette surveillance n'est pas ici directement exercée par les représentants du service de
l'Enregistrement, des Domaines et du Timbre. Il eût
été en effet dangereux de permettre à ces fontionnaires
de s'immiscer en tout état de cause dans la manipulation des dépêches. Afin de parer à ce grave inconvénient, il a été décidé que le concours des agents des
Postes serait nécessaire. Quand donc ceux-ci, en vé-
rifiant les papiers d'affaires, auront cru remarquer
une infraction aux dispositions du fisc, ils devront la
signaler aux préposés de l'Enregistrement qui, alors
seulement et après examen, décideront s'il y a lieu
de dresser procès-verbal. (*Inst. gén.* n° 50.) En l'absence du Receveur de l'Enregistrement de la localité,

dûment appelé pour procéder à cette opération, le Receveur des Postes retiendra le papier suspect et portera le fait à la connaissance de son Directeur départemental, lequel en référera lui-même à son collègue de l'Enregistrement. (Jaccottey, *op. cit.*, p. 495.)

139. — Avec la carte-postale, la question change de face. Ici, pourtant, nous nous trouvons encore en présence d'un objet circulant à découvert et jouissant d'un affranchissement privilégié. Mais nous savons que la circulaire du Ministre des Finances en date du 15 février 1873 interdit formellement aux employés des Postes la lecture du texte contenu au verso de la carte (*supra* n° 55). Cette prohibition est générale et doit s'étendre même au cas où il s'agirait de relever une contravention. Ainsi, pour reprendre l'espèce précitée, d'après un avis publié au *Journal Officiel* du 27 février 1873 (D. P. 73. 3. 8), les cartes-postales emportant libération, reçu ou décharge, c'est-à-dire quittance, sont assujetties, indépendamment de la taxe postale, au droit spécial de timbre tarifé à o fr. 10 par la loi du 23 août 1871. Mais notre circulaire, en défendant aux employés des Postes de lire le verso de ces sortes de correspondances établit par là leur incompétence pour la constatation des infractions provenant de la mise en circulation de cartes-postales non timbrées qui auraient dû l'être. Les agents devront donc, dans ce cas, refuser leur concours aux préposés de la Régie qui viendraient le leur réclamer. (*Inst. gén.* n° 80, p. 86 et suiv. ; — Jaccottey, *op. cit.*, p. 218.)

140. — La solution est, *a fortiori,* identique pour les lettres missives. Elles échappent à toute surveillance de cette nature et l'on ne saurait les arrêter sous le prétexte qu'elles contiennent ou paraissent contenir un effet susceptible de comporter un droit de timbre quelconque. Une circulaire du Ministre de l'Intérieur du 21 février 1854 semble cependant permettre la saisie d'un imprimé enfermé sous plis clos et scellé en vertu du droit de surveillance dont il est question, *supra*, au n° 138. Mais nous démontrerons plus tard sans peine que les dispositions prescrites par ce document sont d'une incontestable illégalité. (*Rec. off. des Instructions et Circ. du Min. de la Justice*, T. II, 1841 à 1862, p. 261, *note* 1.)

141. — Toutefois, les auteurs spéciaux en matière d'enregistrement, ainsi d'ailleurs que les instructions officielles, enseignent unanimement que les préposés du fisc ont la faculté de se servir, dans l'accomplissement de leur tâche, des renseignements qui leur sont fournis par une correspondance, dont la possession entre leurs mains ne serait due à aucune manœuvre illicite et frauduleuse. (Garnier, *Dict. des Rédact. du Journal de l'Enreg.* ; — Breton, *De l'inv. du secret et de la prop. des let. mis.*, p. 119.)

142. — Enfin, pour être complet, nous devons dire un mot d'une autre prérogative qui appartient aux inspecteurs de l'enregistrement dont l'exercice touche de très près au principe de l'inviolabilité des lettres missives. Nous voulons faire allusion au droit de *communication*.

143. — D'une façon générale, la communication est la représentation d'actes, de pièces, de registres et autres documents, à une personne qui la demande ou qui peut l'exiger. Au point de vue plus restreint qui nous occupe en ce moment, la communication est la représentation de ces mêmes objets faite aux agents de l'Administration de l'Enregistrement pour leur permettre de s'assurer de l'exécution des lois fiscales et d'exercer leur surveillance sur les dépôts d'actes publics.

144. — Parmi les personnes soumises à cette surveillance exceptionnelle figurent principalement les notaires, les huissiers et les greffiers. Or, ces officiers ministériels, les premiers surtout, peuvent recevoir en dépôt des lettres d'une nature essentiellement confidentielle qui, tout en étant conservées dans l'étude, ne font cependant pas partie des actes ordinaires pour la rédaction ou la conservation desquels les notaires ont été institués. Devra-t-on admettre que les inspecteurs de l'Enregistrement auront le droit de réclamer la communication de ces écrits intimes ? La jurisprudence ne l'a pas pensé. La Cour de cassation a jugé par arrêt en date du 4 août 1811, qu'un paquet qui avait été trouvé dans les minutes d'un notaire de Versailles, portant cette suscription : *ce paquet m'a été remis de confiance par M. X... pour n'être ouvert qu'en sa présence*, échappait au contrôle des agents de l'Administration du Timbre. Celle-ci soutenait au contraire que, chez le notaire, la qualité d'officier public, absorbait toutes les autres et ne lui permettait en aucun cas de recevoir un dépôt confidentiel. Elle s'appuyait sur cette raison que le notaire pouvait abuser ainsi de son double rôle pour nuire aux intérêts de l'Etat. La Cour suprême a fort bien répondu que, dans l'espèce, le notaire revêtait le caractère d'un dépositaire particulier et devait échapper comme tel aux investigations de la Régie. En 1866, la même Cour affirmait à nouveau cette doctrine, « attendu, disait-elle, qu'en dehors de leurs fonctions, les notaires ne sont plus vis-à-vis de la Régie que de simples particuliers, que non seulement ils ne sont pas obligés à ce titre de communiquer les papiers ou actes sous seing-privé qu'ils tiennent de la confiance des parties, mais que souvent ils ne pourraient le faire sans manquer au secret professionnel dont les convenances et la loi leur font un devoir.» *(Sic :* Cas., 4 août 1811, *Journ. des Not.,* art. 359 et 1135 ; — Cas., 3 nov. 1866, *Journ. des Not.,* art. 18621 ; — V^r aussi les nombreuses décisions citées au *Suppl. du Dict. des Not.,* T. II, v° *Communication,* n°s 54 à 54-8.) En donnant à ce principe, nettement dégagé par une jurisprudence constante, la portée qu'il comporte, on sera amené à conclure, avec juste raison, que l'Administration ne pourra jamais exiger, pour la constatation d'une contravention, la présentation d'une lettre missive confidentiellement écrite par un client et déposée par lui en l'étude de son notaire.

145. — Les lois du 16 septembre 1871 et du 21 juin 1875 ajoutent encore à la liste des personnes soumises au droit de communication les sociétés en commandite simple et en participation, les sociétés d'assurances et de transport. Mais, à leur égard, faut-il comprendre, parmi les documents qui doivent être communiqués, toute la correspondance sans exception ? La question a été posée à l'Assemblée nationale dans la séance du 28 mars 1872 et elle a provoqué, de la part du rapporteur de la commission du budget, les explications suivantes : « M. Foubert demande que l'Administration n'ait pas le droit de lire toutes les correspondances. Je dois dire que telle est aussi l'intention de la commission et celle de l'Administration. D'abord, il est certain que le droit d'investigation du fisc ne peut s'exercer que sur les sociétés dénommées en l'article 22 de la loi de 1871 et non chez les particuliers, banquiers, commerçants ou industriels. Il est certain, en outre, que lorsqu'une lettre n'a pas pour objet une quittance, un reçu ou une décharge, l'Administration n'a pas le droit d'en prendre connaissance. Il faut donc faire une distinction, tracer une ligne de démarcation bien nette. Ainsi, pour les lettres qui contiennent reçu, décharge ou quittance et qui sont devenues des documents de comptabilité, la Régie a le droit incontestable d'en prendre connaissance. Quant aux lettres qui sont étrangères à cet objet, l'Administration n'a pas le droit d'en exiger l'exhibition. Comment le saura-t-on ? C'est bien simple. On ne prend pas communication de toutes les lettres, mais on prend connaissance des registres de comptabilité. Or, on demandera, au vu des livres, la présentation des pièces qui sont relatives à des réceptions ou des quittances constatées par ces livres et donnant lieu au droit de timbre. Ce sont là les correspondances dont l'Administration est autorisée à demander la communication. C'est là la règle. » Elle est admise sans difficulté par l'Enregistrement qui l'a imposée à ses agents par une décision du 5 novembre 1875 et par l'unanimité de la doctrine et de la jurisprudence. (*Répert. périod. de l'Enreg.*, art. 5027 ; — Garnier : *Répert. gén. et raisonné de l'Enreg.*, v° *Communication* ; — *Diction. du Not.*, *op. cit.*, n°s 57-4, 57-6, 57-12 ; — Trib. Seine, 19 juin 1875, *Jour. des not.*, art. 21,498. etc. ; — Breton, *op. cit.*, p. 119.)

§ 8. — CORRESPONDANCE DES DÉTENUS

146. — Vis-à-vis de certains fonctionnaires ou magistrats, la correspondance des prisonniers cesse d'être protégée par le principe de l'inviolabilité du secret des lettres. A cet égard, il convient d'examiner chacune des diverses catégories de personnes désignées sous le nom générique de détenus.

147. — Prévenus ou Accusés. — Aux termes de l'article 5o, § 2 du décret du 11 novembre 1885, la correspondance des accusés et des inculpés est soumise au contrôle du directeur ou du gardien-chef de l'établissement. Ce premier point n'offre aucune difficulté. *(Lois, décrets, règlements et circulaires se rapportant aux services pénitentiaires*, recueil publié par ordre de M. Barthou, ministre de l'Intérieur, p. 652.)

148. — D'autre part, l'article 613, § 2 du Code d'Instruction criminelle décide que « le Juge d'Instruction et le Président des assises pourront donner respectivement tous les ordres qui devront être exécutés dans les maisons d'arrêt et de justice et qu'ils croiront nécessaires, soit pour l'instruction, soit pour le jugement. » De son côté, l'article 35 du même Code, autorise le Procureur de la République, au cas de flagrant délit, à se saisir « de tout ce qui pourra servir à la manifestation de la vérité. » On fait découler de ces deux textes le droit, pour les magistrats qui y sont énumérés, de prendre connaissance des lettres écrites par le prévenu et de celles qui lui

sont adressées. Ils pourront en effet trouver dans ces
écrits des indications utiles à la marche de l'instruction. Cette exception à l'inviolabilité du secret des
lettres est formellement reconnue aujourd'hui par les
règlements qui régissent les maisons de justice. Le
décret précité de 1885, modifiant le règlement du 30
octobre 1841 qui ne paraissait pas prévoir le cas,
édicte que « les lettres écrites ou reçues par les prévenus et les accusés seront en outre communiquées, selon le cas, au Procureur de la République, au Juge
d'Instruction ou au Président des assises. » (art. 50,
§ 2 ; — Recueil de M. Barthou, *op. cit.*, p. 652 ; —
Code pénit., T. X. du 1er janvier 1875 au 31 décem.
1886, p. 255.)

149. — Les lettres trouvées sur la personne du
prévenu, au moment de son entrée dans la maison d'arrêt, peuvent aussi constituer des pièces utiles à la manifestation de la vérité. En conséquence, lorsque la
fouille effectuée dans la prison, conformément aux
articles du décret du 11 novembre 1885, fera découvrir des papiers paraissant, à première vue, offrir de
l'intérêt pour une information en cours, les agents
devront placer ces documents, en présence du prisonnier, dans une enveloppe cachetée et en aviser le Procureur de la République ou le Juge d'Instruction, qui
décidera s'il y a lieu de les saisir ou de les rendre à leur
propriétaire. (*Bul. off, du min. de la just.*, janv.-mars
1895, p. 42-43.)

150. — Il est cependant une correspondance spéciale qui échappe à toute investigation. Nous voulons
parler d'abord, des lettres échangées entre le prévenu
et l'avocat ou l'avoué chargé de ses intérêts. La liberté
de la défense exige cette immunité particulière que la

Cour de cassation vient de consacrer à nouveau, tout récemment, avec la plus extrême énergie. Non seulement elle déclare, en effet, qu'il y a violation des droits de la défense dans ce fait par le Juge d'Instruction ,de saisir des lettres adressées à un avocat par un prévenu en état de détention préventive, de les ouvrir et d'en prendre copie pour les joindre au dossier ; mais elle décide en outre que l'autorisation donnée par l'inculpé de verser ces lettres à la procédure n'a de valeur légale que si elle est constatée en termes explicites exempts de toute ambiguïté, dans un procès-verbal régulier, dressé sous la triple garantie des signatures du juge, du greffier et du prévenu lui-même. (Cas. 31 déc. 1897, D. P. 98. 1. 146 ; — V. aussi Cas. 12 mars 1886. D. P. 36. 1. 345 ; — Circ. Min. Inter., 12 nov. 1879 ; — Art. 50 § 2 du décret du 11 nov. 1885, *Code pénit.*, *loc. cit.*, p. 50 ; — Legris, *op. cit.*, p. 86., *note* 1.) Il y aurait d'ailleurs faute professionnelle grave de la part de l'avocat de se charger de faire parvenir à leur adresse des lettres écrites par son client à des tiers ou de lui remettre une correspondance étrangère protégée par son contre-seing. (Cresson, *Usages et règles de la profession d'avocat*, T. II. p. 27 ; — *Circ. Min. Int*. du 15 juil. 1872, art. 20 ; — Legris, *op. cit.* p. 85, *note* 1.)

151. — De même, les lettres adressées par l'accusé ou le prévenu aux autorités administratives ou judiciaires ne doivent pas être lues avant d'être expédiées. Il faut que le destinataire soit seul à en prendre connaissance et pour cela l'expéditeur est autorisé à les remettre au gardien-chef ou au directeur, cachetées, mais non closes dans une enveloppe. (*Rapport de M. Herbette au Min. de l'Int.*, 6 mars 1886, *Code pénit. loc. cit.*, p. 304.)

152 — Condamnés définitifs. — La correspondance des condamnés, quelle que soit la peine qui les frappe, est astreinte à une très rigoureuse surveillance. Nous en donnerons une idée en transcrivant les principales dispositions d'une circulaire du 1er sept. 1836, adressée aux Préfets par le Sous-secrétaire d'Etat à l'Intérieur, relative à la correspondance des condamnés des maisons centrales.

« Monsieur le Préfet, le règlement d'attributions du 5 oct. 1831, charge les directeurs des maisons centrales de force et de correction *de l'examen de la correspondance* des détenus à *l'arrivée et au départ*. Aucun d'eux, je dois le croire, ne néglige ce soin important : mais il se peut que tous ne veillent pas également à ce que la correspondance des condamnés se renferme dans des limites convenables. J'ai donc pensé qu'il ne serait pas sans utilité de leur tracer quelques règles à ce sujet.

« Aucun condamné ne doit s'occuper de sa correspondance que les dimanches et les autres jours fériés, ainsi que l'ont déjà décidé quelques directeurs. Aucun non plus ne doit être autorisé à correspondre qu'avec ses plus proches parents et avec le tuteur qui lui aurait été nommé en exécution de l'article 29 du Code pénal, sauf les circonstances extraordinaires qu'il appartient au directeur d'apprécier. Il faut surtout leur interdire toute relation avec les condamnés renfermés dans d'autres prisons, et même avec des prévenus et des accusés, à moins qu'il n'existe entre eux des liens de parenté. La même défense doit leur être faite relativement aux libérés de nos prisons et des bagnes. L'Administration, en un mot, ne doit leur permettre que des relations de famille et celles que peuvent absolument exiger la conservation ou le règlement d'intérêts positifs.....

« Mais c'est principalement le sujet des lettres et le ton dont elles sont écrites, qui doivent appeler l'attention du directeur. Il ne doit pas souffrir que les détenus écrivent rien de déplacé, rien de contraire à la décence, rien enfin qui contraste avec la position que leur a faite la loi. Il devra leur être expressément défendu d'entretenir leurs familles d'objets qui ne les intéresseraient pas personnellement, ni de parler de l'administration de la maison en aucune manière. Les réflexions politiques, ou même seulement frivoles, leur seront interdites ; ne permettez que celles qui ont un objet moral ou religieux. Tout mensonge donnera lieu, non seulement *à la suppression de la lettre*, mais encore à la punition de son auteur. L'habitude du mensonge, si commune chez les condamnés, a surtout besoin d'être réprimée avec énergie et persévérance, car elle prouve que la captivité, infligée par la loi, autant pour corriger que pour réprimer, n'a produit ni repentir, ni résignation.

« Ne permettez pas non plus qu'ils mendient du secours auprès de leurs familles ni de qui que ce soit. Le Gouvernement a maintenant pourvu à tous les besoins réels des condamnés par le cahier des charges et par l'organisation du travail ; et peut-être serait-il plus conforme à la morale et à la loi de ne permettre qu'aux vieillards, aux infirmes et aux apprentis de recevoir quelques soulagements de leur parents. Il faut du moins que les détenus sachent bien, Monsieur le Préfet, que c'est par pure tolérance que l'Administration leur laisse arriver des secours en argent ou en nature, que même les correctionnels ne sont autorisés à se procurer quelques adoucissements sur le produit de leur travail *qu'autant qu'ils les méritent*.....

« Mais le but que nous nous proposons ne serait pas atteint si, en veillant à ce que les condamnés n'écrivent rien de contraire à la religion, à la morale et aux convenances, nous permettions qu'on leur remît des lettres où les mêmes principes seraient méconnus. Les lettres venant du dehors devront donc être examinées par le directeur avec la plus grande attention, et n'être remises aux condamnés qu'après avoir été revêtues de son *visa*. Il devra retenir, ou ne communiquer que par extraits et verbalement, celles qu'il ne jugera pas convenable de faire remettre par le gardien-chef, alors même que le port en aurait été payé par les condamnés..... » (Rec, de M. Barthou, *op. cit.*, p. 226-227.)

153. — Cette correspondance doit être placée sous enveloppe, sans signe extérieur, à l'adresse du destinataire. (Décret de 1885.) M. le Conseiller d'Etat Herbette, directeur de l'Administration pénitentiaire au Ministère de l'Intérieur, dans une note de service du 6 mars 1886, nous donne les motifs de cette prescription : « Des parents, des protecteurs ou des amis, dit-il, pourraient hésiter à garder des relations avec les condamnés si l'origine et le lieu d'expédition des lettres se trouvaient révélés à des tiers. Ainsi risqueraient d'être perdus les moyens efficaces d'action, d'encouragement et d'appui moral, qui ne doivent pas être négligés à l'égard de ceux-même qu'a frappés la loi. » (V. un autre rapport de M. Herbette, appliquant la même mesure aux établissements dits de longue peine. *Code pénit.*, *loc. cit.*, p. 303.)

154. — La mise à la Poste des lettres écrites par

les détenus et la remise entre leurs mains de celles qui leur sont adressées doivent être effectuées dans le plus bref délai possible. « J'ai constaté, en comparant la date des timbres de la Poste et celle de la suscription, écrit le Ministre de l'Intérieur, que les lettres qui me sont adressées par les condamnés sont, dans certains établissements, gardées plus ou moins longtemps. Je crois savoir, en outre, que les lettres écrites aux condamnés, et celles qui ne sont pas adressées par eux aux autorités, subissent, dans leur remise ou leur envoi, des retards regrettables. L'obligation où vous êtes de prendre connaissance de ces dernières doit être remplie dans les limites de temps strictement nécessaires. Quand à la mise à la Poste des lettres adressées par les condamnés à l'autorité administrative ou judiciaire, elle doit être immédiate. » (*Code pénit.*, T. VIII, p. 6.) Ces dernières, sont, de plus, comme celles des inculpés, affranchies du contrôle des directeurs et des gardiens-chefs.

155. — Colonies et maisons pénitentiaires. — Le règlement du 10 avril 1869, pour les colonies et maisons pénitentiaires affectées à l'éducation correctionnelle des jeunes détenus, consacre son chapitre XIV aux relations de ces condamnés avec l'extérieur. Nous croyons devoir les transcrire ici purement et simplement.

ART. 83. — Les jeunes détenus des deux sexes pourront communiquer verbalement ou par écrit avec leurs plus proches parents, quand ceux-ci présenteront des garanties suffisantes de moralité, ou avec leurs tuteurs.

ART. 86 — Les jeunes détenus autorisés à correspondre avec leurs familles pourront leur écrire une fois par mois. Les chefs d'établissements veilleront à ce qu'ils s'acquittent de ce devoir dans certaines circonstances, par exemple au renouvellement de l'année. Ils prendront connaissance de cette correspondance au départ et à l'arrivée. Les lettres envoyées par les enfants ne seront pas affranchies ; celles qu'ils recevront seront classées à leur dossier quand il paraîtra utile de les conserver à raison de leur contenu.

Art. 87. — Les parents seront invités... à s'abstenir de toute réflexion sur les travaux et le régime intérieur de la maison, sous peine d'être privés de toute communication avec leurs enfants. Ils devront se borner à donner à ces derniers de leurs nouvelles ou à leur adresser des exhortations au travail et à la bonne conduite.

Art. 88. — Les lettres dont le contenu pourrait donner lieu à des dangers où à de sérieux inconvénients seront transmises au Préfet qui ordonnera, suivant les cas, la suppression provisoire ou définitive de toute correspondance.

Art. 89. — Les lettres qui pourraient être adressées, pour un motif quelconque, par les jeunes détenus à l'administration où à l'autorité judiciaire, seront cachetées sans être lues par les chefs des établissements.

156. — Ajoutons, pour être complet, que les lettres visées par l'article 89 ci-dessus, doivent être mentionnées sur un registre spécial avec l'indication du destinataire et le nom de l'enfant qui les aura écrites. Elles recevront un numéro d'ordre au registre où sera inscrite cette correspondance. Elles ne seront pas placées sous enveloppe, mais simplement pliées et cachetées, afin que le numéro d'ordre qu'elles recevront au départ de l'établissement se retrouve sur la feuille même qui porte le contexte de la lettre. On pourra ainsi reconnaître ultérieurement l'auteur de la lettre dont le contenu pourrait donner lieu à une mesure disciplinaire. *(Code pénit., eod. loc.,* p. 768 ; — *Circ.,* 9 avril 1892, *Code des prisons,* T. XIV, p. 213.)

157. — Détenus politiques. — Les condamnés politiques ont le privilège de jouir du régime auquel sont assujettis les simples prévenus. L'article 2 de l'arrêté du Ministre de l'Intérieur, en date du 4 janvier 1890, sur le régime applicable aux condamnés pour faits politiques ou connexes (délits de presse) est ainsi conçu : « D'une manière générale, sous réserve des dérogations qu'exigeraient les nécessités d'ordre et de service et qui seraient fixées par décision ministérielle, ces détenus bénéficieront du régime déterminé en faveur des prévenus par les règlements généraux et particuliers applicables aux maisons d'arrêt... Ils restent, comme doivent l'être tous les détenus, à quelque catégorie qu'ils appartiennent, soumis à la règle du visa, pour l'envoi ou la réception des correspondances, communications et objets quelconques. » (Rec. de M. Barthou, *op. cit.,* p. 684.)

158. — Prisons militaires. — L'agent principal ou le commandant qui remplissent les fonctions de gardien-chef ou de directeur dans les prisons militaires, les pénitenciers et les ateliers de travaux publics, exercent, en vertu de l'article 75 du règlement ministériel du 20 juin 1863, un contrôle très sévère sur la correspondance des détenus. « Les détenus ne peuvent correspondre qu'avec les autorités, leurs proches parents, tuteurs ou autres personnes pouvant avoir avec eux des rapports d'intérêt. Ils ne doivent parler dans leur correspondance que de leurs affaires de famille, de leurs intérêts privés et s'abstenir de tout objet étranger à leur position. — Leurs lettres sont déposées ouvertes dans une boîte. — L'agent principal en prend connaissance, ainsi que de celles venues du dehors. Il rend compte succinctement au commandant de leur contenu. — La correspondance des prévenus est communiquée, s'il y a lieu, au commissaire du Gouvernement. »

159. — Les lettres adressées à l'autorité supérieure sont seules à l'abri des investigations de l'administration pénitentiaire. Au contraire, la correspondance échangée entre le prévenu militaire et son défenseur y demeure soumise. (Conseil de revision d'Alger, aff. Clément, 18 août 1887, *J. O.* 16 octobre 1887, p. 1587 ; — Legris, *op. cit.*, p. 86, *note* 1.) Cette décision est en opposition absolue avec le principe de la liberté de la défense. En pratique, toutefois, dans certains Conseils de guerre, les communications entre prévenus et défenseurs restent libres. Les plis adressés par l'avocat ne sont par ouverts quand ils portent extérieurement sa signature ; mais ce n'est là qu'une pure tolérance et non un droit.

160. — Enfin, d'après M. Legris (*note* 1 de la page 168), l'autorité militaire respecte la correspondance des officiers auxquels ont été infligés la peine des arrêts de forteresse. Cependant, dans certains cas et pour des motifs graves, l'ouverture de ces plis peut être prescrite par le Commandant de la place. (Art. 75 *in fine* du Règlement ministériel du 20 juin 1863, *précité*.)

§ 9. — CORRESPONDANCE DES ALIÉNÉS

161. — « Si l'isolement des aliénés, disait M. de Barthélemy à la Chambre des Pairs, dans son rapport sur la loi du 30 juin 1838, est impérieusement prescrit dans l'intérêt de la société et dans le leur propre, il importe que les établissements qui leur sont consacrés soient soumis à l'inspection de l'autorité publique à laquelle un devoir sacré impose l'obligation de garantir la liberté individuelle de toute atteinte. On peut, en effet, supposer le cas où, sous prétexte de folie, des familles intéressées parviendraient à faire retenir un de leurs membres dans une maison d'aliénés, ou à prolonger indéfiniment une détention qui doit cesser avec la maladie ; il importe que le citoyen qui serait victime de cet abus puisse le dénoncer. *Pour lui, toute réclamation écrite serait inutile, puisque les lettres sont soumises à l'inspection des gardiens.* » (Séance du 29 juin 1837, D. R., v° *Aliénés, en note* sous le n° 35.) On doit décider de la lecture de ces derniers mots, que le législateur de cette époque reconnaissait aux directeurs des maisons de santé le pouvoir d'ouvrir et d'intercepter les lettres des malades qui leur sont confiés. Ce droit, en effet, n'a jamais été mis en doute par la jurisprudence, et la doctrine, de son côté, ne l'a jamais sérieusement contesté. (Cas., 27 décembre 1875, D. P., 76. 1. 241 ;

— Legris, *op. cit.*, p. 159, n° 130 ; — Rousseau, *op. cit.*, p. 102 ; — Tissier, *op. cit.*, p. 54 ; — Aubry et Rau, *Droit civ.*, T. VIII, p. 293 ; — Baudoin, *op. cit.*, p. 30 ; — Hanssens, *op. cit.*, p. 262 et suiv.)

162. — On trouve d'ailleurs un argument formel en sa faveur dans le dernier paragraphe de l'article 29 de la loi de 1838. « Aucunes requêtes, y est-il dit, aucunes réclamations adressées soit à l'autorité judiciaire, soit à l'autorité administrative, ne pourront être supprimées ou retenues par les chefs d'établissement, sous les peines portées au titre III ci-après. » Et l'article 41 de ce titre punit cette suppression d'un emprisonnement de 5 jours à 1 an et d'une amende de 50 à 3.000 fr. ou de l'une de ces deux peines seulement, avec prohibition en outre d'appliquer l'article 463 C. P. sur les circonstances atténuantes. Par argument *a contrario*, ces textes n'autorisent-ils pas l'interception de la correspondance des pensionnaires d'une maison de santé, lorsque cette mesure paraîtra nécessaire au directeur ? Il serait difficile de le nier. Au reste, cette nouvelle exception au principe de l'inviolabilité des correspondances trouve sa justification dans le but poursuivi par les médecins vis-à-vis des malades atteints d'aliénation mentale. Leur internement et leur isolement ne sont pas seulement ordonnés dans l'intérêt de la société ; ils sont toujours nécessaires pour la guérison de ces malheureux, quand elle est encore possible, ou pour arriver tout au moins à calmer la surexcitation de leur cerveau et empêcher par ce moyen l'aggravation d'un état devenu incurable. Mais, isoler un aliéné, ne consiste pas seulement à le priver de certaines visites ; il faut encore que le médecin qui le soigne puisse empêcher, quand il le juge bon, toute communication de son client avec l'extérieur. A ce point de vue, le droit de lire et d'intercepter les lettres qu'il écrit et celles qu'il reçoit n'est qu'une précaution que l'on ne doit pas hésiter à prendre quand le succès du traitement suivi paraît en dépendre. «Toutes les lettres peuvent être ouvertes par le directeur, écrit M. Labbé, tant celles écrites par ses pensionnaires que celles que des tiers leur adressent. C'est la conséquence de ce qu'il dirige et détermine le traitement de la maladie mentale. Tout ce que la personne en traitement fait ou pense et exprime, tout ce qui traduit et trahit l'état de son intelligence, le médecin doit le savoir. Les influences qui s'exercent du dehors, il doit les apprécier et les empêcher, si elles sont propres, suivant lui, à entretenir le trouble de l'esprit. » (S., 76. 1. 97.)

§ 10. — CORRESPONDANCES VERSÉES AU REBUT

163.— Certaines lettres que l'on n'a pu ni diriger, ni distribuer, ni rendre aux expéditeurs, ou qui ont été refusées par les destinataires, sont versées au rebut dans chaque bureau de Poste d'arrivée. Elles sont ensuite, dans un délai plus ou moins long suivant les cas, expédiées au bureau des réclamations de l'Administration centrale à Paris qui en assure la réexpédition, la conservation ou la destruction. (Jaccottey, *op. cit.*, p. 642.)

164. —Nous ne pouvons donner ici l'énumération complète des nombreuses hypothèses que comporte la mise au rebut des correspondances. Citons

seulement, à titre d'exemples : les plis et paquets dont
l'expédition ou la distribution n'a pu avoir lieu faute
d'adresse ou d'adresse lisible ou complète ; — les plis
dont les destinataires sont inconnus ou partis sans
laisser d'adresse ; — les lettres expédiées sous un nom
supposé ou commun à plusieurs personnes et dont
on n'a pu discerner le véritable destinataire ; — les
lettres refusées par le destinataire ; — les correspondances portant la mention « poste restante » et non
réclamées dans les deux mois de leur arrivée au
bureau de destination..... etc., etc.

165. — Il est plus intéressant de connaître comment s'effectue le travail des rebuts à l'Administration
centrale. C'est là, en effet, que réside l'exception au
principe de l'inviolabilité des correspondances.

166. — La création du bureau des rebuts remonte
à l'Ordonnance royale du 12 janvier 1771. Auparavant,
les plis non distribués étaient indéfiniment conservés
dans les bureaux de Poste où ils étaient maintenus à
la disposition des destinataires, s'ils se présentaient.
Plus tard, les décrets des 19 octobre-23 novembre
1790, des 23-24-30 juillet 1793, l'arrêté des Consuls du
7 Nivôse an X et l'ordonnance du 20 janvier 1819
sont venus successivement modifier le régime de
cette institution.

167. — En vertu du décret de 1790, l'ouverture
des lettres missives au rebut ne pouvait avoir lieu
qu'en présence du Président du Directoire des Postes
assisté de deux administrateurs au moins. L'accrois-
sement considérable du nombre de ces objets ne permet plus aujourd'hui un tel luxe de précautions. Les
lettres sont actuellement ouvertes à l'Hôtel des Postes
à Paris, par une section du bureau des réclamations,

composée de commis auxiliaires, surveillés par des commis principaux. Les plis, une fois ouverts, sont renvoyés au destinataire si le contenu de la lettre le fait connaître ou, dans le cas contraire, à l'expéditeur si l'on a trouvé des indices permettant de les lui retourner. Les objets qu'il a été impossible de réexpédier à l'une ou l'autre de ces deux personnes, sont conservés pendant un laps de temps qui varie suivant les espèces et détruits ensuite. Le Conseil des Postes, par décision du 27 décembre 1822, a prescrit de remplacer l'incinération, comme mode de destruction, par la mise au pilon. Les rebuts sont renfermés dans des sacs scellés du cachet de la Direction générale et livrés à l'Administration des Domaines qui en opère la vente au profit du Trésor. La mise au pilon est effectuée dans les établissements et par les soins de l'acquéreur, sous la surveillance d'un agent des Domaines et d'un agent de l'Administration appartenant au service de la vérification du matériel. (Jaccottey, *op. cit.*, p. 646 et suiv.)

Notons cependant que les plis portant sur la suscription l'adresse de *l'expéditeur* et dont la remise, pour une raison ou pour une autre, n'a pu avoir lieu entre les mains du destinataire, doivent être renvoyés, sans être ouverts, à l'expéditeur qui a eu le soin de se faire ainsi connaître.

§ 11. — DROIT DE SURVEILLANCE

DES AGENTS DES POSTES

168. — Les agents de l'Administration des Postes ont, nous l'avons déjà dit, un droit de contrôle absolu sur les imprimés et papiers d'affaires. Ils sont tout d'abord tenus de vérifier si ces objets se trouvent dans les conditions prescrites par les règlements postaux pour bénéficier du tarif réduit qui leur est accordé. Ces conditions sont édictées par les lois des 25 juin 1856 et 6 avril 1878, législation purement administrative sur laquelle nous n'avons pas à nous attarder davantage. Ils ont en outre à se rendre compte si les imprimés ou les papiers d'affaires ont satisfait aux prescriptions sur le timbre ainsi qu'à certaines autres dispositions particulières limitativement déterminées. Il leur appartient, par exemple, d'examiner si les imprimés portent l'indication du nom et du domicile de l'imprimeur chez qui ils ont été commandés, conformément à l'article 2 de la loi du 29 juillet 1881, sur la liberté de la presse.

169. — Le 25 avril 1894, M. Béranger a déposé sur le bureau du Sénat une proposition qui, si elle était adoptée par les Chambres, viendrait augmenter encore en cette matière la compétence des agents des Postes. L'honorable sénateur voudrait assimiler à l'outrage aux bonnes mœurs l'envoi à domicile, par une voie quelconque mais principalement par la Poste, de prospectus obcènes contenant la nomenclature de livres, images et objets licencieux dont bon nombre de spéculateurs font commerce. « Depuis que certaines répressions, dit l'exposé des motifs, ont montré le danger des distributions dans la rue et des annonces dans les journaux, une nouvelle forme de propagande a été imaginée ; c'est l'envoi à domicile, par la Poste ou autrement, de prospectus à sensation destinés à éveiller les curiosités malsaines. La spéculation y trouve de grands avantages. Elle échappe plus sûrement à la surveillance. Elle fait aboutir de force et en secret, jusque dans le domicile privé, des excitations contre lesquelles il est impossible de se défendre. Elle peut envoyer ses sollicitations jusqu'au fond de la province... Il est facile de se rendre compte du désordre moral que de semblables envois, s'introduisant dans la famille, le plus souvent sous simple bande, et pouvant tomber entre les mains de la jeunesse, peuvent y causer. Or ce moyen est aujourd'hui devenu général. C'est par ballot que la Poste reçoit de certaines maisons, bien connues d'elle, ces prospectus. Ils revêtent les formes les plus variées. Tantôt, c'est une simple carte de visite avec des indications propres à faire très clairement connaître le genre d'industrie et d'offres de l'expéditeur ; tantôt c'est le catalogue de photographies ou d'objets licencieux, avec vignettes appropriées ; ou encore c'est le prospectus de livres dont les titres, complaisamment reproduits, sont si révélateurs qu'il serait impossible de les citer ici. De pareils envois échappent à la répression. Soit, s'il s'agit d'un livre parce qu'il faudrait saisir le jury, soit, dans tout autre cas, parce que le prospectus, bien qu'annonçant une publication obcène, n'a pas par lui-même un caractère suffisant d'obcénité, ou encore parce que la distribution n'en a pas lieu sur la voie publique, le Parquet s'abstient de poursuivre. Nous ne pensons pas qu'une pareille lacune doive subsister dans la loi... » (V^r *Revue politique et parlementaire*, août 1894, p. 246-247.) Toutefois, il n'échappe à personne que la répression de ce nouveau délit ne sera réellement efficace qu'avec le concours des agents de l'Administration et, à cet égard, il sera indispensable de leur prescrire une surveillance très active des imprimés remis entre leurs mains.

170. — D'ailleurs, remarquons une fois de plus que nous ne nous trouvons pas ici en présence d'une véritable exception au principe du secret des correspondances puisque l'Administration exige que les imprimés et les papiers d'affaires soient placés sous bandes mobiles ou sous enveloppes non scellées, pour être admis au tarif exceptionnel. L'expéditeur, en acceptant ces conditions dans le but de payer une taxe moindre, donne donc son consentement à ce droit de contrôle que s'est réservé l'Etat. Mais, les lettres closes sont-elles soumises aussi à cette surveillance, dans le cas où elles sembleraient contenir un imprimé ? Une circulaire du Ministre de l'Intérieur aux Préfets, en date du 21 février 1853, à laquelle nous faisions allusion *supra*, n° 140, soutient nettement l'affirmative en ces termes : « Quant aux imprimés..., non seulement les employés ne doivent pas se tenir dans la ligne de discrétion et de réserve qui leur est prescrite à l'égard des lettres, mais il est de leur devoir de vérifier les imprimés confiés à la Poste et venant soit de l'étranger, soit de l'intérieur, afin de s'assurer que ces écrits ont satisfait aux prescriptions et à la loi sur le timbre et aux autres dispositions en vigueur. Les lettres renfermant des imprimés étant faciles à reconnaître, les préposés doivent retenir et signaler soit à vous-même, soit à l'officier de police judiciaire délégué par vous, celles qui paraîtraient contenir des imprimés suspects de contraventions aux lois fiscales.....» *(Rec. off. des inst. et circ. du Min. de la Just. T. II., 1841 à 1862, n° 262, à la note.)* Ainsi donc, la seule restriction admise en l'espèce consisterait en ce que l'agent des Postes ne pourrait pas ouvrir lui-même le pli incriminé, mais devrait se contenter de le signaler *d'office* au Préfet qui, toujours d'après le document ci-dessus, en opèrerait la saisie et l'ouverture en vertu de l'article 10 du Code d'Instruction criminelle. Pour nous, nous croyons que le Ministre qui a donné ces instructions a commis un abus de pouvoir manifeste et violé sciemment le principe protecteur du secret des correspondances. Sans doute, les Juges d'Instruction, les Préfets des départements et le Préfet de police à Paris, ont la faculté de requérir la saisie des lettres à la Poste, mais ils ne peuvent le faire que dans les formes prescrites par le Code. Or, un imprimé renfermé dans une enveloppe close, ne jouissant plus du tarif réduit, devient par la volonté de l'expéditeur, une lettre missive pure et simple. On doit par conséquent le traiter comme tel. L'employé n'a pas le droit d'intercepter un pli fermé, *proprio motu*, sans réquisition préalable, et se substituer de cette façon au magistrat, seul compétent pour ordonner cette grave mesure. La solution contraire entraînerait les plus fâcheuses conséquences. Une lettre est arrêtée dans un bureau sous cet unique prétexte qu'elle paraît contenir un imprimé et que cet imprimé pourrait bien n'avoir pas satisfait aux lois sur le timbre. Le Préfet avisé en opère l'ouverture. Que fera-t-on si l'enveloppe ne contient pas l'imprimé qu'on s'attendait à y trouver mais une lettre manuscrite ? Est-on sûr que l'on s'arrêtera en si bon chemin et qu'on résistera à la tentation d'en connaître le libellé pour savoir s'il ne contient rien de subversif ? C'est peu probable et la circulaire précitée en fait presque l'aveu en ajoutant aussitôt que l'examen, au point de vue particulier de la loi fiscale, permettra en outre « *de reconnaître et de saisir ceux de ces écrits qui seraient réprehensibles au point de vue de la sûreté générale ou de l'ordre public.* » Que devient dans tout cela le principe de l'inviolabilité des lettres missives ? Où sont les garanties que notre législation accorde aux citoyens en cas de perquisition ou de saisie ? En vérité, la circulaire ministérielle du 21 février 1854 est la négation même de la règle protectrice du secret des correspondances privées. Au reste, empressons-nous de le dire, l'Administration des Postes en a si bien compris l'illégalité qu'elle n'a jamais essayé de transporter dans son Instruction générale une doctrine que la pratique a toujours ignorée et que, seuls, les troubles politiques du coup d'Etat peuvent expliquer aujourd'hui.

171. — Néanmoins, il est des hypothèses où la la lettre missive elle-même n'est pas complètement à l'abri des investigations des agents de l'Administration. Nous voulons faire allusion au cas où la correspondance est présumée contenir *des valeurs payables au porteur, des matières précieuses* ou *des objets passibles d'un droit de douane.* Mais là encore la surveillance des préposés des Postes est renfermée par les règlements dans des limites assez étroites pour que le secret des lettres soit toujours scrupuleusement respecté.

172. — Les lois des 4 juin 1859 et 25 janvier 1873 interdisent d'une façon absolue, sous peine d'une amende de 50 à 500 francs, l'insertion, dans les lettres, de l'or, de l'argent, de pièces de monnaie, de bijoux ou autres objets précieux. (Art. 9 § 1er *de ces lois.*)

173. — Cette législation défend en outre, sous les mêmes peines, l'insertion de billets de banque, bons, chèques, bons de poste sans désignation du nom du destinataire, coupons d'intérêts ou de dividendes payables au porteur, dans une lettre ordinaire qui n'aurait pas été soumise à la formalité de la *déclaration* ou, tout au moins, de la *recommandation*. (Art. 9 § 2 *des lois précitées*.)

174. — La recherche des contraventions de cette nature est, on le comprend, des plus difficiles et des plus délicates. D'une part, en effet, les valeurs prohibées étant incluses dans des lettres *closes*, la présomption de la fraude n'est pas toujours aisée à établir. De l'autre, il importe, ainsi que nous l'avons déjà fait observer, de ne porter aucune atteinte au principe de l'inviolabilité des correspondances et de ne pas arrêter dans leur cours, sur des soupçons mal fondés, des lettres qui peuvent être urgentes. A cet égard, l'article 13 de l'arrêté ministériel du 6 juillet 1859, prescrivait aux Receveurs d'adresser *sous chargement d'office au préposé du bureau de destination, les lettres non chargées* que des signes extérieurs signaleraient évidemment comme contenant un des objets interdits. De son côté, la circulaire n° 135, publiée au *Bulletin mensuel* de juillet 1859 (n° 47, p. 246) commentant cet article 13 et l'ancien article 396 de l'Instruction générale, ordonnait aux agents des Postes de signaler et de transmettre, sous chargement d'office, les lettres scellées de plusieurs cachets en cire ou les objets quelconques qui apparaîtraient *évidemment, soit à la vue, soit au toucher*, renfermer des pièces de monnaie. Depuis, des ordres encore plus sévères ont été donnés et une instruction parue au *Bulletin mensuel* de novembre 1876 (n° 92, 2ᵉ *supp.* ; *Instr.* n° 223, p. 560) a expressément recommandé de procéder avec une extrême circonspection dans la recherche et le signalement de ces contraventions. « Ainsi, écrit le savant professeur à l'école professionnelle supérieure des Postes et des Télégraphes, M. Paul Jaccottey, la présence de plusieurs cachets de cire au dos d'une lettre, la mention « recommandée », un affranchissement supérieur à celui d'une lettre ordinaire, ne doivent pas être considérés, pris isolément, comme des indices suffisants pour faire présumer la contravention. Ce n'est qu'autant que deux au moins de ces éléments (par exemple, la mention « recommandée » jointe à la présence de cachets en cire) sont réunis sur une même lettre, ou lorsque l'indication d'une valeur se trouve énoncée sur la suscription, ou bien encore lorsque les valeurs elles-mêmes apparaissent à la vue, par suite d'une déchirure ou de l'ouverture fortuite d'une enveloppe mal close, lorsque enfin des pièces de monnaie se manifestent au toucher, qu'il y a lieu de recourir à la formalité du chargement d'office. » (Jaccottey, *op. cit.*, p. 384 ; — *Bull. mens.*, n° 3, mars 1890 ; *Instr.* n° 392, p. 427.)

175. — Au surplus, les lettres suspectes ne devront jamais être retardées dans leur marche ; elles seront expédiées immédiatement, sous chargement d'office, au bureau de destination et là, non seulement elles ne pourront pas être *ouvertes* par les agents, mais encore elles ne pourront jamais être *arrêtées à l'insu du destinataire*. Le Receveur devra donc, après avoir retenu le pli incriminé, convoquer aussitôt son destinataire. S'il se rend à cette invitation, on le priera d'ouvrir l'objet en présence des préposés. S'il ne s'y trouve aucune valeur, la lettre lui sera remise et un procès-verbal négatif sera dressé. Dans le cas contraire, on invitera le destinataire à faire connaître le nom et l'adresse de l'expéditeur. S'il y consent, la lettre et son contenu lui seront remis ; un procès-verbal indiquant le résultat de l'ouverture sera dressé, séance tenante, en double expédition et signé du préposé et du destinataire, qui en recevra copie s'il le désire. Si le destinataire refuse de venir au bureau, ou de fournir les renseignements nécessaires, la lettre sera conservée par le Receveur, scellée, s'il y a lieu, du cachet du bureau et mention du refus sera portée sur le procès-verbal. Si le destinataire est absent, inconnu, parti sans laisser d'adresse ou décédé, l'objet argué de contravention sera envoyé à l'office des rebuts qui procèdera aux vérifications précédentes au lieu et place du bureau de destination. (Jaccottey, *op. cit.*, p. 383 et suiv.)

On le voit, les précautions les plus minutieuses sont prises par l'Administration pour assurer le respect dû aux correspondances qui lui sont confiées.

176.— Il en est de même dans l'hypothèse beaucoup plus rare où les lettres paraissent renfermer des objets passibles d'un droit de douane. Lorsqu'elles sont mises à la Poste en France, elles sont rendues aux expéditeurs ou versées au rebut. Au contraire, pour celles d'origine étrangère, le Receveur du bureau de destination convoque immédiatement le destinataire pour en faire l'ouverture en présence d'un préposé des douanes ou des contributions indirectes. *(Bul. Mens.*, n⁰ 9, septembre 1890, p. 921.) Si la lettre est reconnue ne contenir aucun objet prohibé elle est remise sur le champ au destinataire et l'on dresse un procès-verbal négatif. En cas contraire, les objets peuvent être saisis. La contravention est alors constatée par l'agent des douanes ou des contributions indirectes ; une copie du procès-verbal est remise ensuite au Receveur des Postes qui la transmet au Directeur du département. (*Déc. min.*, du 24 octobre 1834, *Inst. gén.*, p. 1042.) Si le destinataire ne se présente pas, ou si, après s'être présenté, il refuse soit d'accepter, soit d'ouvrir le pli, le Receveur dresse procès-verbal du refus et verse la lettre au rebut. (Art. 843 et 844 de l'*Inst. gén.*). Les objets de correspondances versés en rebut dans ces conditions sont renvoyés par le bureau des réclamations à l'office d'origine. (Jaccottey, *op. cit.*, p. 410-411.)

177. — Il est opéré de la même manière à l'égard des correspondances de la zone franche, c'est-à-dire des bureaux français des départements de l'Ain et de la Haute-Savoie, qui sont situés en dehors du rayon des douanes. (*Déc. Min.*, du 3 juin 1876 ; — *Bul. mens.*, n° 88, *supp.*, juillet 1876 ; *Instr.*, n° 210, p. 347 et suiv. ; — *Bul. Mens.*, n° 86, *supp.*, mai 1876 ; *Instr.*, n° 204, p. 272 et 273 ; — *Idem* n° 19, fév. 1877 ; *Instr.*, n° 227, p. 31 ; — Jaccottey, *loc. cit.*, p. 411.)

178. — Enfin, le principe de l'inviolabilité ne protège plus la correspondance dont le transport a été confié à un intermédiaire autre que l'Administration des Postes. Ce service public étant investi d'un monopole pour l'expédition des lettres missives en général, tout envoi d'un pli de ce genre, effectué en dehors de son intervention, constitue le délit que prévoit et punit l'article 5 de l'arrêté du 27 Prairial an IX, modifié par l'article 2 du décret-loi du 24 août 1848.

Il résulte de ces textes que l'Administration a le

droit d'opérer ou de faire opérer des perquisitions pour arriver à la saisie des lettres qu'elle soupçonne être transportées en fraude de son privilège. Mais ici encore cette faculté, sous peine de dégénérer en une odieuse vexation, ne devait être accordée qu'avec beaucoup de circonspection et de mesure. C'est ainsi qu'elle ne peut atteindre d'une façon absolue que les particuliers qui, à raison de leur profession ou de leur commerce, *font habituellement des transports d'un lieu à un autre* (1). (Cas. 2 avril 1840, B. C. 1840, p. 132 ; — 20 mars 1840, B. C. 1840, p. 114, 115 et 116 ; — 23 juillet 1836 , B. C., 1836, p. 271 et 272.)

179. — Toutefois, la saisie d'une correspondance effectuée sur toute personne à la suite de perquisitions opérées dans un but autre que celui de constater une contravention au monopole postal, reste valable. Cela aura lieu, par exemple, si la découverte de lettres transportées en fraude résulte de recherches pratiquées sur la personne ou dans les effets d'un voyageur par les agents des douanes ou de l'octroi, en vue d'assurer la perception des taxes fiscales (Cas., 25 juillet 1840, B. C., 1840, p. 307-308); ou dans un but de police, par la gendarmerie (Cas., 30 mai 1844, B. C., *à sa date*) ; ou bien encore si la preuve de l'infraction se manifeste fortuitement. Ainsi, un voyageur qui, en ouvrant son portefeuille, laisse tom-

---

(1) Il n'en était pas de même sous notre ancienne législation. Deux arrêts du Conseil du 18 juin et du 29 novembre 1681, autorisaient les perquisitions en matière postale sur toute personne indistinctement. (Jaccottey, *loc. cit.*, p. 200.)

ber une lettre, à lui confiée en fraude des droits de la
Poste, ne pourra s'opposer à la saisie de cette lettre et
se verra valablement dresser procès-verbal. (Jaccottey,
loc. cit., p. 201 ; — Cas., 25 juillet 1840 et 8 mai
1841, B. C., *aux dates indiquées.)*

§ 12. — DÉPÊCHES TÉLÉGRAPHIQUES CONTRAIRES A L'ORDRE PUBLIC ET AUX BONNES MŒURS. — FAUSSES NOUVELLES.

180. — Aux termes de l'article 3 de la loi du 29
novembre 1850, rappelé par l'article 7 du décret du
8 mai 1867, les Receveurs des bureaux de départ
peuvent se refuser à transmettre une dépêche portant
atteinte à l'ordre public ou aux bonnes mœurs. Si
l'expéditeur réclame, il en est référé au Préfet ou au
Sous-préfet qui décide s'il y a lieu de donner cours à
la dépêche.

Il existe, nous l'avons déjà dit, une exception à peu
près semblable concernant les lettres missives et les
cartes-postales, portant *sur la suscription*, des énonciations injurieuses, diffamatoires ou immorales. Seulement, dans ce cas, ces objets doivent être envoyés
à la section des rebuts, qui est chargée de les retourner à leur auteur.

181. — Relativement aux dépêches intéressant
l'ordre public, une hypothèse très grave doit nous
arrêter un moment. Nous voulons parler des télégrammes contenant de fausses nouvelles capables

notamment d'influer sur le cours normal des valeurs de l'Etat. A cet égard, *Le Moniteur*, journal officiel de l'Empire, fit paraître à la date du 1er février 1854, le communiqué suivant :

« Le Gouvernement a prévenu plusieurs fois le public qu'il n'acceptait en rien la responsabilité des nouvelles transmises par la correspondance télégraphique privée.

« Pour compléter ces avertissements réitérés, M. le Ministre de l'Intérieur fait connaître que la plus grande latitude est laissée aux transmissions télégraphiques ; mais en même temps, le public est prévenu que des ordres sévères sont donnés pour signaler à l'autorité judiciaire toutes les dépêches qui paraîtraient fausses et de nature soit à troubler la paix publique soit à favoriser des spéculations illicites. »

182. — Par suite de cet avertissement, les Directeurs de télégraphes reçurent en effet l'ordre d'adresser à l'avenir aux Préfets une copie certifiée de toutes les dépêches qui, par leur contenu présumé faux, pourraient amener des perturbations en bourse ou toucher à la tranquillité de l'Etat. Les Préfets, de leur côté, furent invités à examiner avec soin ces dépêches et à faire parvenir aussitôt aux divers chefs de Parquet de leur département, celles qui leur sembleraient pouvoir donner lieu à des poursuites judiciaires.

183. — Le Garde des Sceaux, dans une circulaire datée du 3 mars 1854, traça aux Procureurs Généraux la ligne de conduite que devaient tenir les magistrats du Ministère public en présence de ces prescriptions nouvelles. « Jusqu'ici, leur écrivit-il, les Parquets n'avaient point eu à s'occuper spécialement des correspondances dont il s'agit, parce que les Directeurs du télégraphe, usant de la faculté qui leur est accordée par l'article 3 de la loi du 29 novembre 1850, refusaient de transmettre les dépêches privées qui leur paraissaient de nature à propager de fausses nouvelles pouvant surtout influer sur le cours des fonds publics. Mais l'exercice de cette faculté entraînait d'assez graves inconvénients, car il arrivait que, suivant qu'une nouvelle était acceptée ou refusée, cette nouvelle prenait aussitôt plus ou moins de consistance et donnait lieu à des jeux de bourse, en sorte que le contrôle de l'Administration avait pour résultat de favoriser, contrairement à sa volonté, des opérations illicites. C'est pourquoi le Gouvernement a préféré donner une plus grande latitude aux transmissions télégraphiques et laisser aux tribunaux le soin de réprimer les abus.

« C'est à vous, Monsieur le Procureur Général, qu'il appartient d'assurer à l'Administration le concours actif qu'elle réclame de l'autorité judiciaire dans cette circonstance. Je vous prie donc de veiller à ce que toutes les dépêches télégraphiques privées qui seront renvoyées par MM. les Préfets aux magistrats de votre ressort, comme contenant de fausses nouvelles soient immédiatement l'objet d'un examen attentif et, s'il y a lieu, d'une poursuite judiciaire. Il conviendra de se montrer d'autant plus sévère à l'égard des dépêches ainsi dénoncées que l'appréciation qui en aura été faite par l'autorité administrative, avec les moyens d'information dont elle dispose, devra peser d'un grand poids dans la balance de la justice. L'emploi du télégraphe pour propager une fausse nouvelle en augmente, d'ailleurs, beaucoup l'importance et le danger et suffit pour motiver de la part des magistrats une sollicitude toute particulière... » *(Rec. off. des inst. et circ. du Min. de la Just.*, T. II, p. 259.)

184. — Ainsi donc ces dépêches ne sont pas refusées aux guichets du télégraphe. Elles suivent leur cours, mais l'agent des Postes qui les a reçues doit en envoyer une copie au Préfet qui juge s'il y a lieu de saisir la justice. Cette violation du secret de la correspondance se justifie aisément ; la paix publique, en effet, demande à être protégée contre les atteintes criminelles de ceux qui n'hésitent pas à la troubler par la mise en circulation d'une fausse nouvelle sensationnelle. L'Administration des Télégraphes ne pouvait être l'instrument inconscient de semblables manœuvres.

185. — Par contre, il nous est plus difficile d'approuver la restriction que contient le serment imposé à tout employé du télégraphe avant son entrée en fonction. Nous en connaissons déjà la formule (V^r n° 49) et nous savons qu'il prescrit à l'agent de garder inviolablement le secret des dépêches qui lui sont confiées et de ne donner connaissance des documents télégraphiques à qui que ce soit, *sans un ordre du Ministre de l'Intérieur* (1). Ce droit ainsi conféré à l'autorité administrative de réclamer en tout état de cause communication d'une dépêche télégraphique quelconque a été plus explicitement encore revendiqué par une circulaire du 2 janvier 1855. Nous le croyons illégal et arbitraire. Il est en effet en contradiction absolue avec l'article 5 de la loi du 29

---

(1) Ordonnance du 24 août 1833, art. 23 ; — Sénat.-Cons., de 1852, non abrogé en ce qui concerne ce point spécial.

novembre 1850 qui place les dépêches sous la protection de l'article 187 du Code pénal et l'on n'a jamais
soutenu qu'une simple circulaire ministérielle pût
avoir cet effet d'abroger ou même de modifier une
disposition essentielle d'un texte de loi. La doctrine
est unanime en ce sens et, comme le fait très justement remarquer un auteur, c'est beaucoup trop encore
que d'avoir à discuter une pareille question. (Rousseau, *op. cit.*, p. 322.)

SECTION II

EXCEPTIONS BASÉES SUR L'INTÉRÊT PRIVÉ

186. — Nous comprendrons sous ce titre les
droits du père, du mari et du tuteur sur la correspondance des personnes placées sous leur autorité
légale et enfin les droits du syndic sur les lettres
adressées au failli.

§ 1er — PUISSANCE PATERNELLE

187. — L'article 373 C. C. décide que l'enfant
reste sous l'autorité de ses père et mère jusqu'à sa
majorité ou son émancipation. En conséquence et
théoriquement, la puissance paternelle appartient
conjointement au père et à la mère. Toutefois, dans
l'article suivant, « la loi, selon les expressions de M.
Baudry-Lacantinerie, a cru devoir en attribuer l'exer-

cice exclusif au père durant le mariage, pour qu'il y eût plus d'unité dans la direction des intérêts moraux et matériels de l'enfant. » (*Précis de droit civil*, T. I, p. 578, nº 961, édit. 1891). La mère ne l'exercera donc, en principe, qu'après la dissolution du mariage par la mort de son conjoint et, exceptionnellement, pendant le mariage même, lorsque le père sera dans l'impossibilité physique, morale ou légale de l'exercer. Ces principes posés, il demeure entendu que ce qui va être dit dans la suite, relativement aux pouvoirs accordés au père sur la correspondance de son enfant, devra s'appliquer en outre et dans les mêmes limites à la mère quand celle-ci se trouvera effectivement revêtue de la puissance paternelle.

188. — Une des raisons d'être de cette puissance est de permettre aux parents de s'acquitter vis-à-vis de leurs enfants du *devoir* d'éducation dont ils sont tenus envers eux et c'est pour atteindre ce résultat que la loi leur accorde, sur la personne des enfants, un droit de surveillance et de correction très étendu. Pour surveiller efficacement l'éducation de son enfant mineur, le père doit pouvoir contrôler les fréquentations auxquelles il se livre et lui interdire celles qui lui paraîtraient nuisibles. Voilà pourquoi nous devons reconnaître qu'il lui sera loisible d'intercepter, de lire et même de détruire la correspondance reçue ou expédiée par l'enfant. Ce privilège nécessaire, unanimement admis par la jurisprudence, est accepté sans contestation sérieuse par la doctrine. (Caen, 11 juillet 1865, S. 67. 2. 151 ; — Demolombe, *Puiss. pat.*, nº 301 ; — Aubry et Rau, *op. cit.*, T. VI, p. 78 ; — Rousseau, *op. cit.*, nº 136, p. 87 ; — Legris, *op. cit.*, nº 109, p. 139 ; — Baudoin, *op. cit.*, p. 29 ;

— Hanssens, *op. cit.*, p. 252-253 ; — Tissier, *op. cit.*, p. 88.)

189. — D'après M. Vanier cependant *(op. cit.,* p. 107), le père aurait bien le droit d'intercepter les lettres, mais sans avoir celui de les décacheter ou de les lire. Pour cet auteur, le caractère confidentiel des correspondances s'oppose à une aussi rigoureuse mesure, le principe de l'inviolabilité devant être respecté par tous et à l'égard de tous. Nous n'hésitons pas à rejeter cette opinion. C'est justement en effet parce que la correspondance revêt un caractère confidentiel que le père a besoin de savoir quelles confidences sont faites à son enfant. Elles peuvent être pernicieuses et influer dangereusement sur sa conduite et sa moralité. Comment soutenir dès lors que le père n'a pas qualité pour en prendre connaissance ? Ne le privera-t-on pas ainsi du seul moyen efficace qu'il ait à sa disposition pour prévenir le mal et prendre les mesures salutaires qui s'imposent ? Oui, répond M. Vanier, ce pouvoir absolu peut bien appartenir au père vis-à-vis de son tout jeune enfant, mais il est nécessaire de le lui retirer quand ce dernier, arrivé à l'adolescence, possède déjà une culture intellectuelle suffisante, un discernement assez solide, pour lui permettre de se guider seul et d'entrevoir le bien et le mal.

190. — Cette restriction formulée par notre adversaire nous fait toucher du doigt le mal fondé de sa doctrine. Il faut avoir une opinion très haute, mais malheureusement peu justifiée de l'humanité, pour croire qu'un enfant parvenu à l'âge de 17 ans, par exemple, aura toujours assez d'empire sur lui-même pour résister aux dangers d'une mauvaise fréquenta-

tion. Si l'homme mûr, trop souvent, ne trouve pas
en lui assez d'énergie pour les vaincre, qu'attendra-t-
on de l'adolescent ? D'ailleurs, notre loi civile fait
des mineurs de 21 ans des incapables. Elle n'établit
entre eux aucune catégorie, aucune différence : tous
sont soumis, au même titre et dans les mêmes limites,
à l'autorité paternelle qui ne prend fin qu'au jour de
la majorité ou de l'émancipation. Il faut donc en
conclure que la correspondance du mineur demeurera
soumise au contrôle de ses parents jusqu'à l'époque
où il cessera d'être placé lui-même sous leur autorité
légale.

191. — Est-ce à dire toutefois que ce pouvoir du
père est illimité, qu'il peut l'exercer impunément jusqu'à l'abus ? Ou bien faut-il soutenir que la justice
peut le restreindre, dès qu'il tourne à la vexation et à
l'arbitraire ? Avant la loi du 24 juillet 1889 qui permet de retirer la puissance paternelle au père indigne
de la conserver, une jurisprudence constante, approuvée par la presque unanimité de la doctrine, reconnaissait aux tribunaux le droit de contrôler l'exercice
de la puissance paternelle et d'enlever, aux parents
qui en mésusaient, certains attributs de cette puissance. (Cas., 5 mars 1855, D. P. 55. 1. 341 ; —
3 mars 1856, D. P. 56. 1. 290 ; — 15 mars 1864,
D. P. 64. 1. 301 ; — 12 juillet 1870, D. P. 71. 1.
217 ; — 26 juillet 1870, D. P. 71. 1. 218 ; — Aubry
et Rau, *op. cit.*, T. VI, p. 95 ; — Baudry-Lacantinerie, *op. cit.*, p. 593, nᵒ 986 *bis*.) La question de
savoir quand existait l'abus était laissée à la discrétion des juges qui, notamment, considéraient comme
illégitime la prétention émise par le père ou la mère
d'interdire, sans motifs plausibles, toute communication de l'enfant avec ses ascendants.

192. — Mais ces principes n'ont-ils pas été modifiés par la loi de 1889 précitée ? On l'a soutenu. Avant cette loi, argumente-t-on, la puissance paternelle n'était réglementée par aucun texte et le père, si indigne qu'il fût, ne pouvait jamais en être privé. Pour remédier aux inconvénients résultant d'une telle lacune, la jurisprudence s'était « arrogé » le droit indispensable de retirer aux parents indignes certains attributs de la puissance paternelle dans la mesure où le commandait l'intérêt supérieur des enfants. Aujourd'hui, la loi permet de déclarer la déchéance en cas de besoin ; mais, en même temps, elle interdit de prononcer des déchéances partielles. L'article 1er est ainsi conçu : « Les père, mère et ascendants sont déchus de plein droit, à l'égard de tous leurs enfants et descendants, de la puissance paternelle, ensemble de tous les droits qui s'y rattachent,...etc. » Les travaux préparatoires précisent la portée de cet article. On avait en effet proposé des systèmes admettant la déchéance partielle. Mais ils ont été rejetés par le Conseil d'Etat, dont le rapporteur s'exprimait ainsi à cet égard : « Le Conseil a fait disparaître la déchéance partielle ; il n'a pas admis qu'un enfant pût être utilement soumis à deux puissances rivales, celle du père et celle du tuteur ; ni que la première pût intervenir dans les actes de l'autre ; il n'a pas compris qu'on pût être père à demi, au tiers ou au quart. Pour que la condition de l'enfant soit stable, il faut qu'il soit placé sous l'une ou sous l'autre puissance et que celle du père soit entière ou ne soit pas. » De même, dans l'exposé des motifs ont lit : « Après une nouvelle étude de la question, il nous semble difficile d'admettre que l'indignité des parents, judiciairement établie, ne constitue pas un état légal indivisible ; qu'elle n'entraine pas comme conséquence le dessaisissement de tous les droits de la puissance paternelle, qu'un père soit déclaré indigne à demi ou au tiers et que, par exemple, il perde le droit de garde de ses enfants et conserve la gestion de leurs biens ; aussi proposons-nous d'abandonner le système de la déchéance partielle. »

Ne résulte-t-il pas de là avec évidence que la loi de 1889, en comblant une lacune relative à la protection des enfants vis-à-vis de leurs parents, a voulu remplacer le système inauguré par la jurisprudence « par un système nouveau qui fait table rase du passé et auquel on ne peut rien ajouter ? » *(V^r pour la critique de cette opinion les conclusions de M. le Substitut Séligman devant la 1re ch. du Trib. de la Seine*, 6 juin 1896, G. P., 5 octobre 1896, p. 377 et suiv.)

193. — De nombreuses autorités se sont décidées en ce sens. (Poitiers, 21 juillet 1890, D. P. 91. 2. 73 ; — Trib. St.-Quentin, 27 décembre 1889, G. P. 90. 2. 175 ; — Trib., Toulouse, 3 juillet 1890, G. P. 90. 2. 80 ; — Legris, *op. cit.*, n° 111, p. 148, 149, 150). M. Rousseau va plus loin encore, puisqu'il n'admet même pas la légalité des déchéances partielles prononcées par les tribunaux antérieurement à la loi de 1889. Pour lui, sauf l'exception prévue par l'article 334 C. P., « le père et la mère doivent toujours conserver cette puissance dans la plénitude de ses attributs, sans que les tribunaux puissent jamais en restreindre ou en modifier l'exercice. » (Rousseau, *op. cit.*, n° 138, p. 88 et 89.)

194. — Nous ne pouvons souscrire à ces opinions qui reposent à la fois sur une interprétation inexacte des travaux préparatoires de la loi de 1889, sur une application erronée de cette loi et sur une fausse entente de la jurisprudence antérieure. Le jugement du Tribunal de la Seine du 6 juin 1896, dont nous parlions plus haut, la rejette en ces termes, relativement au droit de garde : « Attendu que, dans l'état de notre législation, la puissance paternelle est établie tout autant dans l'intérêt des enfants, dont la bonne éducation importe au plus haut degré à l'ordre public et à l'Etat lui-même, que dans celui du père et de la mère ; que si elle confère à ceux-ci tout un ensemble de droits et de prérogatives, elle implique surtout pour eux un ensemble de devoirs et d'obligations dont ils ne sauraient se décharger sans les plus graves inconvénients ; qu'elle n'est donc pas absolue ; qu'elle doit être sérieusement contrôlée et que les tribunaux doivent intervenir pour modifier la manière dont elle est exercée, et pour interposer leur autorité lorsque les intérêts qu'elle doit protéger se trouvent en souffrance ; que, sans doute, ils ne peuvent, en dehors des cas spécifiés par la loi elle-même, prononcer la déchéance même partielle de la puissance paternelle ; mais que, chargés de protéger l'enfance contre les abus d'une autorité qui, établie en sa faveur, ne peut être retournée contre elle, ils ont le droit de fixer les limites légales dans lesquelles cette autorité peut se mouvoir et de paralyser chez les parents telle prérogative dont l'exercice serait, à raison des circonstances de fait, funeste aux intérêts matériels et moraux de l'enfant ; qu'on ne saurait, tout spécialement, leur dénier le droit de soustraire les enfants à la contagion des mauvais exemples domestiques et d'empêcher qu'ils ne deviennent les victimes d'animosités parfois, comme dans l'espèce, trop faciles à prévoir ; — Attendu que la loi du 24 juillet 1889 n'a porté aucune atteinte à l'exercice de ce pouvoir que les nécessités impérieuses de la pratique ont fondé, et dont elles justifient le maintien ; qu'en vain soutiendrait-on qu'elle est introductive d'un droit nouveau, et qu'elle contient toutes les dispositions relatives au contrôle judiciaire de la puissance paternelle ; qu'elle n'a prévu que la déchéance totale et que, dès lors, les mesures partielles précédemment pratiquées sont désormais interdites aux tribunaux ; que cette doctrine est en désaccord absolu avec l'esprit même de la loi de 1889 qui, bien loin de restreindre le contrôle de l'autorité judiciaire en matière de puissance paternelle, a voulu, au contraire, le fortifier en donnant aux tribunaux le droit de faire plus qu'ils ne le pouvaient sous l'empire de la législation antérieure, mais sans leur interdire de prendre les mesures moins radicales que la déchéance paternelle, pour le cas où ce remède extrême et infamant n'est pas rigoureusement indispensable à la sauvegarde de l'enfant ; qu'interpréter autrement la loi de 1889 tournerait au détriment des enfants qu'elle a manifestement entendu défendre davantage et qui, par l'effet de ses dispositions que leur excès même rendrait souvent inapplicables, se verraient privés de la protection sagement mesurée que la justice leur assurait auparavant ; qu'il n'est pas plus exact de prétendre que la loi du 24 juillet 1889 forme désormais le code unique et complet du contrôle de la puissance paternelle par les tribunaux ; qu'elle se borne à organiser la déchéance paternelle, sa procédure, ses effets ; mais qu'elle n'a pas entendu régler les attributs de l'exercice de la puissance paternelle ; que délimiter l'autorité du père de famille et lui enlever la garde de son enfant, alors que l'intérêt de celui-ci le commande, c'est, non point prononcer une déchéance partielle de la puissance paternelle, mais simplement prendre une mesure rendue nécessaire par l'abus du droit ; qu'avant la loi de 1889, la déchéance partielle n'était pas plus possible qu'aujourd'hui, et que cependant l'on n'hésitait pas à reconnaître aux tribunaux le pouvoir d'intervenir pour contrôler l'exercice de la puissance paternelle, en prévenir les excès, en réprimer les abus et la ramener dans les limites du droit ; que rien ne permet d'admettre que le législateur de 1889 ait entendu condamner la jurisprudence qui, forte de l'approbation de tous les jurisconsultes, était jusqu'alors suivie, et qui se fondait tout à la fois sur ce principe toujours vrai que la puissance paternelle n'est pas absolue et doit s'exercer pour les enfants, et non contre eux, et sur divers textes de notre législation positive, notamment sur les articles 203, 267, 302, 386, 444, 730, C. civ., 337, C. proc. civ., sur les lois du 7 décembre 1874 et du 28 mars 1882, dont l'autorité est restée la même et qui témoignent partout de la volonté du législateur de ne pas laisser la puissance paternelle sans frein judiciaire ; qu'il est nécessaire de leur maintenir ce pouvoir auquel la loi nouvelle n'a pas touché et dont l'exercice ne conduit qu'à l'adoption de mesures essentiellement provisoires ; qu'à la vérité certains passages des travaux préparatoires de la loi du 24 juillet 1889, soit au Conseil d'Etat, soit au Parlement, peuvent être invoqués en faveur de la thèse de l'indivisibilité de la puissance paternelle ; mais qu'outre le danger que présente toujours ce mode de discussion, qui tend à prêter au Parlement tout entier ce qui n'a été le plus souvent que l'expression d'opinions individuelles, cette théorie repose sur une confusion manifeste entre la puissance paternelle, qui n'est autre chose que l'ensemble parfaitement divisible des droits nécessaires aux parents pour s'acquitter de leur devoir d'éducation, et la qualité de père qui est bien réellement indivisible et qui subsiste malgré toutes les déchéances ou tous les démembrements de l'autorité paternelle ; que le législateur de 1889, bien loin d'avoir admis la prétendue indivisibilité de la puissance paternelle, l'a, au contraire, expressément répudiée, puisque, se plaçant dans le cas ou l'enfant abandonné par ses parents a été recueilli par un tiers ou par l'assistance publique, il spécifie, dans l'article 20, que le tribunal peut être saisi par ceux qui l'ont recueilli d'une requête tendant à obtenir que, dans l'intérêt de l'enfant, tout ou « partie » des droits de la puissance paternelle leur soit confié, et que, dans le cas où il ne confère aux requérants « qu'une partie » des droits de la puissance paternelle, il doit déclarer, par le même jugement, que les autres, ainsi que la puissance paternelle, sont dévolus à l'Assistance publique... » (G. P., oct. 1886, p. 379, 380 et 381 ; — *Sic* : Baudry-Lacantinerie, *op. cit.*, T. I, n° 986, *quater*, p. 597-598 ; — *Cpr.* : Testoud, *Rev. crit. de lég. et de juris.*, 1891, p. 16 et suiv. ; — Didier, *Etude sur la loi du 24 juillet 1889*, journal *Le Droit*, n°ˢ du 31 décembre 1890 et du 1ᵉʳ janvier 1891). Le jugement du Tribunal de la Seine ne parle que du droit de garde, mais les mêmes motifs doivent être naturellement invoqués, *mutatis mutandis*, en ce qui concerne

spécialement le droit de surveillance sur la correspondance des enfants mineurs. Nous concluerons donc
à notre tour que le père de famille a, *en principe, le
droit absolu*, d'intercepter, de lire et de détruire la
correspondance de ses enfants, mais que ce droit peut
lui être momentanément enlevé par décision de justice si l'usage qu'il en fait, au lieu d'être pratiqué
dans l'intérêt de l'enfant, ne devient entre ses mains
qu'un moyen d'injustes vexations. *(Sic :* Tissier. *op.
cit.*, p. 47 ; — Abadie, *De la prop. des lettres missives*, p. 86 ; — Voillaume, *Respect dû à la corresp.*, p.
99-100.)

195. — Les pouvoirs des parents sur la correspondance des enfants passent, par délégation, au
maître de pension. Ce dernier en effet est substitué à
la famille dans les droits et devoirs concernant l'éducation des mineurs. (Labbé, *note dans* S. 76. 1. 97 ;
— Legris, *op. cit.*, p. 143, n° 113 ; — Baudoin, *op.
cit.*, p. 29 ; — Hanssens, *op. cit.*, p. 256.)

196. — Dans certaines maisons d'instruction, ce
droit de surveillance est appliqué avec une telle
rigueur que le chef de l'établissement se réserve le
droit de lire même les lettres adressées par l'enfant à
ses parents et réciproquement. Il est bien évident
qu'ici l'on ne peut plus guère justifier cette violation
du secret de la correspondance par ce motif que le
contrôle des fréquentations du mineur est un devoir
imposé à ceux qui détiennent quelques-uns des privilèges de la puissance paternelle. Toutefois, les partisans de ce système le considèrent comme un moyen
indispensable pour arriver à se renseigner utilement
sur la moralité et les instincts cachés de leurs élèves.
Nous ne contesterons pas la légalité d'un procédé que

le père de famille autorise par cela seul qu'il confie
son enfant aux mains de ceux qui le revendiquent.
Mais nous pensons que le prétexte mis en avant pour
le légitimer est sans portée pratique. L'élève, en effet,
sera gêné par cette surveillance sans limite et il sera
dès lors bien difficile de découvrir dans les lettres
plutôt banales qu'il écrira rien qui puisse dévoiler
quelque particularité intéressante de son caractère.(1)

§ 2. — AUTORITÉ DU TUTEUR

197. — Quand la puissance paternelle n'a plus
ses représentants légaux, c'est-à-dire après le décès du
père et de la mère, ou quand, par application des
dispositions de la loi du 24 juillet 1889, ils ont été
déclarés déchus de la puissance paternelle, le tuteur, à
qui la loi confie le soin et la garde de la personne en
même temps que l'administration du patrimoine de
l'enfant, demeure chargé de surveiller la correspondance de son pupille. (Legris, *op. cit.*, p. 143, n° 114;
— Labbé, S. 76. 1. 97 ; — Baudoin, *op. cit.*, p. 29 ; —
Hanssens, *op. cit.*, p. 256 ; — Tissier, *op. cit.*, p. 48.)

198. — Cependant, si le tuteur commet des abus
dans l'exercice de ce droit, il pourra y avoir lieu à
l'application de l'article 479 C. C. qui donne à tout
parent ou allié du mineur orphelin, jusqu'au degré de

---

(1) Dans un article paru dans le *Petit Marseillais* du 17 novembre 1898, M. F. Sarcey étudie ce point particulier du secret
des lettres et démontre tous les inconvénients qui résultent de
cette exagération de surveillance.

cousin germain, la faculté de provoquer son émancipation. (Legris, *op. cit.*, p. 144, n° 114.)

199. — Dans la tutelle officieuse (art. 361 à 370 C. C.), la puissance paternelle est conservée aux père et mère ou au survivant des deux. (Toullier, *Droit civil* T. II, p. 280 ; — Demolombe, *op. cit.*, n° 234 ; — D. R. v° *Adoption*, n° 235 ; — Proudhon, *Traité de l'état des pers.*, T. II p. 231 ; — Duranton, *Droit franç.*, T. III, p. 339 ; — Aubry et Rau, *op. cit.*, T. IV p. 660.) Cependant le tuteur officieux, *étant seul chargé d'élever l'enfant*, aura *seul* le droit d'intercepter sa correspondance. Les père et mère seront considérés comme lui ayant délégué ce droit. On ne peut en effet rendre ce tuteur responsable de l'éducation de son pupille qu'à la condition de lui donner tous les moyens nécessaires pour y pourvoir. (Legris, *op. cit.*, p. 144-145, n° 115.)

200. — Lorsque le tribunal, après avoir déclaré les père et mère déchus de la puissance paternelle, n'a pas décidé que la tutelle serait constituée dans les termes du droit commun, l'Assistance publique est revêtue d'office de la tutelle, conformément aux lois des 15 Pluviôse an XIII et 10 janvier 1849. (Art. 11. § 1 de la loi du 24 juillet 1849.) Mais cette administration peut, danc ce cas, tout en conservant la tutelle, remettre les mineurs à d'autres établissements et même à des particuliers (Art. 11 § 2). Enfin, aux termes de l'article 17, « lorsque des administrations d'assistance publique, des associations de bienfaisance régulièrement autorisées à cet effet, des particuliers jouissant de leur droit civil ont accepté la charge de mineurs de 16 ans que des pères, mères ou tuteurs, autorisés par le conseil de famille, leur ont confiés, le tribunal du domicile de ces pères, mères ou tuteurs peut, à la requête des parties intéressées agissant conjointement, décider qu'il y a lieu, dans l'intérêt de l'enfant, de déléguer à l'Assistance publique les droits de puissance paternelle abandonnés par les parents et de remettre l'exercice de ces [droits à l'établissement ou au particulier gardien de l'enfant. » Il faut conclure de ces textes que, dans les différentes hypothèses qu'ils prévoient, le contrôle de la correspondance du mineur appartiendra soit à l'Assistance publique, soit à l'association privée, soit au particulier à qui la garde de l'enfant aura été confiée. (Legris, *op. cit.*, p. 146-147, n° 116.)

201. — La même solution s'impose pour les *enfants assistés*. L'article 1er de la loi du 15 Pluviôse an XIII déclare en effet « que les enfants admis dans les hospices, à quelque titre et sous quelque dénomination que ce soit, seront sous la tutelle des commissions administratives de ces maisons, lesquelles désigneront un de leurs membres pour exercer, le cas advenant, les fonctions de tuteur, et les autres formeront le conseil de famille. » Et dans l'article 4 on lit : « Les commissions administratives des hospices jouiront, relativement à l'émancipation des mineurs qui sont sous leur tutelle, des droits attribués aux pères et mères sur le Code civil. » (Legris, *op. cit.*, p. 147, n° 117.)

202. — L'interdit est assimilé, en vertu de l'article 509 C. C., au mineur pour sa personne et pour ses biens, et ce texte ajoute que les lois sur la tutelle des mineurs s'appliqueront à cette tutelle. On doit donc accorder au tuteur de l'interdit le droit de surveiller la correspondance de ce dernier sans distinguer — comme le voudrait M. Vanier (*op. cit.*, p. 110) — ni suivant la nature de la maladie qui a entraîné l'interdiction, ni selon que l'interdit se trouve ou non dans un intervalle lucide. (Baudoin, *op. cit.*, p. 30 ; — Rousseau, *op. cit.*, p. 89 ; — Hanssens, *op. cit.*, p. 256 ; — Legris, *op. cit.*, p. 147-148, n° 118 ; — Tissier, *op. cit.*, p. 48.) Le contrôle de la correspondance des enfants mineurs de l'interdit continue d'appartenir à sa femme ; nous verrons plus tard ce qu'il faut décider, relativement à la surveillance des lettres écrites ou reçues par cette dernière. (Legris, *op. cit.*, p. 148, n° 119.)

203. — Disons, en terminant, que le conseil judiciaire d'un prodigue et le curateur du mineur émancipé ne peuvent revendiquer aucun droit sur la correspondance de ces incapables. Leurs attributions ne concernent en effet que la gestion des intérêts pécuniaires de ces personnes et elles ne sauraient être étendues en aucune façon. (Hanssens, *op. cit.*, p. 257-258 ; — Legris, *op. cit.*, p. 149, n° 120 ; — Tissier, *op. cit.*, p. 48.)

§ 3. — AUTORITÉ MARITALE

204. — Le mari a-t-il le droit de surveiller, d'intercepter et d'ouvrir la correspondance de sa femme ? Nous touchons ici à l'un des problèmes les plus passionnément discutés que soulève le principe de l'inviolabilité des lettres missives. Le 28 février 1887, la Conférence des Avocats du barreau de Paris s'était, sur cette délicate question, prononcée à une énorme majorité pour l'affirmative. Cette solution suscita de violentes polémiques. Franchissant les murs du Palais, le débat envahit les colonnes de la Presse et devint, 15 jours durant, l'unique préoccupation des salons à la mode. Dans le journal *Le Temps* (1), M. Hugues-le-Roux fit même appel à ses lecteurs et à ses lectrices pour leur demander leur opinion sur un sujet qui défrayait toutes les chroniques et toutes les conversations. Les réponses affluèrent. Un prêtre d'une paroisse mondaine de Paris écrivit : « la doctrine de l'Eglise est absolue sur la question que vous me soumettez. Le mari est le maître dans la maison.» Pour Alexandre Dumas « il n'y a pas une minute d'hésitation possible... La femme est, et doit être, toute sa vie, la mineure de l'homme ; ... il est son maître, maître de son corps, maître de ses secrets, maître de sa pensée... — Un mari qui a des doutes sur sa femme et qui hésite à ouvrir, pour s'éclairer, les lettres qu'elle reçoit, est un imbécile... » (2).

-----

(1) N° du 12 mars 1887. Voyez pour plus de détails sur cette intéressante enquête le discours de M. l'avocat général Lafont de Sentenac : *Des droits du mari sur la correspondance de sa femme.* (Aud. solen. de rentrée de la Cour d'appel de Toulouse, 16 octobre 1897.)

(2) Nous devons toutefois rappeler que dans une lettre célèbre, parue quelques jours seulement avant sa mort à l'occasion d'une autre enquête sur la légitimité du mouvement féministe, le célèbre écrivain se montre sous un tout autre jour. Partisan résolu de *l'affranchissement* de la femme, non seulement dans le mariage, mais encore dans l'ordre politique, il s'écrie : « ..... Est-elle une créature agissante et pensante, de même origine et de même forme que l'homme, sauf une petite différence, toute à son avantage d'ailleurs? Faisons-nous d'elle l'être

205. — Mme Adam, au contraire, prit en main la défense de la femme. Sa réponse est particulièrement intéressante à connaître.

« Vous me demandez mon avis, dit-elle, sur la question que les avocats viennent de résoudre affirmativement en conférence.

« Si MM. les Avocats ont répondu oui, je suis convaincue que tous les hommes bien élevés répondront non. Le mari, chef suprême de la famille, a établi les rapports conjugaux à son entier bénéfice ; il s'est octroyé tout ce qu'il a pu prendre, et ses droits vont du commandement à l'assassinat.

« Les mœurs et l'intérêt moral du mari corrigent presque toujours la loi ; le plus souvent la dignité de l'épouse est respectée ; elle la conserve vis-à-vis de ses parents, de ses amis, de ses enfants, d'elle-même. La personnalité qu'elle conquiert, malgré la loi, dans le mariage, fait peser sur elle des responsabilités qu'on n'aurait aucun droit d'imposer à une créature aveuglément soumise. La femme a donc la liberté de penser et de communiquer avec sa mère, sa sœur, ses filles, ses amies ; elle a la liberté d'écrire et de recevoir des lettres qu'elle ouvrira seule et qu'elle reste maîtresse

sacré par excellence, comme mère, comme épouse, comme fille ? Lui imposons-nous en même temps autant de devoirs, et, dans certains cas, plus de responsabilité qu'à l'homme ? Oui. Alors déclarons-la et constituons-la *civilement* et *politiquement* l'égale de l'homme. Quant à son égalité sociale et morale avec nous, nous n'avons pas à nous en occuper. elle s'en chargera bien toute seule, et au train dont vont les choses, ça ne sera pas long. *Bien fous sont ceux qui, ayant voulu la liberté pour l'homme, n'ont pas prévu qu'il faudrait la donner aussi à la femme.* » (*Revue encyclopédique*, 15 décembre 1895, p. 459.)

de faire lire à son mari. Sans cette liberté, elle serait réduite à se servir, pour des secrets honnêtes, de la poste restante et de la complaisance soupçonneuse et dégradante des porteurs et des domestiques.

« MM. les Avocats répondront que la loi est faite pour les secrets malhonnêtes. S'il s'agit de la fidélité de l'épouse, sauvegardée par les tracasseries d'un mari, je trouve que les seules garanties vraiment certaines sont, tout simplement, le sérail et l'eunuque (1).

« Chez nous, la femme traitée en inférieure avait, jusqu'ici, un recours dans cette éducation surveillée par elle, dont l'une des formes est ce qu'on appelle la galanterie française ; si on lui enlève ce recours, si son mari peut, de par la loi, surprendre les réserves de sa pensée, eh bien, MM. les Avocats auront donné le droit d'offense grossière à leurs clients ; et tout mari sera libre d'ajouter à la qualité de maître celle de goujat. »

206. — Mme de Peyrebrune et M. de Pressensé, manifestèrent la même opinion, et, dans l'énorme quantité de lettres que reçut M. Hugues-le-Roux, les deux systèmes, aux solutions diamétralement opposées, obtinrent un nombre à peu près égal de voix.

207. — Pour résoudre le problème que nous nous posons à notre tour, nous n'avons pas à nous baser sur les raisons de pur sentiment qui dictèrent les

____

(1) « Lisez nos lettres, chers maris, écrivait très spirituellement une autre correspondante de M. Hugues-le-Roux, vous ne lirez que celles que nous voudrons bien vous montrer, et cette précaution, aussi inutile que celles de Bartholo, ne vous empêchera pas d'être trompés, si vous devez l'être. »

réponses des lecteurs et des lectrices du *Temps*. Nous devons simplement nous placer, comme le fit la conférence des avocats de Paris, sur le seul terrain juridique.

208. — Or, à ce point de vue, l'interprétation du Code civil ne laisse aucun doute, et voilà pourquoi la jurisprudence, sans exception, et la presque unanimité des auteurs, décident que le mari a le droit d'intercepter les lettres de sa femme.

Notre législation, en effet, ne fait pas seulement du mari le chef des intérêts pécuniaires de l'association conjugale, elle l'investit en outre de la haute surveillance des intérêts moraux de la famille. Si, dans le premier cas, remarquons-le, elle limite expressément son action, dans le second, au contraire, elle semble lui accorder les prérogatives les plus absolues. « Le mari, dit l'article 213 C. C., doit *protection* à sa femme, la femme doit *obéissance* au mari. » Il n'est pas de texte plus clair, à notre sens, pour démontrer que l'égalité dans le mariage n'existe pas entre l'homme et sa compagne. A l'un, la loi accorde le rôle prépondérant du protecteur ; à l'autre, elle ordonne la soumission. « La différence qui existe dans l'être des époux en suppose dans leurs droits et leurs devoirs respectifs, déclare Portalis dans l'exposé des motifs du titre V du Code Civil. La prééminence de l'homme est la source du pouvoir de protection que le projet de loi reconnaît dans le mari ; l'obéissance de la femme est un hommage au pouvoir qui la protège et elle est une suite nécessaire de la société conjugale, qui ne pourrait subsister si l'un des époux n'était subordonné à l'autre. » (Séance du Conseil d'Etat du 16 Ventôse an II.)

209. — C'est en s'appuyant sur ce principe de l'autorité maritale que l'on a pu décider que le mari peut légitimement interdire à sa femme la fréquentation de personnes dont il désapprouve l'esprit et la conduite. (Trib. Seine, 15 janv. 1870.) Comment donc lui refuser le droit de s'enquérir des personnes avec lesquelles sa femme entretient une correspondance ? Ne lui sera-t-il pas également permis d'opposer, là comme ailleurs, son veto s'il le juge utile et convenable ? Il serait difficile de le nier. Dès lors, pour que cette défense du mari puisse avoir une sanction, il faut bien lui accorder le contrôle des écrits de sa femme comme on lui accorde la surveillance de ses fréquentations avec des étrangers. Il ne faut pas, sous peine d'être illogique, lui refuser le moyen de faire respecter son autorité, le moyen de surprendre le secret irrégulier de relations épistolaires que sa femme, oublieuse des devoirs de l'intimité conjugale, entretiendrait à son insu et contre sa volonté. (*Sic :* Labbé *note dans* S. 77. 2. 161 ; — Nîmes, 6 janv. 1880 D. P. 80. 2. 191 ; — Cas. 9 juin 1883, D. P. 84. 1. 89 ; — 15 juil. 1885, D. P. 86. 1. 596.)

210. — Empressons-nous d'ajouter d'ailleurs, avec MM. Aubry et Rau que « quelque étendue que soit cette autorité, elle reste soumise au contrôle des tribunaux, auxquels la femme peut toujours s'adresser pour faire réprimer les actes d'oppression que son époux exercerait à son égard ». (Aubry et Rau, *op. cit.*, T. V § 471, *et les auteurs cités à la note 1.*) Si donc le mari n'exerce pas cette prérogative avec le tact et la réserve qu'elle comporte, s'il prétend, par exemple, obliger son conjoint à cesser toute correspondance avec des parents ou des amis irréprochables, ou bien encore s'il pousse jusqu'à l'extrême limite, sans l'ombre d'un motif plausible, sa méfiante surveillance, il commettra un véritable abus de pouvoir que la justice ne devra pas tolérer.

211. — Cette restriction équitable est nettement formulée dans une décision importante de la Cour de Bruxelles du 2 avril 1875 où nous croyons devoir relever les passages suivants : « Pour remplir dans sa plénitude, dit cet arrêt, la mission qui lui est dévolue, le mari a le droit et le devoir d'exercer dans les justes limites une serveillance tutélaire sur les actions de sa femme, pour la protéger au besoin contre ses propres égarements ; que si *un semblable contrôle ne va pas jusqu'à permettre au mari de s'immiscer arbitrairement dans la correspondance particulière d'une épouse irréprochable, sans le libre consentement de celleci et dans le seul but de satisfaire une curiosité jalouse et blessante,* l'autorité dont le mari est investi lui donne évidemment le pouvoir d'intercepter les lettres confidentielles écrites par sa femme ou adressées à cette dernière, *lorsqu'il a des motifs sérieux de le faire pour sauvegarder la moralité de l'épouse et l'honneur ou la sécurité du chef de famille.* » (D. P. 76. 2. 25.)

212. — Les vexations inutiles dont le mari se serait rendu coupable à cet égard pourraient donc être considérées comme une injure grave à l'adresse de la femme et légitimer de la part de cette dernière une action en divorce ou en séparation de corps.*(Sic:* Rousseau, *op. cit.,* p. 91, n° 142 ; — Baudoin, *op. cit.,* p. 32 ; — Lafont de Sentenac, *op. cit.,* p. 19; — Legris, *op. cit.,* p. 154, n° 124 ; — Tissier, *op. cit.,* p. 51 ; — Hanssens, *op. cit.,* p. 275.) Admettre cette intervention possible de la justice n'est pas, comme on a voulu l'objecter, nier implicitement les droits du mari ; c'est, tout en constatant l'existence de ce droit, déclarer qu'il comporte un contrôle pour l'empêcher de tourner à l'arbitraire. Là, comme partout ailleurs, en effet, il sera toujours vrai de dire, avec l'adage romain : *summum jus, summa injuria !*

213. — La femme, au contraire, étant dépourvue de toute supériorité légale sur son mari, ne sera jamais admise à contrôler les lettres reçues ou écrites par son conjoint. Elle se trouvera donc sans droit pour exiger la communication de cette correspondance ou pour en justifier l'interception. (Rouen, 20 mars 1864, D. P. 64. 2. 73 ; — Caen, 19 décembre 1865, D. P. 66. 2. 70 ; — Legris, *op. cit.*, p. 155, n° 127.) Nous verrons toutefois plus tard que la jurisprudence admet comme licite, dans certains cas, la production par la femme en instance de divorce ou de séparation de corps, d'une lettre écrite ou reçue par son mari (1).

214. — Notons pour terminer que si le mari est en état d'interdiction, son tuteur ne pourra pas exercer à sa place son droit de surveillance sur la correspondance de la femme. Ce pouvoir du mari est en effet un pouvoir essentiellement personnel. (Legris, *op. cit.*, p. 148, n° 119.)

---

(1) La théorie développée au texte entraîne des conséquences très importantes en matière de production en justice des correspondances privées. Nous les étudierons en détail dans la 3ᵉ partie de ce travail.

§ 4. — CORRESPONDANCE DES FAILLIS

215. — Une dernière exception au principe de l'inviolabilité du secret des lettres est consacrée par l'article 471 § 4 du Code de commerce : «... les lettres adressées au failli seront remises aux syndics, qui les ouvriront ; il pourra, s'il est présent, assister à l'ouverture. » Cette mesure, prescrite dans l'intérêt des créanciers, est une des conséquences du jugement déclaratif de la faillite emportant de plein droit, à partir de sa date, aux termes de l'article 443 Code com., dessaisissement pour le failli de l'administration de tous ses biens.

216. — La remise de la correspondance doit, suivant les cas, s'effectuer entre les mains des syndics provisoires (art. 462, § 1er Code com.) ; des syndics définitifs (art. 462, § 3 et 4) et des syndics de l'union (art. 529, § 2). Le même droit appartient : 1° aux syndics que le tribunal a nommés, pendant la gestion de la faillite, en remplacement de ceux qu'il avait d'abord désignés (art. 462, § 4, 464 et 467, Code com.) ; 2° enfin, aux syndics de l'union qui, pendant le cours de l'union des créanciers, ont été nommés en remplacement de ceux tout d'abord choisis. (art. 536, § 3.)

217. — L'Administration des Postes doit opérer cette remise sur la signification des jugements nommant les syndics ou sur la production d'un extrait régulier de ces actes. La présentation d'un certificat sur timbre, délivré par le greffier du tribunal de commerce, visé par le juge-commissaire, légalisé par le président, et constatant la date du jugement déclaratif de la faillite et la désignation des syndics provisoires ou définitifs, remplit encore le même but. (Rouland et Bouguet, *op. cit.*, p. 122 ; — Legris, *op. cit.*, p. 98, n° 65 ; — Art. 696 nouveau de l'*Inst. gén.*) M. Frault enseigne même que toutes ces justifications peuvent ne pas être exigées quand la nomination du syndic a été publiée dans un journal d'annonces légales. L'exhibition de l'exemplaire de ce journal peut, au même titre que les autres pièces ci-dessus mentionnées, dégager la responsabilité du service des Postes. (*op. cit.*, p. 118 et Legris, p. 98, 99, n° 65.) D'ailleurs, l'opposition, l'appel ou le recours en cassation contre le jugement déclaratif de faillite, de la part du failli ou de toute autre partie intéressée, n'empêche pas la délivrance de la correspondance aux mains des syndics. (art. 696 nouveau de l'*Inst. gén.*)

218. — Tant que la Poste n'a pas été officiellement informée de la mise en état de faillite d'un commerçant, les lettres adressées à ce failli doivent continuer d'être, suivant le cas, portées et remises à son domicile, ou distribuées au guichet du bureau. Celles de ces lettres qui sont refusées par le destinataire doivent être gardées au bureau, pour être remises aux syndics s'ils se présentent, ou même au failli ou à son fondé de pouvoirs, si l'un ou l'autre les réclame, avant la notification du jugement déclaratif de faillite, sans préjudice toutefois des époques d'envoi en rebuts ou de retour à l'expéditeur. (Rouland et Bouguet, *op. cit.*, p. 122, n° 384.)

219. — Ce droit de contrôle, accordé aux syndics de la faillite par le Code de commerce, ne peut pas être restreint par les juges. Accordé par la loi dans les termes les plus généraux, ce pouvoir, écrit M. Frault, ne saurait dès lors être limité par un jugement, c'est-à-dire qu'il n'est pas nécessaire que le jugement déclaratif de faillite spécifie les domiciles auxquels doivent être opérées les saisies de lettres. Ces jugements sont, pour ainsi dire, des procurations données au syndic par le tribunal de commerce pour toutes les opérations nécessitées par la faillite, et l'article 471 ne distingue pas entre les lettres adressées au domicile réel du failli et celles qu'il peut se faire adresser à tout autre domicile, dans le but de frustrer ses créanciers. Il appartient, par conséquent, au syndic, en raison des pouvoirs illimités qui lui sont conférés à ce sujet par la loi, de prendre telles mesures conservatrices qu'il croit nécessaires, et cela, sous son entière responsabilité. Il peut donc requérir la remise de toutes les correspondances destinées aux personnes mises en état de faillite, que ces correspondances soient adressées au domicile commercial ou à un domicile privé. » (Frault, *op. cit.*, n° 118).

220. — Mais les investigations du syndic ne peuvent cependant pas porter sur les lettres adressées à la femme ou aux enfants du failli. Il doit même remettre à ce dernier toute la correspondance étrangère à ses affaires commerciales. En cas de difficulté, le débat est tranché par le juge-commissaire ou le tribunal. (Renouard, *Traité des faillites et banqueroutes*, T. I, p. 460 ; — Laîné, *Comment. sur les fail. et banq.*, T. I, p. 127 ; — Lyon-Caen et Renault, *Traité de droit com.*, n° 2.837 ; — Frault, *op. cit.*, n° 119 ; — D. R., v° *Faillite*, n° 443 et *Code com. ann.*, sous l'art. 471, n°s 13 et 15 ; — Legris, *op. cit.*,

p. 98, nº 64.) De plus, il lui est interdit de détruire les lettres saisies après en avoir pris connaissance. (D. R., *loc. cit.*, nº 443). Enfin, les prescriptions impératives de l'article 471 font un devoir strict au syndic d'exercer sa surveillance. Il ne saurait donc y renoncer de sa propre initiative et demander à la Poste, dûment prévenue de l'état de faillite, de remettre les lettres, comme par le passé, entre les mains du commerçant failli. (Legris, *op. cit.*, p. 100, nº 66.)

221. — En ce qui concerne les sociétés en nom collectif ou en commandite, l'article 438 C. com. déclare, qu'en cas de faillite, la déclaration au greffe devra contenir le nom et l'indication de chacun des associés solidaires. Les mêmes énonciations devant se retrouver dans le jugement, le syndic pourra réclamer, non seulement la correspondance adressée au siège de la société, mais encore celle expédiée à chacun des associés à son domicile privé. (Legris, *op. cit.*, p. 100, nº 65 ; — Frault, *op. cit.*, nº 118.)

222. — Notre exception au principe de l'inviolabilité du secret des lettres cesse, soit par le jugement ou l'arrêt qui annule la déclaration de faillite après opposition, appel ou pourvoi en cassation ; soit par le jugement homologatif du concordat qui a pour effet de faire rentrer le failli dans la possession de ses titres, papiers et effets ; soit enfin par la dissolution, à défaut de concordat, de l'union des créanciers résultant du procès-verbal de clôture de la dernière assemblée des créanciers convoqués après liquidation de la faillite. (Art. 596, *Inst. gén.*) Dans ces différentes hypothèses, le Receveur n'accorde la remise des lettres au destinataire failli qu'après avoir reçu ou la signification des jugements et arrêts susmentionnés ou un certificat sur timbre délivré par le greffier du tribunal de commerce, visé par le juge-commissaire, légalisé par le président et relatant l'existence ainsi que la date de ces actes.

223. — Mais la remise des lettres au syndic cesse-t-elle quand la faillite est clôturée pour insuffisance d'actif ?

En théorie, non. La clôture pour insuffisance d'actif, en effet, consiste à clore *ou plutôt à arrêter, pour un laps de temps indéfini, les opérations de la faillite lorsque les fonds manquent pour couvrir les frais.* (Art. 527, al. 1er, Code com.) Elle arrête donc le fonctionnement de la faillite, mais sans en marquer la fin ; la faillite n'est plus, il est vrai, *in actu,* mais elle continue à être *in habitu.* (Laurin, *Cours élém. de droit com.,* édit. 1888, p. 488, n° 955 et p. 490, n° 961.) L'application de cette idée conduirait logiquement à ce résultat rigoureux de maintenir toutes les conséquences découlant de l'état de faillite, aussi bien à l'égard des créanciers qu'à l'égard du failli. Mais la loi n'a pas consenti à aller jusque-là. Elle a donc décidé que les créanciers recouvreraient l'exercice de leurs actions individuelles, tandis que le failli au contraire continuerait à être dessaisi. (Laurin, *op. cit.,* p. 491 n° 961.) On doit dès lors décider que cette clôture de la faillite, d'un caractère tout spécial, sera sans influence sur l'article 471 Code com. (*Journal des Faillites*, an. 1882 p. 625.)

224. — Toutefois, en pratique, cette solution est loin d'être possible. D'un côté, il est juste autant qu'utile de rendre à un commerçant placé dans une situation aussi pénible, les moyens de tenter librement de nouvelles opérations qui lui permettront peut-être de se remettre à flot. De l'autre, vouloir exiger des syndics qu'ils continuent à surveiller la correspondance de ces faillis, serait leur imposer une tâche au-dessus de leurs forces, à raison du grand nombre de faillites qui sont ainsi clôturées chaque année. Aussi décide-t-on qu'ils sont en fait déchargés de ce soin, à partir du moment où le jugement de clôture a été prononcé.

225. — Dans le cas de poursuite ou de condamnation pour banqueroute simple ou frauduleuse, c'est toujours aux syndics, provisoires ou définitifs, que les lettres doivent être remises, sauf le cas prévu pour la saisie des correspondances par l'autorité judiciaire.

226. — Nous devons nous demander maintenant si l'article 471 est applicable à la liquidation judiciaire, créée par la loi du 4 mars 1889.

L'article 24 de cette loi semble autoriser cette extension. « Toutes les dispositions du Code de commerce, y est-il dit, qui ne sont pas modifiées par la présente loi, continueront à recevoir leur application en cas de liquidation judiciaire comme en cas de faillite. » Et comme aucun texte ne règle les pouvoirs du liquidateur sur la correspondance du commerçant déclaré en état de liquidation judiciaire, on pourrait en conclure qu'ils doivent être les mêmes que ceux portés en l'article 471.

227. — Cette doctrine cependant est repoussée, avec juste raison, à notre avis, par la presque unanimité des auteurs. La faillite et la liquidation sont en effet deux choses absolument différentes. Avec la première, le commerçant, nous l'avons vu, est complètement dessaisi ; il ne peut plus rien pour la gestion de ses intérêts qui restent confiés aux soins des syndics.

Avec la seconde, au contraire, le liquidé reste à peu près à la tête de ses affaires. Il peut, par exemple, sous la seule surveillance de la justice, pourvoir comme par le passé aux nécessités de son commerce. Il tient ses livres et sa comptabilité ; il continue enfin à résider dans ses magasins et dans ses bureaux. L'exploitation de son commerce ou de son industrie ne lui est donc pas retirée. Mais alors comment lui sera-t-il possible de s'y livrer, si on ne lui permet pas de recevoir lui-même les lettres qui lui sont adressées ?

228. — En outre, la loi de 1889 a limitativement déterminé les actes qu'il est interdit au liquidé d'accomplir seul, ceux qu'il ne peut valablement entreprendre qu'avec l'assistance du liquidateur et ceux enfin pour lesquels il peut agir par lui-même, sans l'aide de personne. Or, l'ensemble des travaux préparatoires de la loi laisse clairement entendre qu'il est habile à faire tout ce que ne lui défend pas un texte formel. On doit par conséquent le reconnaître capable de recevoir sa correspondance, puisque notre loi ne comporte, à cet égard, aucune prohibition expresse. Nous n'admettrions même pas, avec M. Drouaux (*Comment. de la loi du 4 mars 1889*, p. 38), que le liquidateur puisse émettre la prétention d'assister à l'ouverture des lettres et d'en prendre connaissance. (*Sic* : Rivière, *Comment. de la loi du 4 mars 1889*, p. 84 ; — Lecomte, *Traité de la liquid. jud.*, n° 454 ; — Coulon, *La liquid. jud. et la faillite*, p. 106 ; — *Journal des faillites*, an. 1889, p. 215 ; — Legris. *op. cit.*, p. 102 et 103, n° 68.)

APPENDICE

Législation comparée

229. — Nous terminerons cette étude du principe de l'inviolabilité du secret des lettres par quelques mots sur les législations étrangères.

230. — **Autriche**. — L'article 10 de la loi constitutionnelle du 21 décembre 1867, sur les droits généraux des citoyens pour les royaumes et pays représentés au Reichsrath porte : « Le secret des lettres doit être respecté. La saisie des lettres, hors le cas d'une arrestation légalement pratiquée et celui de perquisition domiciliaire, ne peut avoir lieu qu'à raison de l'état de guerre, ou en vertu d'une décision judiciaire rendue conformément aux lois en vigueur. » (Dareste, *Les Constitutions modernes*, T. 1, p. 292.)

Ces prescriptions ont été sanctionnées par la loi du 6 avril 1870 sur la protection du secret des lettres et des écrits.

Voici le texte de cette loi :

« ART. 1er. — La violation intentionnelle du secret

des lettres et des écrits cachetés en les ouvrant ou les interceptant illégalement, constitue une contravention, dans le cas où le fait ne tombe pas sous l'application d'une disposition plus rigoureuse de la loi pénale générale. Cette contravention sera punie des arrêts pendant six mois au maximum, si elle a été commise par un fonctionnaire ou employé, ou toute autre personne préposée à un service public, dans l'exercice de ses fonctions ou de son service, et, dans les autres cas d'une amende de 500 thalers autrichiens au maximum, ou des arrêts pendant trois mois au plus. Dans cette dernière hypothèse, la poursuite criminelle n'a lieu que sur réquisition de la personne lésée.

« Art. 2. — La saisie ou l'ouverture officielle des lettres ou des autres écrits cachetés ne peut, sauf le cas de visite domiciliaire et d'arrestation, avoir lieu qu'en vertu d'un ordre du juge. Cet ordre doit être, avec les motifs à l'appui, communiqué sans délai à la partie intéressée.

« Art. 3. — La saisie ou l'ouverture des lettres pratiquée contrairement aux prescriptions de l'art. 2, constitue une contravention punissable des arrêts pendant trois mois au maximum.

« Art. 4. — Ne sont pas modifiées par la présente loi la disposition du Code d'Instruction criminelle sur la saisie et l'ouverture des lettres des accusés, les prescriptions réglementaires des Postes concernant les lettres dont la remise est impossible, et enfin les dispositions de l'Ordonnance sur les faillites concernant les mesures à prendre à l'ouverture de la faillite. » *(Annuaire de législ. étr.*, T. I, p. 279 ; — V^r aussi : *Ordon. postale d'Autriche*, art. 64 et 110 ; — *Code pénal Hongrois*, du 29 mai 1878, ch. x,

§§ 193-202 et chap. XXIII, § 327, *Annuaire de législ·
étr.*, T. VIII, p. 279.)

231. — Belgique. — La Constitution belge du
7 février 1831 dispose dans son article 2 que « le secret des lettres est inviolable ». « La loi, y est-il dit
encore, détermine quels sont les agents responsables
de la violation du secret des lettres confiées à la
Poste. » (Dareste, *op. cit.*, T. I, p. 71.) Les articles
149 et 460 du Code pénal de 1867 et l'article 54 de
la loi postale du 30 mai 1879 édictent les pénalités
encourues en cas de violation.

232. — Confédération Germanique. — La
Constitution du 31 janvier 1850 pour le royaume de
Prusse contient deux articles relatifs à l'inviolabilité
du secret des correspondances. « Le domicile, déclare
l'article 6, est inviolable. L'entrée dans le domicile,
les perquisitions domiciliaires, ainsi que la saisie des
lettres ou papiers, ne peut avoir lieu que dans les cas
et dans les formes déterminés par la loi. » De son
côté, l'article 23 pose formellement le principe en
ces termes : « Le secret des lettres est inviolable. Les
restrictions nécessaires pour les instructions criminelles ou pour le cas de guerre seront établies par la loi.

Enfin, le Code pénal, promulgué le 31 mai 1870,
dont la sphère d'application s'étend à l'Empire d'Alle-
magne tout entier, contient en outre les dispositions
suivantes : « Relativement à la saisie des lettres et
télégrammes, le droit de mainmise du Ministère public se trouve limité aux crimes et délits. Les lettres
doivent être transmises non ouvertes au magistrat
instructeur. La saisie doit se restreindre aux lettres

et télégrammes spécialement désignés, les saisies en bloc étant toujours illégales. Le magistrat instructeur a seul le droit de faire des perquisitions dans les papiers du prévenu.

La sanction de la violation des correspondances privées diffère suivant que le délit a été commis par un simple particulier ou par un agent des Postes. C'est là ce qui résulte des articles 299 et 354 du Code précité, ainsi conçus :

« ART. 299. — Celui qui aura volontairement et sans autorisation ouvert une lettre ou tout autre document fermé qui ne lui était pas personnellement destiné, sera puni d'une amende de 100 thalers au plus ou de l'emprisonnement pendant 3 ans au plus. La poursuite n'aura lieu que sur la plainte.

« ART. 354. — Tout employé des Postes qui, en dehors des cas prévus par la loi, aura ouvert ou supprimé des lettres ou paquets confiés à la poste, ou qui aura sciemment permis à un tiers, de commettre un acte de ce genre, ou l'aura sciemment assisté, sera puni d'un emprisonnement de 3 mois au moins.

« Tout employé du Télégraphe, ou toute autre personne préposée à la surveillance et au service d'un établissement télégraphique, destiné à un usage public, qui aura falsifié des dépêches, ou qui, en dehors des cas prévus par la loi, les aura ouvertes ou supprimées, ou qui en aura illégalement révélé le contenu à des tiers, ou qui aura sciemment permis à un tiers de commettre un acte de ce genre, ou l'aura sciemment assisté, sera puni d'un emprisonnement de 3 mois au moins. » (*Annuaire de lég. étr.* T. I, p. 158 et suiv. ; — *V. aussi : Ordonnances postales :* — de Wurtemberg, art. 246 et 249 ; — de Bade, art. 190 et 226 ; — de

Hanovre, art. 106 ; — du Royaume de Saxe, art. 202 ; — de Bavière, art. 282, 249 et 251.)

Au surplus, la loi allemande, comme notre législation, n'atteint pas la violation du secret des lettres commise par un représentant du pouvoir central.

233. — Espagne. — La Constitution de la Monarchie espagnole du 30 juin 1876 contient les dispositions suivantes :

« Art. 6. — Nul ne peut entrer dans le domicile d'un espagnol ou d'un étranger résidant en Espagne, sans son consentement, excepté dans les cas et suivant les formalités prévues par les lois. Les perquisitions domiciliaires se feront toujours en présence de l'intéressé, ou d'un membre de sa famille, ou, à son défaut, de deux témoins voisins de l'intéressé.

« Art. 7. — L'autorité gouvernementale ne pourra ni saisir, ni ouvrir la correspondance confiée à la Poste.

« Art. 8. — Tout acte ordonnant une arrestation, une perquisition domiciliaire ou une saisie de lettre, devra être notifié. » (Dareste, *op. cit.*, p. 620 et 621.)

234. — Etats-Unis d'Amérique. — « Le droit des citoyens d'être protégés en leurs personnes, maisons, *papiers* et effets contre des perquisitions et saisies déraisonnables, ne pourra être violé, dit l'amendement IV du 15 décembre 1791, ajouté à la Constitution du 17 septembre 1787. Aucun mandat ne sera délivré que sur cause probable corroborée par serment et affirmation ; ces mandats contiendront la description détaillée de l'endroit où devront se faire les perquisitions, et des personnes ou *objets* à saisir. » (Dareste, *op. cit.*, T. II, p. 367.)

235. — **Grande-Bretagne.** — La loi pénale anglaise punit la violation du secret des correspondances sans distinguer si le délit a été commis par un agent du Gouvernement, par un fonctionnaire ou par un simple particulier. D'après cette législation, quiconque volontairement ou indûment ouvre une lettre qui ne lui était pas destinée ou en empêche l'arrivée à destination est passible d'une amende pouvant atteindre 5o livres, ou d'un emprisonnement pouvant aller jusqu'à six mois.

Toutefois, il faut bien le dire, le Cabinet noir est, en Angleterre, une institution politique qui n'a jamais cessé de fonctionner. Une statistique intéressante nous apprend en effet que, de 1779 à 1884, 372 lettres ont été ouvertes sur l'ordre du Ministre de l'Intérieur, ce qui donne en moyenne 8 lettres par an, saisies en dehors de toute procédure régulière. En 1844, on essaya de restreindre sur ce point l'arbitraire du pouvoir exécutif. On décida donc, à maintes reprises, que l'ordre d'ouverture devait être spécial à une lettre déterminée et ne pourrait plus englober toute la correspondance reçue ou expédiée par une personne. Mais ces limites furent d'autant moins observées que les différents partis politiques ne considèrent pas la violation du secret des lettres comme une action bien blâmable. « L'opposition, dit Batbie, est tolérante parce qu'elle ne veut pas être désarmée le jour où elle sera appelée à prendre le pouvoir. » (Batbie, *op. cit.*, T. II p. 106 ; — Voillaume, *op. cit.*, p. 54 ; — Breton, *op. cit.*, p. 112.)

236. — **Italie.** — Le principe de l'inviolabilité du secret des lettres ne fait l'objet d'aucune disposition expresse dans le « Statut fondamental » du 4 mars 1848 qui constitue la loi organique du Royaume. Mais le nouveau Code criminel italien contient à cet égard les dispositions suivantes :

« ART. 159. — Quiconque ouvre, sans en avoir le droit, une lettre, un télégramme ou un pli fermé qui ne lui est pas adressé, ou s'empare sans droit de la correspondance épistolaire ou télégraphique d'autrui, alors qu'elle n'est pas fermée, pour en connaître le contenu, est puni de réclusion pendant 15 jours au plus ou d'une amende de 50 à 1500 fr. Si le coupable, en révélant le contenu de la correspondance, a causé un préjudice à autrui, la peine est d'un mois à trois ans de réclusion, ou d'une amende de 100 à 3000 fr.

« ART. 160. — Quiconque supprime sans en avoir le droit une correspondance épistolaire ou télégraphique qui ne lui est pas adressée, alors même qu'il n'aurait pas pris connaissance de son contenu, est puni de la réclusion pendant un an au plus ou d'une amende de 100 à 3000 fr. Si le fait entraîne un préjudice, la réclusion ne peut être inférieure à trois mois ni l'amende à 100 fr.

« ART. 161. — *Quiconque, ayant en sa possession une correspondance épistolaire ou télégraphique, non destinée à la publicité, bien qu'elle lui soit adressée, la rend publique sans en avoir le droit, encourt, si ce fait est préjudiciable, une amende de 100 à 2000 fr.* » (Valéry, *op. cit.*, p. 307, n° 341, *à la note.*)

Enfin, nous croyons intéressant de transcrire à cette place les articles de la loi du 13 mai 1871 sur les prérogatives du Souverain Pontife et du St-Siège, et sur les rapports de l'Etat avec l'Eglise, qui règlementent la correspondance pontificale.

« ART. 8. — Il est défendu de procéder à des visites, perquisitions ou séquestres de *papiers*, documents, livres ou registres dans les Offices ou Congrégations pontificales investis d'attributions purement spirituelles...

« ART. 12. — Le Souverain Pontife correspond librement avec l'Episcopat et avec tout le monde catholique, sans aucune ingérence du gouvernement italien. — A cette fin, faculté lui est donnée d'établir au Vatican ou dans ses autres résidences des bureaux de Poste et de Télégraphe servis par des employés de son choix. — L'Office postal pontifical pourra correspondre directement sous paquet cacheté avec les bureaux de poste d'échange des administrations étrangères ou remettre ses propres correspondances aux bureaux italiens. Dans les deux cas, le transport des dépêches ou des correspondances munies du timbre de l'Office pontifical sera exempt de toute taxe ou frais sur le territoire italien. — Les courriers expédiés au nom du Souverain Pontife sont assimilés dans le Royaume aux courriers de cabinet des gouvernements étrangers. — Le bureau télégraphique pontifical sera relié au réseau télégraphique du Royaume, aux frais de l'Etat. — Les télégrammes transmis par ledit bureau avec la mention certifiée de *pontificaux* seront reçus et expédiés avec les prérogatives établies pour les télégrammes d'Etat, et avec exemption de toute taxe dans le Royaume. — Les mêmes avantages sont assurés aux télégrammes du Souverain Pontife ou envoyés par son ordre, qui, munis du timbre du Saint-Siège, seront présentés à quelque bureau télégraphique que ce soit du

Royaume. — Les télégrammes adressés au Souverain Pontife seront exempts des taxes mises à la charge des destinataires. » (Dareste, *op. cit.*, T. I, p. 612 et 613.)

237. — Monaco. — Les employés des Postes et des Télégraphes sont nommés par le Gouvernement français, mais ils doivent être agréés par le prince régnant et celui-ci a toujours le droit de réclamer leur déplacement. La loi pénale française régit aussi le délit de violation du secret des lettres.

238. — Russie. — Aux termes de l'article 368 du Code de procédure criminelle du 20 novembre 1864, les autorités constituées, les fonctionnaires et les particuliers ne peuvent refuser de délivrer les preuves écrites ou matérielles dont ils sont détenteurs et qui sont nécessaires à l'instruction d'une affaire.

En dehors de cette disposition générale, le Code ne contient aucune règle sur la procédure à suivre pour la saisie et l'ouverture des correspondances. Afin de combler cette lacune et de garantir au public l'inviolabilité du secret des lettres, un règlement avait été soumis à la sanction de l'Empereur, le 21 février 1868. D'après ce règlement, les correspondances privées ne devaient être communiquées aux tribunaux que dans les cas d'une importance particulière et d'entente préalablement établie entre le Ministre de la Justice et le chef des Administrations des Postes et des Télégraphes. Les tribunaux devaient adresser des réquisitions à cet effet au Ministre par l'intermédiaire duquel avait lieu la communication des papiers des individus incriminés.

Ce règlement ayant paru insuffisant, le législateur

a jugé nécessaire d'y substituer une décision du Conseil de l'Empire, approuvée par le Tzar, le 30 octobre 1878, dont voici les dispositions :

« ART. 1er. — Si dans le cours d'une instruction, il y a nécessité de procéder à la saisie et à l'ouverture de la correspondance postale ou télégraphique d'un individu qui se trouve sous le coup d'une poursuite criminelle, soit que les lettres et les dépêches émanent de lui, soit qu'elles lui soient adressées, le Juge d'Instruction, après les avoir fait arrêter par l'Administration des Postes et par celle des Télégraphes, demande immédiatement au Tribunal de Cercle l'autorisation de procéder à la saisie et à l'ouverture de cette correspondance. Les demandes de cette nature sont examinées par le Tribunal de Cercle, avant toute autre affaire précédemment inscrite au rôle.

« ART. 2. — Les décisions du Tribunal de Cercle, autorisant la saisie et l'ouverture des correspondances, doivent contenir l'exposé précis des motifs qui ont nécessité cette mesure.

« ART. 3. — Le Tribunal de Cercle, après avoir statué sur la proposition du Juge d'Instruction, l'informe de l'admission ou du rejet de la mesure qu'il a réclamée. Il en est donné pareillement avis à l'Administration provinciale des Postes et Télégraphes, afin que celle-ci porte la décision du tribunal à la connaissance des fonctionnaires compétents ; au cas où le tribunal n'autoriserait pas la saisie et l'ouverture d'une correspondance, celle-ci est immédiatement renvoyée à destination.

« ART. 4. — Lorsque le Juge d'Instruction a obtenu l'autorisation du tribunal, il requiert l'Administration des Postes ou celle des Télégraphes de lui commu-

niquer la correspondance exigée, ou bien il les informe du jour où il viendra opérer la saisie et procéder
aux autres actes d'instruction.

« Art. 5. — La saisie et l'ouverture des correspondances postales et télégraphiques ont lieu en présence
d'un fonctionnaire de l'Administration des Postes et
Télégraphes. Quant aux lettres, télégrammes et paquets qui ne sont pas arrêtés, ils sont immédiatement
renvoyés à leur destinataire.

« Art. 6. — Au cas, où il est nécessaire d'avoir des
renseignements relatifs à la correspondance d'un
individu qui se trouve sous le coup de poursuites criminelles, le Juge d'Instruction demande ces renseignements à l'Administration des Postes et à celle des
Télégraphes, sans recourir à l'autorisation des tribunaux de Cercle.

« Art. 7. — Les dispositions ci-dessus sont applicables à l'instruction des crimes contre l'Etat et des
affaires relatives aux associations illicites, avec cette
différence toutefois, que les officiers de gendarmerie,
chargés des préliminaires de l'instruction, au cas où
il leur est nécessaire de procéder à la saisie et à l'ouverture de la correspondance postale et télégraphique,
demandent l'autorisation à cet effet au chef de gendarmerie qui l'accorde, après entente avec les Ministres
de la Justice et de l'Intérieur.

« Art. 8 — Le membre de la Cour judiciaire chargé de l'instruction des crimes d'Etat et des affaires
relatives aux associations illicites, est autorisé à procéder à la saisie et à l'ouverture des correspondances,
sans être tenu de se pourvoir de l'autorisation dont il
est question aux articles 3 et 7. Cette saisie et cette ouverture sont faites par le membre de la Cour en per-

sonne ou, sur sa délégation, par les officiers de la Gendarmerie ou les Juges d'Instruction. » (*Ann. de lég. étr.*, T. VIII, p. 658.)

Cette réglementation semble très minutieusement protéger l'inviolabilité du secret des correspondances privées. On voit cependant que, dans les articles 7 et 8, l'arbitraire devient à peu près la règle absolue, lorsque la justice croit se trouver en présence d'un crime intéressant la sécurité de l'Etat. Il y a plus, aucune des dispositions ci-dessus rapportées n'est observée dans la pratique. Les lettres missives sont, en fait et au moindre soupçon, arrêtées par le Cabinet noir, dont la surveillance constante ne laisse rien échapper. M. Hanssens nous en donne une très curieuse preuve. Cet auteur raconte en effet qu'il avait prié une personne habitant Varsovie de lui donner des renseignements sur la façon dont le secret des lettres est respecté en Russie. Cette personne annonça à M. Hanssens l'envoi, sous pli séparé, des renseignements demandés. Le pli ne parvint pas à destination. Il avait été intercepté en Russie ! Le correspondant de M. Hanssens voulut recommencer ses recherches mais la police lui enjoignit d'avoir à les cesser immédiatement, sous peine de poursuites judiciaires ! (Hanssens, *op. cit.*, p. 41 ; — Legris, *op. cit.*, p. 32, *à la note*.)

239. — Turquie, Egypte, Chine et Japon. — Nous nous trouvons ici en présence d'un régime tout particulier qui nous oblige à réunir ces différentes nations sous la même rubrique.

En Turquie, l'Administration des Postes n'offre aucune garantie et il n'existe pas de loi sanctionnant

le principe de l'inviolabilité du secret des lettres.
Aussi, dans la plupart des villes importantes de
l'Empire, un service postal, distinct de l'Administration ottomane, a-t-il été organisé par plusieurs puissances européennes. Ce droit découle pour nous des
fameuses *Capitulations*, traités très anciens entre
la France et la Sublime-Porte, renouvelés et augmen-
tés le 28 mai 1740 de l'ère chrétienne, correspondant
à l'année 1152 de l'Hégire.

Les bureaux français établis en Turquie d'Europe
et d'Asie sont gérés par des fonctionnaires français,
nommés et rétribués par le Gouvernement de la République. Ils ne comportent pas de service télégraphique qui, seul, reste entièrement entre les mains
des Turcs.

Il y a quelques années, le Sultan voulant mettre
un terme à une pareille situation en tous points
préjudiciable aux intérêts du Trésor, nomma une
commission chargée de réorganiser la Poste dans son
Empire. Cette commission reconnut la nécessité d'une
loi assurant efficacement le secret des lettres. Elle n'a
pas encore été promulguée. (Legris, *op. cit.*, p. 32, *à
la note.* ; — Hanssens, *op. cit.*, p. 40-41.)

Il est douteux d'ailleurs qu'une pareille loi puisse
entraîner comme conséquence la suppression des bureaux étrangers créés en territoire ottoman. Il s'agit,
en effet, ici d'un privilège exceptionnel, garanti par
des actes diplomatiques plusieurs fois renouvelés, et
les Etats européens qui en sont bénéficiaires sont
trop intéressés à en exiger le maintien au point de
vue politique pour qu'il soit permis au Sultan d'es-
pérer qu'ils s'en dépouilleront bénévolement un jour
à son profit.

Les mêmes prérogatives se retrouvent encore en Egypte et en Chine. Elles existaient aussi au Japon. Mais celui-ci est parvenu à s'en affranchir en instituant un service postal et télégraphique à l'abri de tout reproche. L'article 26 de la Constitution japonaise du 11 février 1889 déclare d'ailleurs que « sauf dans les cas prévus par la loi, le secret des lettres de tout sujet japonais doit rester inviolable ». (Dareste, *op. cit.*, T. II, p. 596.)

240. — Autres Nations. — Pour un certain nombre de pays indiqués dans ce dernier paragraphe, nous nous bornerons à mentionner les articles constitutionnels qui proclament le principe de l'inviolabilité du secret des lettres ; il ne nous a pas été possible en effet, de recueillir, à cet égard, des renseignements plus précis et plus détaillés.

Brésil. — Article 72 § 18 de la Constitution du 24 février 1891 : « Le secret de la correspondance est inviolable. » (Dareste, *op. cit.*, T. II, p. 648.)

Danemarck. — Article 81 de la Constitution du 5 juin 1849, revisée et promulguée le 28 juillet 1896 : « Le domicile est inviolable. Aucune perquisition domiciliaire, aucune saisie ou perquisition de lettres et autres papiers ne pourra avoir lieu qu'en vertu d'un jugement, sauf les exceptions spécialement déterminées par les lois. » (Dareste, T. II, p. 17.)

Equateur. — L'inviolabilité de la correspondance privée est garantie par la Constitution du 25 juillet 1887, comblant la lacune que présentait à cet égard la loi organique du 4 février 1884, promulguée le 13 de ce même mois. (Dareste, T. II, p. 507 et 508.)

Grèce. — Constitution du 16/28 novembre 1864, article 20 : « Le secret des lettres est absolument inviolable. »

Islande. — « Le domicile est inviolable. Aucune perquisition domiciliaire, aucune saisie ou perquisition de lettres ou autres papiers ne pourra avoir lieu qu'en vertu d'un jugement, sauf les exceptions spécialement déterminées par les lois. » (Loi sur la situation constitutionnelle de l'Islande dans la Monarchie danoise, du 21 janvier 1871, art. 49, section VI. Dareste, T. II, p. 35.)

Luxembourg. — Article 28 de la Constitution du 17 octobre 1868 : « Le secret des lettres est inviolable. La loi détermine quels sont les agents responsables de la violation du secret des lettres confiées à la Poste. La loi règlera la garantie à donner aux télégrammes. » (Dareste T. I, p. 136.)

Mexique. — Article 16 de la Constitution du 12 février 1857 : « Nul ne peut être molesté dans sa personne, sa famille, son domicile, *ses papiers* et ses possessions, sinon en vertu d'un mandat écrit de l'autorité compétente, justifiant et motivant la cause légale de cette procédure..... » Art. 25 : « La correspondance, sous pli fermé, confiée à la Poste *est à l'abri de toute perquisition*. La violation de cette garantie est un attentat que la loi châtiera sévèrement. » (Dareste, T. II, p. 460 et 462.)

Pays-Bas. — Les articles 371-375 du Code pénal punissent la violation des correspondances dont le respect est d'ailleurs expressément imposé par l'article 159 de la Constitution du 30 novembre 1887, ainsi conçu : « Le secret des lettres confiées à la Poste où à tout autre service public de transport est inviolable, si ce n'est sur mandat du juge dans les cas spécifiés par la loi. » (Dareste, T. I, p. 120.)

Portugal. — Article 145 § 25 de la Charte constitutionnelle du 29 avril 1826 : « Le secret des lettres est inviolable. L'Administration des Postes est rigoureusement responsable de toute infraction à cet article. (Dareste, T. I, p. 665.)

Roumanie. — Constitution du 30 juin (12 juillet) 1866, modifiée en 1879 et 1884, article 25 : « Le secret des lettres et des dépêches télégraphiques est inviolable. Une loi déterminera la responsabilité des agents du Gouvernement pour la violation du secret des lettres et dépêches confiées à la Poste et au Télégraphe. » (Dareste, T. II, p. 217.)

République Argentine. — « Le domicile est inviolable, ainsi que la correspondance épistolaire et les papiers domestiques ; une loi déterminera dans quels cas et suivant quelles formalités ils pourront être saisis et interceptés. » (Art. 18 de la Const. du 25 septembre 1860, Dareste T. II, p. 520.)

Suisse. — La Constitution fédérale du 29 mai 1874, applicable à tous les cantons de la Suisse, décrète dans son article 36 que « l'inviolabilité du secret des lettres et des télégrammes est garantie ». (Dareste, T. I, p. 493.)

FIN DE LA PREMIÈRE PARTIE

DEUXIÈME PARTIE

De la propriété des lettres missives

241. — La lettre missive, dit un arrêt de la Cour de cassation, lors même qu'elle ne renferme aucune valeur incluse, est un écrit qui peut, *comme tous les autres objets mobiliers,* être le sujet d'un droit de propriété auquel la loi doit accorder sa protection. (Cas., 2 avril 1864, D. P. 64. 1. 396 ; — Dijon, 30 décembre 1896, G. T., 13 février 1897.) Une lettre, en effet, n'est autre chose qu'un corps certain et déterminé, susceptible d'assurer à son propriétaire de multiples et sérieux avantages. Aux yeux des parents et des amis, d'abord, la propriété de ces écrits intimes, de ces *monuments,* pour parler le langage de nos anciens jurisconsultes, sera d'une réelle importance parce qu'ils constitueront de véritables *titres de famille,* ou tout au moins des souvenirs, souvent sans valeur intrinsèque, il est vrai, mais que l'on aimera quand même conserver, comme on aime garder avec soin tout ce qui touche à la mémoire de ceux qui nous ont été chers. Ils seront parfois encore pour l'historien ou l'homme d'étude, un document d'un prix inestimable et l'amateur d'autographes, de son côté, les recueillera, non sans consentir à de nombreux sacrifices, lorsqu'ils émaneront d'un homme d'Etat, d'un écrivain, d'un penseur ou d'un artiste célèbres. Enfin, dans les relations d'affaires et d'intérêt privé, les lettres missives seront appelées à servir, dans maintes occasions, de renseignements et de preuves devant les tribunaux. C'est à ce dernier point de vue surtout que la légitime possession d'une correspondance aura le plus d'utilité pratique.

242. — A qui donc devons-nous attribuer ce droit de propriété ? Cette question, si simple en apparence, a soulevé et soulève encore de très vives controverses.

Dans un premier système, on a voulu distinguer entre les lettres confidentielles et celles qui ne le sont pas. Nous examinerons bientôt ce qu'il faut entendre par *lettres confidentielles*. Disons seulement que ce sont celles où se trouve enfermé un secret que l'expéditeur n'a consenti à dévoiler qu'au profit du destinataire. Dans l'opinion analysée ici, les lettres non confidentielles deviendraient définitivement et sans restriction, la propriété de la personne à qui elles sont adressées. Les autres, par contre, continueraient à appartenir à leur auteur qui n'aurait entendu les remettre à son correspondant qu'à titre de *dépôt*. Cette doctrine, acceptée par Dalloz, (D. R., v° *Let. mis.*, n° 8) a été admise pour la première fois par un arrêt de la Cour de Limoges du 17 juin 1824 (Devilleneuve et Carré : *Coll. nouv.*, T. VII, 2. 383) et reproduite tout récemment par une décision de la

Cour de Rouen du 24 mars 1889. *(La Loi* du 2 oct. 1889.)

243. — M. de Cormenin, d'autre part, estime que le destinataire, seul propriétaire d'une lettre ordinaire, reste *copropriétaire* avec l'expéditeur de toute correspondance confidentielle *(Revue critique de législation et de jurisp.,* an. 1851, p. 104), et cette thèse, très habilement développée, peut revendiquer pour elle l'autorité d'assez nombreux arrêts. (Besançon, 30 décembre 1862, D. P., 63. 2. 63 ; — Nancy, 11 mars 1869, D. P., 69. 2. 223 ; — Trib. Nice, 25 juin 1889, G. T., 21 juillet ; — Douai, 28 janvier 1896, *Lois nouvelles*, 1er juin 1896, nº 120.)

244. — D'autres auteurs, enfin, établissent une différence entre les lettres ordinaires, les lettres d'affaires et celles qui présentent un caractère scientifique ou littéraire ; celles-ci demeureraient la propriété de leur auteur. (Hepp, *De la correspondance privée,* nº 92 ; — Baudoin, *op. cit.,* p. 11.)

245. — Nous repoussons indifféremment ces diverses théories fondées les unes et les autres sur des distinctions exactes en elles-mêmes, nous le reconnaissons — quoique celle de MM. Hepp et Baudoin nous paraisse peut-être un peu arbitraire — mais qui, à notre avis, ne doivent avoir aucune influence sur l'attribution du droit de propriété de la lettre missive.

En réalité, les divergences qui existent en cette matière proviennent de ce que l'on n'a jamais cessé de confondre, dans toute lettre missive, deux choses absolument dissemblables. Pour peu que l'on réfléchisse, en effet, sur la nature, la condition propre de la lettre, on est aussitôt amené à constater que cet écrit est un tout complexe, formé de deux éléments parfaitement caractérisés. On y rencontre d'abord l'élément matériel, représenté par la feuille de papier, prise isolément, objet mobilier pur et simple, revêtu de certains signes conventionnels, tracés par l'auteur pour rendre tangible sa pensée, la conserver et la porter à la connaissance d'un tiers. On y voit en outre l'élément moral, intellectuel, c'est-à-dire la *pensée* elle-même issue de notre cerveau et enveloppée de cette forme particulière à chaque écrivain qui constitue le *style*.

A chacun de ces éléments doit correspondre un droit de propriété distinct : propriété du manuscrit d'une part, et propriété littéraire de l'autre, de même qu'il existe dans toute production écrite de l'esprit, le propriétaire du livre et le propriétaire de l'œuvre intellectuelle. Les deux chapitres qui vont suivre seront consacrés à l'étude de ces délicates questions.

CHAPITRE PREMIER

De la propriété du manuscrit

SECTION I

DU PROPRIÉTAIRE

246. — Nous poserons ici cette règle générale que la lettre missive, prise en sa qualité d'objet mobilier, appartient toujours au *destinataire*, par la tradition *animo donandi* que lui en a fait l'expéditeur. Cette thèse, admise déjà par la loi romaine (L. 64, Dig., *De acq. rer. dom.* ; — L. 14, § 17, au Dig. *De furtis*) et par notre ancien droit français (Merlin, v° *Let. mis.*, n° 6 ; — v° *Preuve*, sect. II, § 2, art. 2, n° 9), a été reprise par notre jurisprudence actuelle. Un récent arrêt de la Cour d'appel de Toulouse déclare en effet en termes formels « que l'envoi pur et simple d'une lettre et la suscription qui la couvre manifestent la volonté de l'auteur de la lettre *d'en transférer au destinataire la possession irrévocable, animo donandi.* » (Toulouse, 6 juillet 1880, D. P. 81.1.673 ;

— Cas., 4 avril 1821, S. C. N., *à sa date* ; — Cas., 12 juin 1823, *id.* ; — Rome, 4 décembre 1810, *id.* ; — Amiens, 21 février 1839, D. R., v° *Let. mis.*, n° 7 ; — Limoges, 19 avril 1844, D. P., 45. 4. 53 ; — Aubry et Rau, *op. cit.*, T. VIII, p. 289 ; — Rousseau, *op. cit.*, p. 5 et suiv., n°ˢ 5 et suiv. ; — Tissier, *op. cit.*, p. 33 ; — Legris, *op. cit.*, p. 89 et suiv., n° 57.) Il résulte de là que le destinataire pourra, *en principe*, conserver par devers lui ou détruire à son gré les lettres qu'il aura reçues, s'en servir pour appuyer ses prétentions dans un procès, et les revendiquer enfin dans le cas où elles lui auraient été frauduleusement dérobées. Il aura donc le *jus fruendi, utendi et abutendi* sur la correspondance qu'il détient.

247. — Mais à quel moment son droit prend-il naissance ? Est-ce à la minute précise où il lui a été fait tradition de la lettre ? Est-ce au contraire à partir du moment où l'expéditeur s'est dessaisi du pli, en le confiant à l'Administration des Postes ou à un commissionnaire, pour le faire parvenir à son adresse ?

Depuis longtemps la jurisprudence est unanime à admettre que le transfert de propriété de la lettre missive ne s'effectue qu'au moment où elle a été livrée aux mains du destinataire ou de la personne chargée du soin de la recevoir à sa place. Cette solution est conforme à la tradition romaine que nous fait connaître la loi 64 au Digeste, *de acquirendo rerum dominio.* Ce texte, formé de deux consultations, l'une de Labéon, l'autre de Paul, est ainsi conçu : « Labeo : *si epistolam tibi misero, non erit ea tua antequam tibi reddita fuerit.* — Paulus : *imo contra ; nam si miseris ad me tabellarium tuum et ego, scribendi causá, litteras tibi misero, simul atque tabella-*

rio tuo tradidero, tuœ fiunt. » Les jurisconsultes latins que nous venons de citer distinguent deux espèces. Dans la première, celle de Labéon, l'expéditeur a fait parvenir à son correspondant les lettres qu'il lui destine. Dans ce cas, le destinataire n'en deviendra propriétaire qu'au moment où elles lui seront effectivement remises. Dans la seconde hypothèse, au contraire, celle de Paul, c'est *le destinataire* qui a envoyé son propre tabellion à un tiers, avec mission de prendre la correspondance que celui-ci peut avoir à lui adresser. Ici, le destinataire étant représenté par son serviteur en vertu du mandat dont il l'a investi, deviendra dès lors propriétaire des lettres aussitôt que son mandataire en aura été mis lui-même en possession.

248. — C'est donc, dans ces deux situations, l'application de ce principe que le destinataire acquiert la propriété de la lettre au moment même de la tradition. Aussi sommes-nous étonné de trouver, à cet égard, dans l'ouvrage de M. Legris (p. 89, *note 1* et 93, n° 59) l'affirmation, basée sur le texte que nous avons analysée qu'en droit romain, le destinataire devient, contrairement au droit français, propriétaire de la lettre aussitôt que l'expéditeur s'en est dessaisi. C'est là une erreur provenant d'une confusion faite par l'honorable magistrat qui a négligé de tenir compte du rôle de mandataire joué par le tabellion du destinataire. La théorie romaine et notre théorie actuelle concordent au contraire en tous points et la loi 14 § 17 au Digeste *de furtis* en est une nouvelle preuve. « *Quærendum est,* dit-elle, *cujus sit epistola, utrum ejus qui misit, an ejus ad quem missa est? Et si quidem dedi servo ejus, statim ipsi quœsita est cui misi.* » La question ne peut donc plus être douteuse. (*Sic* : Valéry, *op. cit.*, p. 142, n° 146.)

249. — Le Tribunal civil de Tunis a fait du principe énoncé une très intéressante application en déclarant qu'une lettre remise par son auteur à un commissionnaire pour la faire parvenir à son adresse demeure la propriété de celui qui l'a écrite tant qu'elle n'a pas été livrée au destinataire. (Tunis, 2 février 1887, *Revue algér.*, 87, p. 259.) La même solution s'impose évidemment quand la lettre, ce qui est le cas le plus fréquent, a été confiée à la Poste. Celle-ci en effet tient son mandat, non du destinataire, mais de l'expéditeur de la correspondance. (Trib. Niort, 6 juin 1893, G. T. 10 août 93 ; — Riom, 13 juillet 1891, 13 octobre 91 ; — D. R. S. v° *Lettre mis.*, n° 27 ; — Giraud, *op. cit.*, n° 136.)

250. — Enfin, de notre règle découle encore cette conséquence que les lettres voyagent aux risques de la personne qui les envoie et si elles contiennent des valeurs c'est l'expéditeur qui en supportera la perte, à défaut de convention contraire. (Lyon, 16 mars 1854, D. P. 55. 2. 141.)

251. — L'Administration des Postes n'a pas toujours accepté la thèse que nous défendons ici. En effet, elle considérait autrefois le destinataire comme propriétaire exclusif des correspondances, non encore parvenues, qui lui étaient envoyées. Elle basait son opinion sur la loi du 5 Nivôse, an. v, art. 14, sur l'arrêté du 6 juillet 1859, art. 10, et sur la loi du 25 janvier 1873, art. 4, qui disposent qu'en cas de perte de valeurs déclarées, l'indemnité est due de préférence au destinataire. Toutefois, elle admettait un tempérament. La propriété de la lettre n'était pas réputée transférée au moment même où la Poste la prenait en charge, mais au moment où la correspondance *quittait le lieu d'origine*. L'expéditeur pouvait ainsi disposer de son envoi et le retirer, en le réclamant au bureau de dépôt avant la clôture des dépêches et au bureau des ambulants une demi-heure au moins avant le départ. Ces délais passés, la Poste déclarait le destinataire propriétaire des plis et ne se reconnaissait plus le droit d'en arrêter la marche (Jaccottey, *op. cit.*, p. 496.)

252. — Ce système n'a pas été approuvé par le Conseil d'Etat qui, le 6 août 1882, le réfutait dans les termes suivants :

« Considérant, qu'en recevant un objet qui lui est confié, l'Administration des Postes n'a pas à rechercher qui en est propriétaire et qu'elle se borne à accepter de l'expéditeur qui est nanti de cet objet le mandat de le transporter et de le remettre au destinataire ; — Considérant qu'il se forme ainsi, et sans aucune intervention du destinataire, un lien de droit entre l'expéditeur mandant et l'Administration mandataire ; — Considérant qu'il est de l'essence du mandat d'être révocable au gré du mandant et que celui-ci peut toujours modifier les instructions qu'il a données à son mandataire, tant qu'elles n'ont pas été exécutées ; — Considérant, d'autre part, que le contrat de mandat impliquant le consentement du mandataire, le laisse libre de ne donner ce consentement qu'aux conditions qu'il juge nécessaires et que ces conditions lient le mandant qui les a acceptées même tacitement ; — Considérant que, dans l'espèce, la légitimité de ces conditions pourrait d'autant moins être contestée que, tout en respectant le droit de l'expéditeur, elles ont seulement pour objet d'en réglementer l'exercice, dans le double but de prévenir les fraudes et d'émpêcher qu'il soit apporté des entraves au fonctionnement d'un grand service public ; — est d'avis : que l'expéditeur d'un objet confié à la Poste a le droit d'en réclamer le retrait et la remise entre ses mains, tant que cet objet n'a pas été délivré au destinataire ; mais qu'il appartient à l'Administration des Postes de réglementer les conditions dans lesquelles ce droit peut être exercé. » *(Avis C. d'Etat, section des finances,* 6 août 1883, *Bul. mens.*, n° 19, juillet 1884 ; — *Instruc. gén.*, n° 314, p. 803.)

253. — Sans doute ce document ne dit pas en termes exprès que l'expéditeur reste propriétaire du pli qu'il a confié à la Poste tant qu'il n'a pas été distribué. Il ne considère que le mandat donné à l'Administration par l'auteur de la lettre de transporter un objet de correspondance et de le faire parvenir à son adresse. Comme tout mandat, celui-ci peut être modifié ou révoqué par le mandant s'il n'est pas encore accompli par le mandataire. Par conséquent, la faculté de retirer les plis non encore délivrés peut être légitimement revendiquée par l'expéditeur et par là, le Conseil d'Etat tranche implicitement, en faveur de ce dernier, la question de propriété des lettres en cours de transport. Nous en concluerons que l'Administration est aujourd'hui d'accord sur ce point important avec la jurisprudence. *(Inst. gén.*, art. 389 et suiv. ; — *Bul. mens. des Postes*, 1884, n° 191 ; *Instruction*, n° 319.)

254. — Deux textes de l'Instruction générale semblent toutefois démentir cette conclusion.

Tout d'abord l'article 375 de ce recueil décide que

si les renseignements obtenus par l'ouverture d'une lettre adressée à un destinataire inconnu et tombée au rebut fournissent des moyens également certains de renvoyer cette lettre au destinataire ou à la personne qui l'a écrite, elle est retournée de préférence au destinataire. L'Administration ne le reconnaît-elle pas ainsi propriétaire, avant toute remise, des lettres qui lui sont envoyées ? On ne saurait raisonnablement le soutenir. L'expéditeur en effet n'a pas, en l'espèce, révoqué le mandat donné par lui à la Poste et celle-ci, dans ces conditions, a le devoir d'accomplir jusqu'au bout la mission dont elle est investie et qui consiste pour elle à faire parvenir la correspondance à l'adresse indiquée.

255. — Par contre, l'article 939 de cette même instruction générale est en pleine contradiction avec notre principe. « En cas de perte d'une lettre contenant un article d'argent, y est-il dit, si le paiement en est simultanément réclamé par l'expéditeur et par le destinataire, *on devra donner la préférence à ce dernier.* » Mais cette contradiction s'explique par ce fait que, ce droit de préférence étant édicté par une loi non abrogée, la Poste demeure tenue de s'y conformer rigoureusement (art. 4 de la loi du 25 janv. 1873).

256 — Dans sa séance du 20 mai 1878, le Congrès postal international réuni à Paris exprima le vœu que l'on recherchât à qui la propriété des lettres en cours de route était attribuée par la législation ou la jurisprudence de chaque pays. Il résulta de l'enquête faite à cet égard que la grande majorité des États composant l'Union postale admettait le droit de propriété de l'expéditeur jusqu'au moment de la remise du message au destinataire. Ce système, jugé préférable à

tout autre, fut depuis lors adopté par tous les Etats, à
l'exception de l'Angleterre qui continue à considérer
les plis confiés à la Poste comme appartenant temporairement au Souverain ou, ce qui revient au même, à
son agent, le Postmaster général. A la suite de cette
entente à peu près unanime, l'Administration française crut devoir modifier les dispositions de l'article
939 précité de l'Instruction générale, en ce qui concerne du moins le service international. Elle décide
en effet dans ce cas que l'indemnité est acquise à l'expéditeur et ne peut être payée au destinataire que si
l'expéditeur en manifeste le désir. (*Sic* : Valéry, *op.
cit.*, p. 142-143, n° 147 ; — Kirchenheim, *Revue de
droit intern.*, XIV, 1882, p. 616 ; — *Congrès de
Lisbonne* des 4 fév.-21 mars 1885, doc. du congrès
postal de Lisbonne, T. II, p. 140 et 305 ; — *Convention de Berne* du 14 décembrs 1890 et *loi du 2
fév. 1891, portant approb. de cette conv.*, J. O. 2 fév.
1891, p. 484 ; — Jaccottey, *op. cit.*, p. 241 et 477.)

SECTION II

RESTRICTIONS AU DROIT DE PROPRIÉTÉ

DU DESTINATAIRE

257. — Nous avons, en principe, investi le destinataire du *jus fruendi, utendi et abutendi* sur toutes les
correspondance qui lui sont remises. Mais cette règle
n'est pas absolue. On la rencontre en effet considéra-

blement amoindrie dans l'hypothèse spéciale où la lettre missive revêt un caractère confidentiel.

Que faut-il entendre par cette expression ? La lettre confidentielle, peut-on répondre, est celle qui porte, du fait de son auteur, la condition parfois expresse, mais le plus souvent tacite, de ne divulguer à qui que ce soit et de quelque manière que ce soit, le secret intime qu'elle contient.

258. — A quels signes reconnaîtra-t-on cette condition lorsqu'elle n'aura pas été formellement exprimée ? Sur quels indices précis s'appuiera-t-on pour décider infailliblement que tel pli renferme une confidence, que tel autre n'en renferme pas ? Nous touchons ici à une difficulté à peu près insoluble. Aucun criterium certain, aucune présomption même ne peuvent être doctrinalement établis pour guider le juge dans la détermination du caractère confidentiel d'une lettre. Cette impuissance se conçoit aisément. Une confidence, en effet, est chose essentiellement relative. Tel événement devra être tenu secret aujourd'hui qui demain sera, sans inconvénient, dévoilé à tout le monde ; telle personne attachera une grande importance à une nouvelle qu'elle entourera du plus grand mystère, alors que telle autre, dans cette même nouvelle, n'y verra qu'une banale communication pouvant être portée à la connaissance de tous. Il est facile de voir dès lors qu'il est matériellement impossible d'arriver à une rigoureuse spécialisation de l'écrit qui nous occupe. Aussi la doctrine et la jurisprudence s'accordent-elles à déclarer que la détermination du caractère confidentiel des correspondances est une pure question de fait abandonnée au souverain pouvoir d'appréciation des juges pour chaque espèce qui leur est soumise. (Cas., 26 juillet 1864, D. P., 64. 1. 347 ; — Rennes, 24 février 1894, D. P. 94. 2. 295 ; Paris. 31 octobre 1895, D. P. 96. 2. 22 ; — Trib. Paix Toulouse, 2 janv. 1896, *G. T. du Midi*, 15 mars 1896 ; — Trib. com. Marseille, 9 mars 1892, *Rec. de Marseille*, 189. 1. 92 ; — Aubry et Rau, *op. cit.*, T. VIII, p. 292 ; — Demolombe, *op. cit.*, T. VI, n° 664; — Larombière *Théorie et prat., des oblig.*, art. 1331 C. civ. ; — Massé, *Droit com.*, T. IV, p. 338 ; — Valéry, *op. cit.*, p. 308 n° 342 ; — Rousseau, *op. cit.*, p. 20 et suiv. ; — Legris, *op. cit.*, p. 117 et suiv. ; — Tissier *op. cit.*, p. 40.)

259. — Du caractère confidentiel de la lettre missive résulte pour le destinataire l'obligation de n'en pas révéler le contenu. C'est donc là une grave atteinte portée à son droit de propriété. Non seulement il ne lui sera pas permis de donner la lettre à des tiers pour la leur faire lire mais encore son consentement ne sera pas toujours suffisant pour en autoriser l'usage en justice (1).

260. — Quelle est maintenant la raison juridique sur laquelle repose cette exception remarquable à la règle du droit commun qui veut que tout propriétaire puisse librement disposer de sa chose ?

On enseigne communément que cette obligation de respecter la confidence contenue dans une lettre mis-

---

(1) Logiquement, nous devrions exposer ici en quoi consiste exactement cette dernière restriction et poser les règles qui gouvernent la production en justice des correspondances privées. Mais en raison de l'importance pratique de ce sujet et des longs développements qu'il comporte, nous préférons le traiter à part dans la 3ᵉ partie de ce travail.

sive doit s'induire des décrets des 10 août 1790 et 10 juillet 1791, ainsi que des principes de 1789 eux-mêmes. (V^r *supra*, n° 10). On répète fréquemment encore que cette inviolabilité prend sa source dans la morale et les nécessités sociales, et que, si elle a reçu la consécration de la jurisprudence, c'est parce qu'elle résulte de l'esprit de l'ensemble de notre législation. Des généralités aussi vagues ne nous suffisent point. Les principes de 1789 et les décrets de 1790 et 1791 ne visent en termes exprès que l'inviolabilité des correspondances vis-à-vis des agents de l'Etat. Sans doute la pensée d'un citoyen est aussi inviolable que son domicile, et notre Code la défend contre les atteintes possibles des fonctionnaires du Gouvernement en général, des fonctionnaires des Postes en particulier, quand elle a été enfermée, sous forme de lettre, dans une enveloppe close. (art. 187; C. P.) Mais cela ne peut évidemment pas servir de base au secret des correspondances, sorties des mains de l'Administration et remises à leur destinataire. Nous en dirons autant des nécessités de la morale et de la sécurité des relations sociales. Ce sont là des considérations certes très recommandables mais insuffisantes pour légitimer le principe de l'inviolabilité des lettres *entre particuliers*.

261. — Pour nous, il repose surtout sur une convention tacitement intervenue entre l'auteur de la lettre et le destinataire. Le premier, en confiant au papier sa pensée secrète pour la porter à la connaissance du second, a pu valablement mettre, comme modalité à sa communication, qu'elle ne recevra aucune publicité. Une lettre, en effet, n'est écrite, en principe, que pour le destinataire seul. Lorsqu'elle lui a été présentée, il a dû songer à cette intention de l'expéditeur et en l'acceptant, il a accepté de se conformer au devoir de discrétion que son correspondant attendait de lui. (Valéry, *op. cit.*, p. 307 ; — Legris, *op. cit.*, p. 118-119, n° 84 ; — D. R. S., v° *Lettre mis.*, n° 8 ; — Tissier, *op. cit.*, p. 42.)

262. — Toutefois, il ne faut rien exagérer. Ainsi, en montrant à un intime la lettre qu'il a reçue, le destinataire ne commettra pas inévitablement un acte illicite. Il aura agi alors avec plus ou moins de tact ou de convenance sans qu'on puisse cependant lui reprocher d'avoir outrepassé son droit. Il appartient, d'ailleurs, à l'auteur de la lettre de prouver qu'il est résulté pour lui un préjudice de sa divulgation et aux juges d'apprécier quelle réparation lui est due de ce chef. (Rousseau, *op. cit.*, p. 33, n° 29 ; — Legris, *op. cit.*, p. 119 et 127, n°s 85 et 96 ; — Tissier, *op. cit.*, p. 44.) D'autre part, nous verrons que le caractère confidentiel d'une correspondance n'enlève pas toujours au destinataire le droit de la produire en justice contre son auteur lorsqu'elle fait titre à son profit.

263. — D'autres restrictions peuvent être apportées au droit absolu du destinataire par la volonté de l'expéditeur. Il en est ainsi notamment lorsque ce dernier a expressément exigé le renvoi ou la destruction de sa lettre après lecture. On ne saurait sérieusement contester la légitimité de ces conditions. La lettre est, en effet, au moment de sa rédaction, la propriété personnelle de son auteur. « C'est lui, dit M. Breton, qui établit les droits qu'on peut avoir sur elle ; tant qu'elle reste entre ses mains, il en est le souverain maître ; il va pouvoir, comme un donateur, apposer des modalités à son envoi et ces modalités seront expresses ou tacites. Le destinataire, par l'acceptation de la lettre, est sensé avoir adhéré aux propositions de l'auteur ; il doit donc les respecter. » (Breton, *op. cit.*, p. 153.) Dans la pratique, de pareilles conditions expressément formulées sont rares parce qu'il est difficile à l'expéditeur d'en demander l'accomplissement par une action en justice. Si le destinataire n'a pas détruit ou retourné la lettre, comment le contraindre à s'exécuter ? *Nemo ad factum cogi potest ;* il en restera donc détenteur. Seulement, il sera tenu tout au moins à une abstention et passible de dommages-intérêts, si, d'une manière quelconque, cette correspondance est livrée à la publicité. (Stoffel, *Des Lettres missives*, p. 170 ; — Breton, *loc. cit.*; — Chauvet, *Le secret et la propriété de la corresp.*, p. 100.) De plus, au décès du destinataire, l'expéditeur ou ses héritiers pourront la revendiquer si elle se trouve encore dans la succession. (Toulouse, 6 juillet 1880, D. R. S., v° *Let. mis.*, n° 29 *et les concl. conf. de M. l'av. gén. Fabreguettes ;* — Legris, *op. cit.*, p. 135, n° 105.) Mais ici encore il ne faut pas exagérer la portée de ces modalités et nous verrons plus tard qu'elles sont souvent impuissantes à empêcher la production en justice des lettres qui en sont affectées.

264. — Enfin, les lettres qu'un commerçant ou un industriel adresse à son représentant à raison de ses attributions ne deviennent pas la propriété de ce dernier. Il ne saurait dès lors se refuser à les rendre si la demande lui en est faite. Cela se conçoit aisément si l'on songe que le commis-voyageur est, vis-à-vis de son patron, dans la même situation juridique que le mandataire vis-à-vis de son mandant. Pour lui, le titre instrumentaire de son mandat se trouve dans la correspondance que lui fait parvenir la maison où il est employé. Or, d'après l'article 2004 du Code civil, le mandant peut révoquer sa procuration quand il le juge à propos et, par suite, obliger le mandataire à lui restituer tout écrit d'où résulte cette procuration. (Bordeaux, 12 mars 1842, D. R., v° *Let. mis.*, n° 3 ; — Douai, 24 juin 1874, D. P., 75. 2. 95 ; — Besançon, 27 mars 1889, D. P. 90. 2. 17 ; — Valéry, *op. cit.*, p. 304, n° 338 *et la note* ; — Legris, *op. cit.*, p. 95-96, n° 63 ; — Rousseau, *op. cit.*, p. 6-7, n° 8 ; — Tissier, *op. cit.*, p. 36.) La même solution s'applique aux correspondances reçues par les directeurs et employés des maisons de commerce pour les affaires de la maison, ainsi qu'aux secrétaires et aux clercs des officiers ministériels, relativement aux procès confiés à leur étude. (Paris, 7 nov. 1888, G. P., 89. 1. 30 ; — Trib. Com. Seine, 13 fév. 1888, *La Loi* du 28 fév. ; — V^r aussi les autorités précitées.)

SECTION III

DE LA REMISE DES LETTRES AU DESTINATAIRE

265. — En principe, la distribution d'un objet de correspondance doit avoir lieu entre les mains du destinataire lui-même ou de son fondé de pouvoir, muni d'une procuration établie sur papier timbré et dont la signature doit être légalisée (1). A défaut d'une procu-

---

(1) Ces formalités ne sont plus les mêmes quand il

ration spéciale, le fondé de pouvoir peut obtenir la remise de la correspondance en produisant un extrait timbré de la procuration générale qui lui a été donnée pour gérer les affaires du destinataire. La procuration ou l'extrait est conservé dans les archives du bureau. (Jaccotey, *op. cit.*, p. 616.) (1)

---

s'agit des vaguemestres militaires. Le service de distribution des correspondances des soldats et marins, ainsi que des sous-officiers de toutes armes, présents sous les drapeaux et pavillons, est assuré par un préposé militaire appelé vaguemestre. *(Ordon. du 2 nov. 1833, portant règlement sur le service intérieur des corps de troupes.)* Il n'est autre chose qu'un facteur spécial, choisi par le chef de corps parmi les sous-officiers et placé sous la surveillance immédiate du major. Il est muni d'une commission délivrée par le Conseil d'Administration du Régiment. Un double de cette commission reste entre les mains du Receveur des Postes de la localité où le vaguemestre exerce ses fonctions. Elle est rendue à l'autorité militaire en cas de mutation du vaguemestre ou de changement de garnison. En cas d'absence ou d'empêchement, le titulaire est remplacé par un sous-officier muni d'une autorisation temporaire. (Jaccottey, *op. cit.*, p. 625 et 626.) Les réservistes et territoriaux appelés à accomplir leurs périodes d'instruction ne peuvent recevoir leurs lettres que par l'entremise du vaguemestre. (Cons. d'Etat, 19 novembre 1880, rap. par Voillaume, *op. cit.*, p. 96.) Les officiers ne sont jamais soumis à cette formalité. (Décret du 28 décembre 1883, art. 203 *Bul. mens.*, n° 15, mars 84, p. 673.) — Il existe dans certaines, administrations des vaguemestres civils dont le service est entièrement assimilé à celui des vaguemestres militaires. (Décis. des Min. des Fin. et de l'Int. des 5 et 11 juillet 1855, *Inst. gén.* p. 1089 et suiv. ; — Jaccottey, *op. cit.*, p. 627.)

(1) Toutefois, il est une hypothèse où le mandat de recevoir la correspondance adressée à autrui n'est constaté par aucune procuration écrite. Lorsqu'il existe un concierge dans la maison, c'est entre ses mains, en vertu d'un accord tacite et d'un usage constant, que sont remises les lettres adressées aux personnes habitant l'immeuble qu'il dessert. Le concierge est ainsi tenu de

266. — Cependant, la remise entre les mains du destinataire ou de son fondé de pouvoirs n'est absolument indispensable que pour les lettres recommandées et pour les valeurs déclarées, parce qu'aux termes de la loi, l'Administration n'est valablement déchargée pour les envois de cette nature, que par le reçu du destinataire lui-même ou de son représentant autorisé. (Loi du 4 juin 1859 art. 3 ; — Loi du 25 janvier 1873, art. 3.) Dans la pratique, pour les objets non chargés ou non recommandés, y compris les lettres, la remise en est régulièrement opérée lorsqu'elle a lieu au domicile indiqué sur l'adresse, à la personne qui a déclaré en être le destinataire ou être chargée par le destinataire de les retirer des mains du facteur. (Jaccottey, *op. cit.*, p. 616-617). (1)

---

prendre ces plis et de les distribuer. S'il refuse, il est passible de dommages-intérêts et le propriétaire peut être déclaré civilement responsable de cette inexécution d'obligation, en vertu de l'article 1384, § 3 du C. civ. (Rousseau, *op. cit.*, p. 130-131, n⁰ˢ 210 et 211 ; — Agnel, *Code des prop. et des locat.*, n⁰ 933 ; — Jaccottey, *op. cit.*, p. 617 ; — Trib. Seine, 22 mars 1861, G. T. du 24 mai ; — *id.*, 4 octobre 1866, *Le Droit*, du 13 décembre ; — *id.*, 23 mars 1897, *Le Droit*, n⁰ˢ des 19, 20 et 21 avril ; — Trib. de Paix du 11ᵉ arrond. Paris, 10 mars 1830, *Le Droit* du 12 mars.)

(1) Les agents de l'Administration n'ont même pas à tenir compte des mentions *personnelle, ne remettre qu'à lui-même* ou autres semblables apposées sur la suscription des correspondances. La distribution de ces plis est réputée régulière lorsqu'elle a été faite à l'entrée de l'habitation, à la personne qui se présente pour les recevoir. (Art. 608, 662 et suiv. de l'*Inst. gén.*; — Frault, *op. cit.*, n⁰ 108 ; — Legris, *op. cit.*, p. 106, n⁰ 74 ; — Rouland et Bouguet, *op. cit.*, p. 114, n⁰ 359.)

14

267. — Lorsque, pour une raison quelconque, une lettre a été ouverte par une personne autre que le destinataire, cette personne doit mentionner au dos de l'enveloppe l'erreur commise par elle et signer sa déclaration. Si elle ne veut ou ne sait signer, l'Administration inscrit d'office l'annotation suivante : « Présenté à M... qui l'a ouverte et a refusé de le certifier», ou « ne sait pas signer ». Le pli est ensuite placé sous ficelle croisée, scellé du cachet du bureau, de façon que le contenu ne puisse en être enlevé sans briser les cachets et de nouvelles recherches sont faites pour trouver le véritable destinataire. *(Inst. gén.*, art. 692 ; — *Bul. mens. Ad. des Postes*, n° 9, septembre 1887 ; — Rouland et Bouguet, p. 119, n° 378.) Mais ces recherches doivent s'effectuer avec la plus grande circonspection. Les préposés des Postes n'ayant pas le droit de modifier la suscription des messages qui leur sont confiés (1), ne doivent porter la lettre à un domicile autre que celui indiqué par l'expéditeur, qu'autant qu'il ne peut y avoir aucun doute sur l'identité du destinataire qu'ils croient avoir retrouvé. Si ce doute existe, la lettre doit être expédiée au bureau des rebuts qui fera l'enquête nécessaire, soit pour découvrir le véritable destinataire, soit pour renvoyer

---

(1) Ainsi, toute lettre adressée à une personne pour être remise à une autre, doit d'abord être présentée à la première personne indiquée sur la suscription. Si celle-ci refuse, si elle est inconnue, décédée ou partie sans laisser d'adresse, la lettre est alors présentée à la seconde et mention est faite, au dos de l'écrit, des causes qui n'en ont pas permis la remise au premier destinataire. *(Inst. gén.*, art. 690 ; — Rouland et Bouguet, *op. cit.*, n° 376, p. 119 ; — Legris, *op. cit.*, p. 106, n° 73.)

le pli à l'expéditeur. On ne s'exposera pas ainsi à livrer entre des mains étrangères, par suite d'homonymie, des correspondances contenant des secrets d'affaires ou de famille. (Frault, *Manuel postal théorique et pratique*, n° 101 ; — Legris, *op. cit.*, p. 104, n° 70.)

268. — La distribution des correspondances présente en outre quelques hypothèses délicates que nous devons brièvement examiner.

269. — Lettres adressées sous un nom supposé. — Il est interdit de délivrer des lettres adressées sous un nom qui n'est pas celui de la personne par qui elles sont réclamées. Ces correspondances doivent être envoyées au rebut avec la mention « nom supposé ». Mais un surnom ou un sobriquet ne peuvent jamais être assimilés à un nom supposé. (Rouland et Bouguet, *op. cit.*, n° 379, p. 120.)

270. — Cette espèce doit être rapprochée du cas où l'écrit est expédié sous un pseudonyme. Lorsqu'il comporte l'indication d'un domicile et s'il est accepté à l'endroit indiqué, la Poste doit en faire la remise sans autre formalité. Si la lettre au contraire ne mentionne aucun domicile, celui qui la réclame doit produire un certificat de notoriété délivré par le commissaire de police de son quartier, ou le maire de sa commune, ou encore un acte notarié constatant qu'il est connu sous le pseudonyme désigné. Ces pièces sont déposées aux archives du bureau. (Rouland et Bouguet, *op. cit.*, p. 124, n° 391.) Si le réclamant ne parvient pas à établir son identité, le pli est versé au rebut. (Jaccottey, *op. cit.*, p. 630.)

271 — **Lettres adressées à un destinataire décédé.** — Les correspondances ordinaires doivent être portées au domicile indiqué sur la suscription, tant qu'elles y sont reçues. Mais le préposé peut être requis par acte légal d'avoir à les remettre soit à un exécuteur testamentaire, soit à un tuteur, soit à l'héritier, soit même à toute autre personne. (Rouland et Bouguet, *op. cit.*, p. 120, n° 382 ; — Jaccottey, *op. cit.*, p. 632.)

272. — **Lettres adressées à des absents.** — Si l'absence n'a pas été déclarée, cette correspondance devra être versée au rebut et là, si le domicile du destinataire ne peut être connu, elle sera retournée à l'expéditeur. Si l'absence au contraire est déclarée, le ou les envoyés en possession provisoire pourront en obtenir la remise, sur la production d'un extrait du jugement en possession provisoire. (Jaccottey, *op. cit.*, p. 632.)

273. — **Lettres adressées sous la désignation de marques commerciales.** — La personne qui en demande la délivrance doit établir qu'elle est propriétaire de la marque commerciale portée sur la suscription. La preuve en est faite par la remise entre les mains du Receveur d'un certificat constatant le dépôt de la marque au greffe du tribunal de commerce de l'arrondissement. (Legris, *op. cit.*, p. 111, n° 79 ; — Frault, *op. cit.*, n° 124.)

274. — **Lettres adressées à des commerçants retirés des affaires ou à un officier ministériel destitué ou ayant cédé, avec indication de l'ancienne profession.** — Même en l'espèce il ne peut être fait exception à la règle qui veut que la lettre soit remise à la personne indiquée sur la suscription. (Legris, *op. cit.*, p. 112, n° 81 ; — Jaccottey, *op. cit.*, p. 631 ; — Frault, *op. cit.*, n° 121 ; — Hanssens, *op. cit.*, p. 186 ; — Rousseau, *op. cit*, p. 115.) Cependant, si la correspondance est relative aux affaires traitées par la maison, l'acheteur, en vertu de son titre de propriétaire de la maison cédée, pourra exiger de son vendeur qu'elles lui soient remises. En cas de contestation sur le point de savoir si la lettre litigieuse est personnelle ou non à l'ancien titulaire, les tribunaux, juges du fait et souverains appréciateurs des circonstances, seront compétents pour trancher le différend. (Cas., 10 avril 1866, D. P., 66. 1. 342 ; — 8 novembre 1892, D. P., 93. 1. 33 ; — Paris, 23 novembre 1883, *Journ. de la prop. indust.*, 85, p. 219 ; — 3 fév. 1888, G. P., 88. 1. 102 ; — Trib. Seine, 25 juillet 1891, *Le Droit* 31 octobre 1891 ; — Lyon, 18 décembre 1867, *Annales de la science et du droit com.*, 1869, 2. 215.) En cas d'urgence, le juge des référés ordonnera toutes mesures utiles. (Amiens, 26 Janv. 1869, S. 69. 2. 333.)

275. — Lettres adressées à des homonymes. — Il s'agit ici du cas où une lettre porte un nom commun à plusieurs personnes dans la même localité sans contenir aucun signe ou indication de nature à faire attribuer la propriété du pli à l'une ou à l'autre de ces personnes.

276. — Etablissons d'abord que l'homonyme le plus anciennement établi dans la localité ne doit pas être privilégié et qu'il n'y aurait pas lieu par conséquent de déférer à ses prétentions si elles tendaient à exiger la remise préalable entre ses mains de toute la correspondance litigieuse. C'est ce que déclare, en termes absolus, un arrêt de la Cour de cassation du 24 novembre 1846 (D. P., 47. 1. 69), réformant un jugement contraire du Tribunal de commerce de St-Dié. (*V. aussi* Nancy, 10 janv. 1846, D. P., 46. 2. 119. — *Contra :* Trib. com. Marseille, 4 juin 1892, G. P., 93. 1. 355, *décision isolée.*)

277. — Voyons donc maintenant comment l'Administration des Postes résout cette difficulté.

Les articles 81 de l'Instruction générale de 1808, 521 de l'Instruction générale de 1832 et 828 de l'Instruction générale de 1856 prescrivaient aux Receveurs des Postes de convoquer dans leurs bureaux toutes les personnes portant le nom indiqué sur la lettre. Celle-ci était alors ouverte en leur présence et moyennant leur consentement unanime. Puis le Receveur se bornait à lire le nom de l'expéditeur et remettait l'écrit à celui qui s'en déclarait le destinataire. Si l'une des parties s'opposait à cette remise, la lettre était refermée, scellée du cachet du bureau et versée au rebut pour être retournée à l'expéditeur. Enfin, si l'un des homonymes ne consentait pas dès le début à l'ouverture de la correspondance, elle était retenue par le Receveur en attendant qu'un jugement eût décidé auquel d'entre eux elle devait appartenir. (Cas., 10 avril 1866, D. P., 66. 1. 312.)

278. — Ces dispositions n'ont pas été reproduites par l'article 691 de l'Instruction générale actuelle (édition de 1876). Ce texte ne recommande plus la convocation des homonymes et l'ouverture de la lettre au bureau de destination, sans qu'il soit toutefois permis de conclure de son silence, que cette manière de procéder a été proscrite. L'article 691 se borne à inviter le préposé à envoyer la lettre en rebut journalier, *après avoir épuisé tous les moyens de la remettre sûrement au véritable destinataire.* (Rousseau, *op. cit.*, p. 114; — Legris, *op. cit.*, p. 107 ; — Jaccottey, *op. cit.*, p.629 ; — Nîmes, 9 février 1889, D.P., 90.2.317.)(1)

279. — D'ailleurs, rien n'empêche les homonymes de s'entendre entre eux et avec l'Administration pour réglementer amiablement la distribution de toute leur correspondance. C'est ainsi qu'ils peuvent choisir une tierce personne ou l'un d'eux, avec mission de recevoir leurs lettres, de les ouvrir et de les livrer ensuite au véritable destinataire. (Cas., 22 mai 1889, D. P., 89. 1. 370 ; — Paris, 3 juin 1892, G.P., 92. 2. 380 ; — Jaccottey, *op. cit.*, p. 630.)

280. — Correspondances adressées à des mineurs, à des interdits et à des femmes mariées. — Ces lettres sont portées comme les autres au domicile indiqué et la distribution est réputée régulière par cela seul que la remise en a été

---

(1) Si un objet de correspondance est adressé sous le même nom à la femme divorcée ou à la femme du mari divorcé, le Receveur des Postes doit rechercher par les mentions figurant sur l'adresse, notamment par l'indication des prénoms, de la demeure, de la profession de la destinataire, si cet objet doit être remis à la femme divorcée ou à la seconde femme du mari divorcé. A défaut de renseignements permettant de reconnaître la personne à laquelle l'objet est destiné, le Receveur le considère comme portant un nom commun à plusieurs personnes dans la localité et le verse en rebut journalier. (Rouland et Bouguet, *op. cit.*, n° 377 *bis*.)

faite entre les mains de la personne qui a déclaré en être destinataire.

Mais nous avons vu que le père, le tuteur et le mari ont un droit de surveillance sur les lettres que reçoivent les différentes personnes placées sous leur autorité. Comment dès lors concilier ce droit, unanimement admis par la jurisprudence, avec la manière de procéder de l'Administration ?

281. — Des auteurs ont soutenu que la Poste, en se mettant ici en contradiction avec la loi civile, faisait sciemment échec à la puissance paternelle, maritale et tutélaire. (Rousseau, *op. cit.*, n° 143, p. 92 et suiv.; — Vanier, *Revue pratique*, an. 1866, n° 110 et 123 *et la note.*) On n'a pas songé que si le Code reconnaît tacitement au mari, au père ou au tuteur le droit de surveiller les lettres que reçoivent les incapables dont ils ont la charge, l'Administration de son côté est liée par des dispositions très précises qui ne lui permettent pas de délivrer une lettre à une personne autre que le destinataire indiqué sur la suscription (*Argum.* art. 3 des lois du 4 juin 1859 et 25 janvier 1873.)

282. — D'autre part, en pratique, la Poste ne peut agir autrement. C'est une question juridique qu'il s'agit en effet de résoudre quand un tiers réclame une correspondance qui ne lui est pas adressée, en excipant de son droit de puissance légale. Or, les préposés du service des Postes n'ont ni les loisirs, ni les capacités voulus pour examiner et trancher de pareilles difficultés. Le système le plus simple, en même temps que le plus équitable, consiste donc pour eux à ne faire aucune exception à la règle générale qui préside à la distribution des lettres, sans se préoccuper de la capacité civile des destinataires. C'est là d'ailleurs ce que décide un avis du Conseil d'Etat en date du 13 mai 1855 : « Considérant, dit-il, qu'aucun texte de loi n'attribue, d'une manière expresse, aux représentants des incapables le droit, sur la seule justification de leur qualité, de se faire remettre ou même seulement de faire arrêter la correspondance qui est adressée aux incapables ;... par suite l'Administration des Postes ne saurait, sans engager sa responsabilité, modifier le mandat qu'elle a reçu de l'expéditeur et déférer, de sa propre autorité, aux demandes formées par les représentants des incapables...» (Sanlaville, *De la respons. civ. de l'Etat en mat. de Poste et Télég.*, p. 65 ; — Jaccottey, *op. cit.*, p. 631-632 *et la note* ; — Legris, *op. cit.*, p. 156 et suiv , n° 128.)

283. — Il faut remarquer au surplus, que cette solution ne désarme nullement l'autorité du mari, du père ou du tuteur. S'ils n'ont pas le droit de faire défense *personnellement* à l'Administration de remettre les lettres adressées à l'incapable, ils peuvent réclamer cette interdiction des tribunaux et, en cas d'urgence, du juge des référés. « C'est aux tribunaux, enseigne M. Jaccottey, et, en cas d'urgence, au juge des référés que les pères, maris ou tuteurs doivent s'adresser pour faire valoir les considérations souvent très respectables qui peuvent être invoquées pour justifier une dérogation aux règlements de la Poste. » (Jaccottey, *op. cit.*, p. 632 ; — art. 698, *Inst. gén.*)

284. — Ajoutons que les lettres adressées à des mineurs émancipés ou à des femmes séparées de corps et de biens, sous leur nom de famille ou sous celui de leur mari, ne peuvent jamais être délivrées qu'à ces personnes. L'autorité paternelle en effet cesse, on le sait, par l'émancipation, en vertu de l'article 372 du Code civil, et l'article 311 du même Code, modifié par la loi du 6 février 1893, porte que la séparation de corps « a pour effet de rendre à la femme le plein exercice de sa capacité civile, sans qu'elle ait besoin de recourir à l'autorité de son mari ou de justice. » (*V. aussi* art. 697. *Inst. gén.*)

SECTION IV

DES CRIMES ET DÉLITS CONTRE LA PROPRIÉTÉ DES CORRESPONDANCES PRIVÉES

285. — Nous avons vu que l'article 187 du Code pénal punit le fait de *l'ouverture* ou de la *suppression* d'une lettre par un agent du Gouvernement ou de l'Administration des Postes. En commentant cette disposition, qui a pour seul but de protéger *le secret des lettres et la sûreté des correspondances*, nous l'avons reconnue inapplicable aux faits d'ouverture ou de suppression commis par un simple particulier (1). Mais le fait de l'ouverture ou de la suppression d'une lettre peut avoir pour objet la perpétration d'un délit autre qu'une violation. Dans ce cas, il s'absorbe dans le délit plus grave dont il devient l'élément.

---

(1) Il n'en est autrement, avons-nous dit, que lorsque le particulier s'est servi du concours frauduleux d'un agent des Postes. (Cas., 9 janv. 1863, D. P. 63. 1. 160 *et la note.*)

(Blanche, *op. cit.*, 3ᵉ étude, p. 744 ; — Chauveau et Hélie, *op. cit.*, T. III, p. 36.) C'est ce qui se rencontre, par exemple, dans le cas de détournement de valeurs contenues dans la lettre supprimée. (Cas., 14 juin 1850, B. C., n° 198 ; — 15 octobre 1853, B. C., n° 518 ; — 19 janvier 1855, B. C., n° 16.)

Résulte-t-il de là que l'appropriation frauduleuse d'une lettre pure et simple, c'est-à-dire d'une lettre ne renfermant aucune valeur ou ne contenant ni obligation, ni décharge, doive constituer un vol ?

286. — Pendant longtemps les tribunaux ont hésité à admettre l'affirmative. Prendre pour *garder* ou pour *supprimer* c'est la même chose, au dire d'une imposante jurisprudence. Or, si l'article 187 C. P. n'a pas classé parmi les vols l'appréhension d'une lettre en vue de la suppression de celle-ci, on comprend difficilement pourquoi l'on traiterait différemment l'appréhension en vue de conserver, d'autant que quand il s'agit d'une lettre, prendre connaissance de son contenu, en garder copie, doit être considéré comme équivalant à une entière appropriation.

287. — On objecte encore que l'article 379 du Code pénal, qui définit le vol, ne peut pas s'appliquer à la lettre missive parce que le mot *chose* dont il se sert ne vise absolument que les objets mobiliers ayant une valeur vénale et réelle. Au surplus, ajoute-t-on, la loi présenterait l'anomalie la plus étrange, si on pouvait atteindre, au moyen de l'article 379, le détournement d'une lettre commis par un particulier. Celui-ci serait alors passible de peines plus sévères que celles qui frappent le fonctionnaire ; le minimun de la peine qu'il encourrait, d'après l'article 401 C. P., serait d'un an d'emprisonnement, alors que celui de la

peine à laquelle un agent de l'autorité est exposé (art.
187) est seulement de trois mois d'emprisonnement.
(Trib. Bourbon-Vendée, 31 janv. 1835, *Journ. de
droit crim.*, p. 84 ; — de Reims, 29 nov. 1847, G. T.
8 janv. 1848 ; — Bastia, 12 avril 1849, D. P., 50. 1.
295 ; — M. le Conseiller Vallabrègue, *Des lettres
missives au point de vue du droit pénal, Journal des
Parquets*, p. 100 et suiv.)

288.— Ces objections n'ont pas paru irréfutables et
la jurisprudence des cours et des tribunaux semble aujourd'hui admettre, avec beaucoup moins de difficulté,
l'opinion très ferme de la Cour suprême qui décide
que la soustraction d'une correspondance dans le but,
*non plus d'en violer le secret mais de s'approprier la
lettre missive, constitue, selon les circonstances, le
délit ou le crime de vol :* « Attendu, dit la Cour de cassation, que les lettres missives, même lorsqu'elles ne renferment aucune valeur incluse, sont des écrits qui peuvent, comme tous autres objets mobiliers, être le sujet
d'un droit de propriété auquel la loi doit accorder sa
protection ; que la soustraction de ces lettres tombe
sous le coup des articles du droit pénal qui répriment
les différentes espèces de vol ; que si l'article 187
frappe seulement de peines correctionnelles le fonctionnaire ou l'Agent du Gouvernement ou de l'Administration des Postes, coupable de suppression ou
d'ouverture des lettres confiées à la Poste, cette disposition, qui n'a pour objet que d'assurer le secret des
correspondances et la conservation matérielle des
lettres remises à la Poste, n'est pas exclusive de l'application de la peine plus sévère du vol à tous ceux
qui, simples particuliers ou agents du Gouvernement,
vont jusqu'à s'approprier des lettres appartenant à

autrui..... » (Cas., 2 avril 1864, D. P. 64. 1. 396 ; — Cas. 9 août 1889, B. C., nᵒ 289, p. 460 ; — Cas. 18 mars 1892, D. P. 92. 1. 522 ; — Nîmes, 12 février 1853, *cité par M. Vallabrègue, Rec. de jurisp. de la Cour d'Aix*, nᵒˢ de juin-juillet 1888, p. 152, *en note*; — Paris, 8 novembre 1853, D. P. 54. 2. 17 ; — Dijon, 16 février 1876, D. P. 78. 5. 485 ; — Aix, 27 juillet 1888, *Rec. de jurisp. de la Cour d'Aix nᵒ et p. précités ;* — Lyon, 30 décembre 1896 *G. T.*, 13 fév. 1897 ; — Trib. de Beauvais (1), 20 décembre 1893, G. P. p. 544 ; — Cons. de revision Paris, 27 novembre 1884, *La Loi*, 20 décembre 1884 ; — D. R. vᵒ *Postes*, nᵒ 144 ; — vᵒ *Vol*, nᵒ 116 ; — D. R. S. vᵒ *Let. mis.*, nᵒ 9 ; — vᵒ *Vol*, nᵒ 25 ; — Morin, *Rép. de droit crim.*, vᵒ *Abus d'aut.*, nᵒˢ 28 et suiv. ; — Hepp, *op. cit.*, nᵒ 39 ; — Legris, *op. cit.*, p. 36, nᵒ 27 ; — Hansens, *op. cit.*, p. 47 et suiv.)

289. — Nous pensons que cette doctrine est la seule juridique. Il n'y a en effet aucune bonne raison pour soutenir que la lettre missive ordinaire est un objet mobilier sans valeur vénale et réelle. Indépendamment du prix d'affection que l'on attache le plus souvent à ces sortes d'écrits, nous savons qu'ils sont considérés comme une véritable richesse par le savant ou par le collectioneur d'autographes et qu'ils peuvent assurer, d'autre part, à leur légitime propriétaire, de

---

(1) Ce jugement est très significatif. Il décide d'abord que celui qui trouve et s'approprie des lettres perdues par le destinataire commet *le délit de vol* ; il déclare en outre que le journaliste qui fait usage de ces lettres en les publiant dans son journal, alors qu'il savait qu'elles avaient été soustraites, se rend coupable par recel du délit de vol commis par l'inventeur.

grands avantages en matière de production en justice.

290. — L'opinion que nous combattons d'ailleurs se réfute d'elle-même par l'étrangeté des résultats auxquels elle conduit. Supposons qu'un malfaiteur s'introduise la nuit, par effraction, dans un bureau de Poste. Il y soustrait un paquet où il pense trouver des lettres chargées mais qui, en réalité, n'en contient aucune. Si nous nous en tenons à la thèse admise par nos adversaires sur ce point, sa défense sera des plus faciles. D'un côté, l'article 187 ne punissant que la suppression des correspondances, commise par un agent du Gouvernement, ne lui sera pas applicable ; de l'autre, l'article 379 ne l'atteindra pas davantage en vertu de ce principe, bien dangereux, à notre avis, qu'une lettre missive ordinaire est une *chose sans valeur vénale et réelle*. Cette conséquence bizarre est d'autant plus choquante que ce même individu pourra au contraire être déféré en Cour d'assises, sous l'inculpation de vol qualifié, s'il a eu la maladresse d'emporter, avec ces mêmes lettres, le sac qui les renfermait. On arrive ainsi à décider que la propriété d'un lambeau de toile est plus respectable que la propriété d'une lettre missive. Pour nous, nous croyons donc devoir conclure que l'article 187 ne fait aucun obstacle à l'application, selon les circonstances, des différents textes du Code pénal qui répriment le vol. La seule difficulté sera de démêler la véritable intention de l'auteur de la suppression de la lettre missive, en déterminant exactement s'il a voulu violer le secret de ce pli ou s'il y a eu chez lui l'idée de s'emparer frauduleusement d'un objet qui ne lui appartenait pas.

SECTION V

TRANSMISSION HÉRÉDITAIRE DES LETTRES

MISSIVES

291. — Nous avons établi dans une des précédentes sections que la lettre missive, une fois parvenue
aux mains du destinataire, devenait sa propriété et
que l'expéditeur n'était plus à même d'en réclamer
la restitution, à moins d'une stipulation contraire expressément formulée. La personne à qui l'on adresse
une lettre n'est donc pas, nous ne saurions trop le
répéter pour la bonne intelligence de la discussion
qui va suivre, un simple dépositaire de ce pli ; la correspondance qu'elle reçoit devient réellement au contraire partie intégrante de son patrimoine et elle peut,
*si l'écrit ne recèle pas toutefois quelque confidence
intime*, en disposer suivant sa libre volonté. Nous
ajouterons maintenant que cette propriété de la lettre
missive, comme celle de tout autre objet mobilier ou
immobilier, passe aux héritiers du destinataire, sous
réserve d'examiner plus tard si la *correspondance
confidentielle* se trouve soumise elle aussi à cette règle
que nous formulons en termes généraux. (Cas., 3
fév. 1873, D. P., 73. 1. 467 ; — Toulouse, 6 juillet
1880, D. P., 81. 1. 673 ; — Hanssens, *op. cit.*, n°
194 ; — Pouillet, *Prop. litt. et art.*, n° 393 ; —
Legris, *op. cit.*, p. 128, n° 99.)

292. — Ceci posé, une question toute naturelle
se présente à notre esprit : comment, au décès du

destinataire, s'effectuera entre les héritiers le partage de la correspondance trouvée dans la succession du *de cujus* ?

Nos anciens auteurs admettaient unanimement que les papiers domestiques, la correspondance du défunt, les portraits de famille et les armes des ancêtres étaient dévolus à l'aîné, eût-il même renoncé à son titre d'héritier. Ce privilège d'ailleurs n'existait, dans la plupart des Coutumes, que pour la ligne directe ; chez quelques autres, cependant, on l'étendait encore à la ligne collatérale, au bénéfice du parent le plus proche. (Lebrun, *Traité des succes.*, liv. IV, ch. I, n° 45 ; — Pothier, *Traité des suc.*, ch. II, sect. 1re, § 9 ; — *Idem*, au titre X de la *Cout. d'Orléans*, n° 96 ; — *Idem, De la communauté*, 4e partie, ch. II, art. 1. n° 182 ; — Denisart, v° *Aînesse*, n° 6, § 2.)

293. — Notre Code civil ne se prononce pas sur cette difficulté. Aussi la doctrine et la jurisprudence offrent - elles à cet égard les solutions les plus diverses.

294 — Deux points restent en dehors de toute controverse. D'abord, si les héritiers s'entendent pour se partager ces papiers, l'arrangement intervenu entre eux devra être respecté. De même, si le défunt a, par acte testamentaire, fait connaître ses intentions, s'il a manifesté le désir que ses lettres soient remises à l'un de ses héritiers de préférence aux autres, s'il en a réglé lui-même le partage, ou s'il les a léguées à un étranger, sa volonté remplacera valablement la loi absente. (Bordeaux, 29 mars 1887, D. P., 88. 2. 261.)

295. — Mais que décider, dans le silence des textes, lorsque le *de cujus* n'a pris aucune de ces dispositions et que les héritiers ne sont point d'accord ?

Il est à peine besoin de dire que la solution admise par les Coutumes ne peut plus être reçue, le droit de primogéniture ayant été formellement aboli par la Révolution. On a soutenu cependant qu'il était nécessaire de le faire revivre pour le cas spécial des lettres missives. Mais ce système, qui contredit les principes primordiaux de notre législation moderne, ne compte que très peu de partisans. (*Dans notre sens* : Lyon, 20 décembre 1861, S , 62. 2. 209 ; — Paris, 19 mars 1864, D. P., 64. 2. 247 ; — *Contra* : Trib. civ. Seine, 16 août 1862, *Pasicrisie franç.*, 64. 2. 226 ; — Rolland de Villargues, *Rép. du not.*, v° *Partage*, n° 284.)

296. — Devra-t-on s'en rapporter au droit commun et dire que les papiers de famille, objets mobiliers par leur nature, doivent être assimilés au reste du mobilier et en suivre le sort ? (Dijon, 18 février 1870, D. P. 71. 2. 221 ; — D. R. S., v° *Let. mis.*, n° 34.) Cette thèse est généralement rejetée. Comment permettre en effet que des lettres intimes puissent être vendues aux enchères publiques et adjugées à des étrangers, comme si elles n'avaient pour les héritiers d'autre prix que leur valeur vénale ? Ce serait laisser à la merci du premier venu des secrets pouvant intéresser l'honneur et la considération d'une famille !

297. — On a essayé alors d'atténuer ce que cette opinion avait de mauvais en écartant les tiers de la licitation et en n'y appelant que les seuls héritiers, à défaut de partage amiable. (Aubry et Rau, *op. cit.*, T. VI, p. 510 ; — Lyon, 20 décembre 1861, D. P., 64. 2. 7.) Mais, comme le fait très bien observer Demolombe, « même circonscrit entre les cohéritiers,

ce procédé d'enchères ne va pas sans léser de légitimes susceptibilités et de délicates convenances. »
(Tr. des successions, T. III, n° 701.)

298. — Convient-il enfin de tirer au sort les lettres missives ? Cette nouvelle solution offre d'aussi
graves inconvénients que les précédentes. Elle aurait
peut-être en effet pour résultat d'attribuer la possession d'une correspondance intime à celui des cohéritiers qui, par son caractère ou sa conduite, serait le
moins digne de la conserver. On ne trouve en ce sens
que de très rares décisions judiciaires. (Caen, 12 mai
1830, S., 30. 3. 110 ; — Paris, 25 novembre 1846,
D. P., 46. 2. 716.)

299. — Pour nous, nous croyons devoir, avec la
grande majorité des tribunaux et des auteurs, nous
rallier à l'opinion professée par Demolombe *(loc.
cit.).* Elle consiste à appliquer aux lettres missives
l'article 842, §§ 3 et 4 du Code civil ainsi conçu :.......
« Les titres communs à toute l'hérédité sont remis à
celui que tous les héritiers ont choisi pour en être le
dépositaire, à la charge d'en aider les copartageants,
à toute réquisition. — *S'il y a difficulté sur ce choix, il
est réglé par le juge.* » Donc, si les héritiers sont en
désaccord, le tribunal interviendra à la demande de
l'un d'eux et il aura, en cette matière, un pouvoir souverain d'appréciation. Ainsi, il lui sera loisible, non
seulement d'ordonner la remise des lettres à celui des
héritiers qui lui inspirera le plus de confiance, mais
il pourra encore valablement décider que les lettres
n'intéressant que l'un deux, lui seront exclusivement
attribuées, si elles se trouvent être sans utilité pour
les autres. (Paris, 15 décembre 1875, G. T., du 18
décembre.)

300. — Cette doctrine, conforme à la plus stricte équité, est en même temps très juridique, car il ne faut pas, à notre avis, trop forcer le sens de la loi pour comprendre dans l'expression, *titres communs à toute l'hérédité,* qu'elle emploie, la correspondance et plus généralement tous les papiers privés du défunt. (Paris, 15 décembre 1875, *précité* ; — *Id.*, 1er décembre 1876, D. P., 78. 2. 73 ; — Toulouse, 6 juillet 1880, D. R., vᵒ *Let. mis.*, nᵒ 29 ; — Chabot, *Comment. sur les succes.*, art. 842 ; — Michaux, *Traité des liquid.*, nᵒˢ 28-29 ; — Dutruc, *Du partage*, nᵒ 466 ; — Rousseau, *op. cit.*, nᵒ 12 ; — Legris, *op. cit.*, nᵒˢ 99 et 100 ; — Hanssens, *op. cit.*, nᵒˢ 204 et suiv. ; — D. R. S., vᵒ *Let. mis.*, nᵒ 34.)

301. — Nous n'avons envisagé jusqu'ici que le cas où les personnes arrivant à la succession sont des héritiers légitimes. Mais, s'il y a concours entre un héritier réservataire et un légataire universel ou à titre universel, le premier, continuateur de la personne du défunt, aura, à l'exclusion du légataire, le droit de posséder les lettres trouvées dans le patrimoine du *de cujus,* quand l'auteur de la lettre ou son destinataire n'auront manifesté aucune intention contraire. D'autre part, si ce concours se produit entre simples légataires, le légataire universel succédant seul *in omnem personam defuncti* aura par conséquent seul aussi le droit de recueillir les lettres de la succession. (Lyon, 9 fév. 1872, D. P., 73. 1. 468 ; — Cas., 3 fév. 1873, D. P., 73. 1. 468.) Enfin, entre deux ou plusieurs légataires universels, le partage de la correspondance s'effectuera d'après les règles précédemment posées pour les héritiers légitimes.

302. — On admet unanimement que ces principes

de droit commun sur la dévolution des correspondances privées par voie d'hérédité s'appliquent sans contestation possible dans l'hypothèse où le défunt était propriétaire absolu des correspondances. Mais on se souvient que le destinataire n'a plus qu'un droit de propriété assez restreint sur les écrits qui contiennent une confidence, en ce sens qu'il lui est interdit d'en divulguer le secret. Si nous supposons donc que des papiers de ce genre se trouvent dans le patrimoine du *de cujus*, autoriserons-nous leur auteur ou ses représentants à en exiger la restitution entre leurs mains à la mort du destinataire ? Ou bien, ces sortes de correspondances sont-elles, comme les autres, transmissibles aux héritiers du destinataire, nonobstant le devoir de discrétion dont se trouvait tenu celui à qui elles étaient adressées ?

303. — Il peut arriver que l'auteur ait, dans sa lettre, expressément manifesté le désir qu'elle lui fût restituée, ou qu'elle fût détruite après lecture ou même qu'elle lui fît retour au décès du destinataire. Ici, nous ne rencontrons aucune difficulté car nous savons que dans ces hypothèses exceptionnelles l'auteur de l'écrit en conserve la propriété. Il va donc de soi qu'une telle correspondance ne tombera pas dans la succession et les héritiers du destinataire seront dès lors sans titre pour les revendiquer. (Trib. Epernay, 8 janv. 1891, *La Loi*, du 25 janvier.)

304. — Mais si cette volonté n'a pas été manifestée, soutiendra-t-on que le caractère confidentiel doit suffire à lui seul pour faire présumer l'intention de l'auteur de rentrer en possession de la lettre au décès du correspondant ?

C'est là l'objet d'une vive controverse. Un arrêt de

la Cour de Toulouse du 6 juillet 1880 (D. P., 81. 1.
673) dispose que les lettres missives passent du patrimoine du destinataire dans celui de ses héritiers ou
successeurs sans qu'il y ait à distinguer entre celles
qui sont confidentielles et celles qui ne le sont pas.
La Cour de Rennes, au contraire, par décision du 10
juillet 1880 (D. P., 82. 1. 74), et tout récemment encore la Cour d'Orléans, par arrêt du 29 juillet 1896
(D. P., 97. 2. 209), déclarent qu'en cas de décès du
destinataire, les lettres confidentielles qui lui ont été
adressées doivent être restituées à leurs auteurs.

305. — La théorie de l'intransmissibilité des correspondances confidentielles par voie successorale,
admise par les juges de Rennes et d'Orléans, s'appuie
sur des arguments trop sérieux pour qu'il nous soit
permis de la négliger.

306. — Il résulte, dit-on, des principes généraux
du droit, que le destinataire d'une lettre confidentielle
n'en est pas le maître absolu et qu'il ne peut en faire
usage contre le gré de celui qui l'a écrite, à moins
qu'elle ne fasse titre à son profit. Elle n'est sa propriété
que sous la condition d'en respecter le secret. En cas
de décès du destinataire, la lettre, qui ne peut être légitimement connue que de lui, doit donc, lorsqu'elle
n'a pas été détruite, être remise à celui qui l'a écrite,
conformément à l'intention commune de l'expéditeur
et du destinataire, cette remise étant le seul moyen
d'observer la condition du secret sous laquelle la lettre
a été envoyée. Et c'est bien en effet l'auteur qui crée
la propriété d'une telle lettre et qui, par cela même,
pourvu qu'il agisse sans fraude, a le droit d'imprimer à cette propriété son caractère propre, d'en déterminer les conditions, d'en fixer les limites, d'en régler

l'usage. D'ailleurs, ajoute-t-on, « la confidence écrite est de même nature que la confidence verbale ; c'est un secret d'homme à homme ; on peut même dire que la confidence n'emprunte le secours de l'écriture que quand, à raison de la distance, la communication n'est pas possible de vive voix. Mais, ce but essentiel de la confidence une fois atteint, l'écriture qui l'a transmis s'efface, comme la parole qui l'a communiquée s'évanouit, la confidence seule devant désormais survivre dans l'esprit de celui qui l'a faite et dans l'esprit de celui qui l'a reçue. » (Rennes 1880 *précité*.) On invoque enfin l'inviolabilité des correspondances privées et l'on soutient que le droit de propriété du destinataire doit se combiner avec le principe protecteur du secret des lettres.

307. — Ce dernier argument ne nous touche pas parce que nous le croyons entièrement étranger à la question de la transmissibilité héréditaire des lettres missives. Le principe de l'inviolabilité des correspondances, en effet, qui s'impose évidemment à tous, tout en n'étant sanctionné législativement par le Code pénal qu'à l'égard des agents de l'Etat, n'a pas pour but de déterminer l'étendue des droits respectifs de l'expéditeur et du destinataire. Il est là pour protéger les particuliers, qui écrivent, contre l'indiscrétion des employés du Gouvernement. Mais l'héritier du destinataire, en demandant que les lettres trouvées dans la succession de ce dernier lui soient remises, ne peut être taxé de vouloir pénétrer dans les secrets d'autrui ; il soutient simplement que les papiers du *de cujus* sont sa propriété, comme ils étaient la propriété du défunt lui-même. Il n'y a donc, dans cette prétention, rien qui puisse ressembler à une violation du secret des lettres.

308. — D'autre part, l'objection tirée de la convention tacite intervenue entre l'auteur de l'écrit et son correspondant, celle encore qui assimile la confidence écrite à la confidence verbale, ne sont pas davantage péremptoires.

Comment soutenir que l'intention de l'auteur de ne pas voir sa correspondance passer aux mains des héritiers du destinataire doive se présumer toutes les fois que l'on se trouve en présence d'une lettre confidentielle ? Ne semble-t-il pas qu'une présomption contraire puisse plus justement être invoquée ? Si l'auteur de la lettre n'a pris aucune disposition, s'il n'a pas exigé de son correspondant la destruction ou la restitution de l'écrit, c'est parce qu'il ne voyait sans doute aucun inconvénient à ce qu'il passât un jour en la possession des héritiers du destinataire. Il n'est d'ailleurs pas dans la mission de la justice de suppléer à la prudence des particuliers. « Je tiens que la lettre même confidentielle, disait M. l'avocat général Fabreguettes devant la Cour de Toulouse, est transmissible aux héritiers sous les mêmes obligations, quant à l'usage et à la publication. L'auteur de la lettre savait qu'il l'adressait à quelqu'un de mortel. Je ne ferais fléchir le principe de la propriété définitive du destinataire que si des lettres portaient « retournez-les moi » ou « brûlez-les après lecture ». Une opinion contraire conduit à cette conséquence que les juges saisis d'une demande en restitution ou destruction, pourront, en dehors de l'héritier, sans débat contradictoire, distribuer les lettres en plusieurs catégories et en supprimer une partie. Cela n'est pas dans l'esprit de notre droit moderne. Le destinataire en possession des lettres aurait pu, pour éviter qu'elles ne parvinssent à son héritier, les léguer à un tiers. S'il ne l'a pas fait, c'est qu'il n'a pas vu d'inconvénients dans la transmission héréditaire. Voilà le terrain juridique, et s'en écarter, pour se placer sur le terrain du sentiment, c'est commettre une grande imprudence. » (S. 81. 2. 116.)

309. — Il faut donc partir de cette règle certaine que la transmission aux héritiers dépend uniquement de l'étendue du droit que possédait celui qu'ils représentent. Or le destinataire est bien réellement seul propriétaire de la lettre qui lui est remise, fût-elle confidentielle. Certes, comme le dit très bien l'arrêt de la Cour d'Orléans, « il n'en est pas le maître absolu », puisqu'il ne lui appartient pas de divulguer à son gré le contenu de ces communications intimes. Mais, cette réserve faite, il peut librement disposer de cette correspondance et rien ne l'empêcherait, par exemple, de la léguer à un ami ou à un parent. Elle est donc *sa chose.* Pourquoi donc ne la transmettrait-il pas à ses successeurs *ab intestat,* comme tout autre objet mobilier faisant partie de son patrimoine ? Soutenir le contraire, n'est-ce pas aller contre les dispositions de l'article 724 du Code civil qui déclare que les héritiers légitimes sont saisis de plein droit des biens du défunt ? Pour nous, cette solution ne fait aucun doute ; l'héritier du destinataire recueillera donc toutes les lettres qui se trouveront dans la succession de ce dernier. Mais, comme il ne peut avoir plus de droits que n'en avait son auteur, il restera soumis, relativement aux correspondances confidentielles, aux mêmes restrictions que lui. *(Sic : outre l'arrêt précité de Toulouse,* Paris, 10 décembre 1858, D. P., 58. 2. 1.; — Paris, 15 décembre 1875, G. T., 18 décembre 75 ;

— 1er décembre 1876, D. P., 78. 2. 73 ; — 10 juin 1888, G. P., 88. 2. 195 ; — Trib. Seine, 7 novembre 1887, G. T., 18 nov. ; — Aubry et Rau, *op. cit.*, T. VIII, § 760, *ter, note 3* ; — Rousseau, *op. cit.*, p. 8 et 9 ; — Legris, *op. cit.*, p. 132 et suiv. ; — Tissier, *op. cit.*, p. 62 et suiv. ; — Hanssens, *op. cit.*, p. 199 et suiv.)

SECTION VI

DROIT DES CRÉANCIERS SUR LES LETTRES MISSIVES

310. — Le créancier peut-il faire vendre les lettres missives émanant d'un tiers, trouvées au domicile de son débiteur, soit au cours d'une saisie mobilière, soit après décès ? Si ces lettres sont confidentielles, la vente n'en sera pas possible, lors même qu'elles seraient susceptibles d'avoir une valeur vénale comme autographes. En effet, toujours en raison du devoir de discrétion qui le lie, le destinataire outrepasserait son droit s'il les aliénait et le créancier ne peut avoir plus de droits que son débiteur lui-même. La Cour d'Angers l'a ainsi jugé à l'occasion de lettres écrites à une dame de C... par la duchesse d'Angoulême. Cette correspondance très intéressante fut trouvée dans les papiers du fils de cette personne. Des créanciers, ayant émis la prétention de faire vendre ces lettres aux enchères, se trouvèrent en présence d'une opposition formée par le petit-fils de la destinataire qui en demandait la remise entre ses mains. La Cour fit droit à cette requête, « attendu, est-il dit dans l'arrêt, que les lettres qui attestent la vive reconnaissance et le tendre attachement de la princesse pour la dame de C..., ont un caractère confidentiel et constituent pour la famille, aujourd'hui représentée par de C... fils, des souvenirs honorables et précieux d'un intérêt considérable, mais tout personnel..... » (Angers, 4 fév. 1869, D. P., 69. 2. 141 ; — Dijon, 13 fév. 1870, D. P., 71. 2. 221 ; — Rousseau, *op. cit.*, p. 19 et 20 ; — Legris, *op. cit.*, p. 136 et 137 ; — Tissier, *op. cit.*, p. 70 ; — Hanssens, *op. cit.*, p. 211 et suiv.)

311. — Il faut remarquer d'ailleurs, que si les lettres avaient été cédées comme autographes avec le consentement de leur auteur ou de ses héritiers, cet assentiment les dépouillerait de leur caractère confidentiel et la prohibition dont il s'agit ne devrait pas être maintenue. (Legris, *loc. cit.*, *note 1.*)

CHAPITRE II

De la propriété littéraire de la lettre missive

SECTION I

DU DROIT D'AUTEUR

312. — Le droit de propriété du destinataire sur les lettres missives qu'il a reçues comporte-t-il pour lui la faculté de les réunir, d'en former une collection et d'en entreprendre la publication soit en librairie, soit dans les journaux ? Tel est le problème, tout d'ac-tualité, on peut le dire, qui s'offre maintenant à notre examen.

Pour y répondre, il est nécessaire de se demander si la correspondance privée peut faire l'objet d'un droit d'auteur, au même titre qu'une œuvre littéraire qnelconque.

313. — De grands esprits l'ont nié. Portalis, à la Commission chargée en 1825 par le roi Charles X de préparer un projet de loi sur les droits d'auteurs, posait en principe que « relativement aux lettres, aucun droit ne peut être réservé à qui que ce soit sur leur publication ultérieure. » Et il ajoutait : « Cette défense doit être faite en vue de la tranquillité publique. » (*Procès-verbaux de la Commis.*, p. 207 et 216.)

Quelques années plus tard, Lamartine exprimait sur le même sujet une opinion identique : « Nous avons considéré, écrit-il dans le rapport qu'il présenta sur le projet de loi de 1841, qu'en déterminant d'avance la propriété des correspondances des auteurs morts ou vivants, nous courrions le risque d'autoriser un droit de publication que la morale publique réprouve, ou de défendre un usage légitime que les convenances ou la nécessité commandent quelquefois. Nous n'avons voulu ni le défendre, ni le permettre. Nous avons mis les lettres dans une catégorie à part ; ce sont des manifestations confidentielles dans lesquelles l'homme, et non plus l'écrivain, se livre lui-même à la confiance et non plus à la publicité, sans aucune vue de lucre. Les lettres ne forment pas à nos yeux une propriété dont la condition puisse être réglée par une loi fiscale, mais une personnalité gouvernée et défendue par les lois écrites sur la diffamation, sur l'abus de confiance, et par les lois non écrites de la morale, de la délicatesse et de l'honneur. On n'écrit pas la législation de la conscience publique, on la lit dans l'opinion et dans les mœurs ; le déshonneur en est la pénalité. » *(Rap. sur le proj. de loi de 1841*, rapporté par Pouillet, *Prop. lit.*, p. 316 ; — Worms, *Etude sur la prop. litt.*, T. II, p. 153.)

314. — Mais cette opinion ne prévalut pas. Rationnellement, la lettre missive doit être pour son auteur une création littéraire, une production intellectuelle qui ne se différencie pas de toute autre œuvre de l'esprit. Ne lui a-t-il pas imprimé un cachet de personnalité indiscutable, tant par l'idée qu'il y a déposée que par le style dont il s'est servi pour revêtir cette idée et la développer ? Et s'il est permis à l'écrivain de revendiquer la paternité de son livre, peut-on trouver étrange qu'il puisse revendiquer celle des pensées qu'il a enfermées dans une correspondance ? A ce point de vue donc la lettre missive ne pouvait pas ne pas être protégée par la loi des 19-24 juillet 1793, notre loi organique en matière de propriété littéraire, au même titre qu'un roman, qu'un recueil de poésies ou qu'une étude scientifique quelconque. « Qu'on pense par lettre ou autrement, disait très exactement Royer-Collard, le droit de publication subsiste toujours en faveur de celui qui a eu la pensée..... » *(Commis. de 1826.)*

315. — Voilà pourquoi le destinataire, propriétaire de la lettre par la remise qui lui en a été faite, ne peut pas se prévaloir de cette tradition pour dépouiller l'expéditeur de tout droit sur l'écrit sorti de ses mains. Comme nous le faisions déjà remarquer au début de cette seconde partie, le droit de propriété dont est susceptible la correspondance privée est complexe. Il comprend d'abord un élément *matériel*, représenté par la feuille de papier, objet mobilier pur et simple et, en outre, un élément *moral* constitué par la *pensée* issue du cerveau de celui qui l'a émise. A ces deux éléments correspond nécessairement un droit de propriété distinct : *propriété du manuscrit*, d'une part, et *propriété littéraire*, de l'autre. Le destinataire peut, à juste titre, revendiquer la première ; il ne saurait en aucune façon prétendre à la seconde, qui continue à appartenir, intacte, à l'auteur de la lettre.

316. — Objectera-t-on que le destinataire doit pouvoir publier la correspondance qu'il a reçue parce que l'expéditeur, en la lui adressant, semble bien avoir entendu lui abandonner, non seulement la propriété du manuscrit, mais encore ses droits d'auteur ? C'est faire intervenir en cette matière, comme le voulait M. l'avocat général Meynard-du-Franc, la règle de l'article 2279 du Code civil, *en fait de meubles, possession vaut titre*. (S. 50. 2. 631.) Mais qui ne voit la monstrueuse hérésie juridique d'un pareil système ! L'article 2279 n'a rien à faire ici parce qu'il est inapplicable aux meubles incorporels et que la propriété littéraire est évidemment un droit immatériel exclusif de toute idée de transmission manuelle.

317. — Il n'y a pas lieu non plus, pour résoudre la question de la propriété littéraire des correspondances, de distinguer entre les lettres qui sont confidentielles et celles qui ne le sont point. D'après M. Rousseau *(op. cit.*, p. 15 et suiv.), les premières ne pourraient jamais être publiées par le destinataire parce que celui-ci, à raison de leur caractère particulier, est tenu de les garder secrètes. « Comprend-on, en effet, écrit-il, que les épanchements intimes puissent être jetés en pâture à la curiosité publique sans le consentement de celui qui a livré ses plus chères pensées, ses secrets les plus précieux, ou même sans le consentement de l'ami auquel il s'est ainsi abandonné en toute confiance ? Quelle sécurité existerait donc, non seulement dans les relations intimes, mais encore dans les relations ordinaires de la vie, si, en écrivant une lettre, on devait craindre de constituer au profit d'autrui un droit de propriété et de publication ?... » *(loc. cit.*, p. 13, n° 16.)

Mais si les lettres, au contraire, n'offrent pas ce caractère confidentiel, nul doute que le destinataire ait le droit de les publier. « Une correspondance peut présenter un caractère scientifique, littéraire ou politique, offrir aussi un intérêt général et perdre singulièrement de son caractère privé. La publication d'une correspondance de cette nature ne saurait être interdite sans grand préjudice pour le public. » *(loc. cit.*, p. 19, n° 21.)

318. — En résumé, la théorie de M. Rousseau est celle-ci : le destinataire possède un véritable droit de propriété sur la lettre qui lui est adressée ; toutefois, ce droit est essentiellement limité, si la lettre revêt un caractère confidentiel. *(loc. cit.*, p. 18, n° 20.)

319. — Nous ne saurions souscrire à cette solution. Sans doute elle contient une petite part de vérité et il est très exact de dire que le caractère confidentiel, imposant au destinataire l'obligation de ne pas divulguer le secret renfermé dans la lettre, peut dès lors être suffisant pour en défendre la publication. Mais il est un argument plus décisif encore à opposer à la prétention de celui qui voudrait éditer une correspondance, confidentielle ou non. C'est de lui répondre qu'il n'est en rien propriétaire de ces lettres, considérées comme œuvre intellectuelle, et que cette propriété, la loi de 1793, la réserve à celui qui les a écrites. (Renouard, *Traité des droits d'aut.*, T. II, n°s 47 et suiv. ; — Pouillet, *op. cit.*, n°s 386 et suiv. ; — Pouillet, Saint-Martin et Pataille, *Dict. de la prop. indust., art. et litt.*, T. II, p. 140 ; — Hans-

sens, *op. cit.*, p. 298 ; — Legris, *op. cit.*, p. 172, n°
139 ; p. 174, n° 140 ; p. 175, n° 141 ; — Breton, *op.
cit.*, p. 206 et suiv. ;— Tissier, *op. cit.*, p. 91 et suiv.;
— MM. de Lally-Tollendal, de Vatimesnil, Royer-
Collard et E. Blanc, *Procès-verbaux de la Com.,
loc. cit.)* (1)

320. — Il est intéressant d'examiner maintenant
quelle a été, dans cette question, l'attitude prise par
la jurisprudence. Nous allons parler de deux espèces
célèbres où elle a été appelée à trancher la controverse que nous venons d'exposer.

C'est en 1850 que le droit de livrer une correspondance à la publicité a été, pour la première fois, soumis aux tribunaux, à l'occasion des lettres écrites par
Benjamin Constant à Mme Récamier. Cette dernière
les avait remises à Mme Collet, sa nièce, avec mission
de les publier après sa mort. Mais lorsque, dans son
numéro du 30 juin 1849, le journal *La Presse*, voulut en commencer la publication, les héritiers de
l'auteur et ceux du destinataire s'y opposèrent d'un
commun accord, basant leur intervention, les premiers, sur ce qu'ils avaient la propriété littéraire de
cette correspondance, et les seconds, sur ce que ces
lettres devaient être tenues secrètes à raison de leur

---

(1) *A fortiori*, rejetons-nous l'opinion de MM. Vanier et Deffis
qui soutiennent que le destinataire, propriétaire incommutable
de toute lettre, confidentielle ou non, peut toujours la publier,
s'il en a conservé l'original ou la copie, le recours demeurant
seulement ouvert dans le cas où cette publication deviendrait
la source d'un préjudice. (Vanier, *op. cit.*, p. 81 ; — Deffis, *dans
Pataille, Annales de la prop. indust., artist. et littér.*, 1870, T.
XVI, p. 97 et suiv.)

caractère éminemment confidentiel. Le 10 décembre 1850, la Cour de Paris, s'appuyant uniquement sur ce dernier motif, interdit cette publication : « Considérant, dit-elle, qu'une lettre confidentielle n'est pas une propriété pure et simple dans les mains de celui à qui elle a été écrite ; que le secret qu'elle renferme est un dépôt dont ce dernier ne peut seul disposer ; qu'en livrant sa pensée à un tiers dans une correspondance, une personne peut mettre pour condition à cet acte de confiance, qu'il restera renfermé dans le domaine de l'intimité ; que cette condition a tous les caractères d'un pacte véritable ; qu'elle est même virtuellement renfermée dans toute lettre missive d'une nature confidentielle ; que si, contre le vœu de cette convention tacite, le secret d'une lettre était divulgué, ce serait non seulement manquer aux engagements naturels de ce genre de rapports, mais porter l'inquiétude dans le commerce privé et briser un des liens de la société des hommes ; — Considérant que ces principes ne reçoivent pas d'exception alors même que l'auteur d'une correspondance confidentielle aurait rempli un rôle public ; que quelque étendus que soient les droits de l'histoire sur les personnages qui relèvent d'elle, ils doivent s'arrêter devant le sanctuaire du for intérieur ; qu'il peut y avoir, dans la vie privée des hommes publics, des sentiments, des affections, des épanchements que le respect de soi-même et des autres leur fait ensevelir dans le mystère ; que l'intérêt des familles a le droit de veiller sur ce domaine inaccessible et de le défendre contre les empiètements d'une indiscrète publicité ; que c'est surtout lorsque les passions contemporaines ne sont pas encore refroidies qu'il importe de s'opposer à des publications dont le résultat serait de troubler la mémoire des morts dans ce qu'ils ont voulu emporter avec eux, d'exciter les malignités de la polémique, de blesser des tiers et d'altérer le culte des souvenirs et des affections domestiques ; — Considérant que la correspondance dont il s'agit au procès est une collection de lettres confidentielles écrites par Benjamin Constant à la veuve Récamier ; que celle-ci était liée par le pacte synallagmatique de ne les rendre publiques qu'avec le consentement de leur auteur ; que ce consentement n'a jamais été donné par Benjamin Constant ; que la veuve Récamier ne pouvait donc les livrer à la publicité ni par elle-même, ni par mandataire, ni de son vivant, ni après sa mort ; que c'est ce qu'elle a reconnu elle-même dans une circonstance où elle déclarait que ces lettres n'étaient pas de nature à être publiées ; qu'il suit de là que tout pouvoir qu'elle aurait donné dans un but de publication, soit par testament, soit par tout autre acte, irait au-delà de son droit, bien qu'il fut dicté par de bonnes intentions, et ne saurait produire d'effet en présence de l'opposition formelle de la sœur de Benjamin Constant qui représente ce dernier... » (D. P., 51. 2. 1.)

321. — Les arguments, si savamment développés dans les considérants que l'on vient de lire, ne dégagent nullement, à notre sens, le principe primordial qui doit présider à la publication des lettres missives. La Cour établit en effet une distinction, que nous connaissons déjà, entre les écrits confidentiels et ceux qui ne le sont pas. Mais cette distinction, dont M. Rousseau s'est fait le défenseur, n'est pas l'exact motif juridique qui aurait dû guider les juges pour interdire la publication d'une correspondance privée. Ils auraient dû, pour être dans la vérité absolue, faire appel aux règles qui régissent la propriété littéraire. Ce droit de propriété étant applicable à toute correspondance, quelle que soit sa nature, la publication devait être défendue, non point parce qu'il s'agissait d'écrits confidentiels, mais bien parce que l'auteur, et après lui ses représentants, avaient conservé sur eux leurs droits de propriétaires d'une œuvre intellectuelle.

322. — Au contraire, la thèse que nous soutenons a été très exactement appliquée par le Tribunal de la Seine, à propos des lettres de Ste-Beuve. La publication de cette correspondance fut empêchée, non pas parce qu'elle était confidentielle, mais parce que la propriété littéraire en était restée à l'auteur, « attendu, qu'en principe, le droit de propriété littéraire s'applique aux lettres missives comme à tous autres écrits, et que celui qui en est l'auteur peut seul les publier à son gré et pour son profit ; que le destinataire auquel il les a adressées, en acquérant un droit particulier sur la lettre elle-même en tant qu'objet corporel, n'acquiert point, par le fait de la réception, la propriété de l'œuvre qui y est renfermée... » (20 juin 1883, *La Loi* du 21 juin ; — *Comp. :* Paris, 4 mai 1857, *dans Pataille*, 57. 280, *Corresp. de Lamennais ;* — Trib. Seine, 2 déc. 1864, D. P., 64. 3. 112, *corresp. du P. Lacordaire ;* — Bordeaux, 2 août 1882, G. T., du 14 mai.)

SECTION II

ÉTENDUE DE CE DROIT

323. — L'auteur de la correspondance n'a pas seulement la faculté de s'opposer à la publication de ses

lettres ; il a en outre le droit de procéder lui-même à
cette publication, s'il le juge convenable. Le destinataire peut-il l'en empêcher à son tour ? Non, en principe ; mais les juges, suivant les circonstances de la
cause, pourront appliquer au publicateur indiscret
l'article 1382 du Code civil, dans l'hypothèse où l'ap-
parition de ces écrits serait de nature à occasionner un
dommage quelconque au destinataire. Ainsi, l'auteur
d'une correspondance ne pourrait donner à l'impression le nom du destinataire, sans l'autorisation
expresse de ce dernier. En un mot, l'auteur ne
peut exercer son droit, dans toute son étendue, qu'à la
condition de ne préjudicier en rien aux intérêts de son
correspondant. (*Sic :* Rousseau, *op.cit.*, p. 20, n° 23 ;
— Breton, *op. cit.*, p. 212.)

324. — L'auteur transmet son droit à ses héritiers. C'est bien ce qui résulte de l'arrêt précédemment rapporté de la Cour d'appel de Paris dans
l'affaire Benjamin Constant. La Commission de 1825
avait toutefois émis une opinion opposée. Elle déci-
dait, qu'au décès de l'auteur, le droit de publication
devait passer au destinataire, en vertu de l'article
2279 du Code civil qui pose la règle *qu'en fait de
meubles possession vaut titre*. Mais nous avons déjà
dit ce qu'il fallait penser de cette application antijuri-
dique d'un texte qui ne vise que les meubles corpo-
rels ; nous n'y reviendrons donc pas. (Legris, *op.
cit.*, p. 180, n° 143 *bis* ; — Breton, *op. cit.*, p. 214 ;
— *et les arrêts susmentionnés.*)

325. — Cependant, le destinataire ou ses ayants-
droit pourront faire publier les lettres qu'ils détiennent, sans aucune autorisation spéciale, à l'expiration
des délais impartis à l'auteur et à ses héritiers par la

loi du 14 juillet 1866 et cette publication bénéficiera
des dispositions protectrices du décret du 1er Germi-
nal, an XIII, sur les œuvres posthumes. Toutefois, il
convient de remarquer que les correspondances essentiellement confidentielles échappent encore à cette
règle. L'auteur et ses représentants pourront toujours
et dans tous les cas s'opposer à leur divulgation, non
plus alors en invoquant leur qualité de propriétaires,
mais à raison du caractère intime de ces écrits.

326. — Rien ne s'oppose à la cession à titre gra-
tuit ou à titre onéreux par l'auteur ou par ses représentants du droit de publication qui leur appartient.
Mais le fait par eux de n'avoir pas gardé copie des
lettres envoyées ne devra jamais être considéré comme
un abandon tacite de leur droit en faveur du destinataire. Le Tribunal de la Seine, par jugement du 20
juin 1883, en a autrement décidé en déclarant « que
le droit de l'auteur peut être abandonné au profit du
destinataire au moment même où la lettre sort de ses
mains ; que l'abandon peut être également exprès ou
tacite, et que, dans ce dernier cas, il appartient au juge
de le reconnaître d'après les circonstances de la cause,
la nature de la correspondance, les relations des parties, en un mot, d'après la volonté de l'auteur ; que
l'abandon tacite se révèle notamment le plus souvent
par ce fait que l'écrivain n'a pas conservé copie de la
lettre missive, et s'est mis par là dans l'impossibilité
d'exercer son droit si le destinataire détruit la lettre ou
refuse ultérieurement de la remettre. » (20 juin 1883,
précité.) Mais, comme on l'a fort bien mis en lumière
à la Commission de 1825, « une lettre est écrite pour
être lue, non pour être publiée ; l'auteur en l'envo-
yant, ne s'imaginait pas qu'on aurait un jour l'idée

de la publier : il n'a pas pris la précaution d'en retenir un double. Il serait injuste de le lui reprocher ; il n'est pas permis de dire qu'il a ainsi abdiqué un droit dont il ne prévoyait pas l'exercice. » (Legris, *op. cit.*, p. 182, n° 144.)

327. — Il nous reste à examiner maintenant si les créanciers du destinataire ou de l'auteur ont le droit de faire publier les lettres encore inédites de celui-ci, dans le but d'imputer sur le montant de leur créance les bénéfices pécuniaires qu'ils obtiendraient d'une pareille publication.

328. — En ce qui concerne les créanciers du destinataire la réponse n'est pas douteuse. Ils ne peuvent avoir plus de droits que le destinataire lui-même et l'on sait que ce dernier n'a pas la propriété littéraire des écrits qui lui sont adressés. Ses créanciers ne sauraient donc, en aucune façon, soulever la prétention de les publier.

329. — Nous adoptons, avec la presque unanimité de la doctrine et de la jurisprudence, une solution identique pour les créanciers de l'auteur. « La publication d'un ouvrage, écrit M. Legris, dépend de la volonté de l'auteur à qui ses créanciers ne peuvent imposer un acte pour lequel il relève non de la loi, mais de sa seule conscience. » *(op. cit.*, p. 183.) Le droit de publication est en effet essentiellement personnel. Or, l'article 1166 C. C. en accordant aux créanciers l'exercice des droits et actions de leur débiteur, en excepte « ceux qui sont exclusivement attachés à la personne. » (Dijon, 18 février 1870, S., 70. 2. 212 ; — Legris, *loc. cit.* ; — Pouillet, St-Martin et Pataille, *op. cit.*, v° *Let. mis.*, n° 2 ; — Morillot, *Rev. crit. de lég. et de jurisp.*, nouvelle série, T. II,

p. 29 et suiv. ; — M. l'av. gén. Baudoin, *op. cit.*, p. 16 ; — Tissier, *op. cit.*, p. 99 ; — Hanssens, *op. cit.*, p. 311 ; — Breton, *op. cit.*, p. 220.)

330. — Le droit des héritiers de s'opposer à la publication des lettres de leur auteur a été, à différentes reprises, l'objet des plus vives critiques. En vertu de quel exorbitant privilège, a-t-on dit, un parent, souvent très éloigné, peut-il faire défense à la postérité de se renseigner, à l'aide de documents nouveaux, sur un personnage ayant occupé, à un titre quelconque, l'attention de ses contemporains et dont la vie tout entière doit, par cela seul, appartenir à la critique et à l'histoire ? «... Ne semble-t-il pas, s'écriait M. le procureur général Würth à une audience de rentrée de la Cour de Gand, que ce soit le droit des peuples de scruter jusque dans la pensée des chefs, des hommes d'Etat qui ont guidé leurs destinées...La science n'a-t-elle pas quelque droit sur la pensée de ceux qui ont l'honneur de la représenter ?.... Où serait la philosophie, si la correspondance de Leibniz avec Clarke et avec Bossuet, celle de Descartes avec Clerselier n'avaient jamais été publiées ? Quel vide dans la littérature, si les lettres de Madame de Sévigné n'avaient été lues que par sa fille, si la correspondance de Racine avec son fils aîné Jean-Baptiste et avec Boileau était restée inconnue, si d'Alembert, Frédéric-le-Grand, Catherine de Russie eussent été seuls à connaître la correspondance du philosophe de Ferney ! Non ! La pensée répugne à l'idée qu'un héritier pourrait tenir de pareils trésors à jamais enfouis !...» (*Belgique judiciaire*, an. 1862, p. 1410 ; — *Sic* : Hepp, *op. cit.*, p. 65 et suiv.)

331. — Poussant cet argument jusqu'au paradoxe,

un spirituel publiciste écrivait tout récemment à son tour : « Si le système du droit absolu des héritiers prévalait, il n'y a pas un descendant des hommes de la Révolution, de l'Empire, de la Restauration, de Louis-Philippe et du second Empire, qui ne puisse se croire le droit d'interdire la publication de l'histoire de Michelet, des études de Taine, des mémoires de Mmes d'Abrantès et de Rémusat, de toute la littérature anecdotique, sous le prétexte que leurs aïeux s'y révèlent parfois sous un jour fâcheux ! On en arriverait, avec cet abus, à jeter au feu les écrits admirables de Saint-Simon et l'on finirait par découvrir un petit-fils de Tibère qui réclamerait la mise au pilon des livres de Tacite, sous le prétexte que les amours de son parent y sont racontées d'une façon nuisible à sa bonne réputation dans le monde ! » (E. Lepelletier, *Les Héritiers*, dans l'*Echo de Paris*, du 1er novembre 1895.)

332. — Evidemment, si notre théorie aboutissait, en ce qui concerne la publication des lettres, à de pareils résultats, elle devrait être irrémédiablement condamnée. Mais il n'en est pas ainsi. Nous reconnaissons que les droits de la science sont imprescriptibles et qu'il est nécessaire de les respecter. Mais nous tenons à établir une distinction. Est-il bien certain, en effet, que les correspondances ultra-intimes de Mme Desbordes-Valmore, ou celles de Georges Sand et de Musset, pour ne parler que des plus récentes, n'ont été divulguées que pour ajouter une page de plus à notre histoire et à notre littérature ? Ne doit-on pas croire plutôt qu'elles ont surtout servi à souhait les affaires des marchands de papier et des spéculateurs en scandales ? Certes, nous approuvons la publication d'un document sérieux qui nous permettra de mieux comprendre la conduite d'un homme d'Etat ou la perfection d'une œuvre intellectuelle. Mais les immunités et les privilèges de l'histoire s'arrêtent devant le voile qui recouvre la vie intime de l'homme et voilà pourquoi il convient d'accorder aux parents les moyens de faire respecter la mémoire de leurs morts, en leur donnant le droit de faire interdire une publication qu'ils jugent dangereuse.

FIN DE LA DEUXIÈME PARTIE

TROISIÈME PARTIE

Production en justice des lettres missives

---

333. — Dans la plupart des procès, la lettre missive joue un rôle considérable au point de vue de la preuve. S'agit-il de démontrer la formation d'un contrat, la reconnaissance d'une obligation ou l'existence d'un préjudice souffert, dans tous ces cas et dans bien d'autres encore qu'il est impossible d'énumérer et même de prévoir, les parties en cause chercheront souvent à établir le bien fondé de leurs prétentions, en faisant passer sous les yeux des juges la correspondance qu'elles auront en leur possession, concernant de près ou de loin l'objet du litige. Il importe donc de dégager soigneusement les règles qui commandent cette production en justice, si fréquente dans la pratique courante des affaires.

SECTION I

RÈGLES GÉNÉRALES

334. — La loi n'ayant déterminé nulle part le degré de foi qui est dû aux correspondances privées, excepté en matière commerciale (art. 109, C. de com.), les juges restent investis à leur égard d'un pouvoir souverain d'appréciation. Ils peuvent donc, suivant les circonstances de la cause, les rejeter si elles leur semblent inutiles, ou, au contraire, les retenir si elles leur paraissent susceptibles, soit d'entraîner à elles seules leur conviction, soit encore de constituer un simple commencement de preuve par écrit. (Larombière, *op. cit.*, art. 1331, p. 210, n° 14 ; — Valéry, *op. cit.*, p. 258, n° 279.)

335. — Ce principe, on le voit, est très simple. Toutefois, les difficultés ne manquent pas de surgir aussitôt qu'on essaie de déterminer sous quelles conditions une correspondance peut être légitimement versée dans un procès. Nous savons en effet que si toute lettre devient la propriété de celui à qui elle a été adressée, par la remise qui lui en est faite, il n'en a cependant pas toujours la libre disposition quand elle contient une confidence. C'est cette restriction apportée au droit de propriété des écrits confidentiels qui rend complexe la question de leur production en justice. Pour la résoudre nous distinguerons trois hypothèses différentes : 1° production par le destinataire contre l'auteur de la lettre ; 2° production par le destinataire contre un tiers et 3° enfin, production par une personne autre que le destinataire.

§ 1er. — PREMIÈRE HYPOTHÈSE

336. — Production par le destinataire contre l'auteur de la lettre. — Dans un litige entre l'auteur de la correspondance et le destinataire, celui-ci pourra certainement produire toute lettre, *non confidentielle*, écrite par le premier. Dans ce cas, en effet, son droit de disposition est absolu. (Aubry et Rau, *op. cit.*, T. VIII, p. 289 ; — Larombière, *op. cit.*, art. 1331, n⁰ˢ 14 ; — D. R. S., v⁰ *Let. mis.*, n° 60 ; — Legris, *op. cit.*, n° 150 ; — Hanssens, *op. cit.*, n° 211 ; — Rousseau, *op. cit.* n° 34.)

337. — Mais si la lettre est *confidentielle*, l'auteur sera-t-il recevable à en opposer le secret ? Les anciens jurisconsultes admettaient l'affirmative. (Jousse, *op. cit.*, T. I, p. 744 ; — Brillon, *op. cit.*, v⁰ *Lettre* ; — Denisart, *op. cit.*, v⁰ *Lettre.*) Merlin professait aussi cette opinion. « On n'est pas toujours autorisé, écrivait-il, à se servir des lettres missives dans les affaires ; elles ne sont surtout d'aucune considération pour établir une preuve, lorsqu'elles renferment quelque confidence, et que la personne à qui on les a écrites ne peut les mettre au jour sans manquer à la bonne foi. Les juges ont coutume en pareil cas d'ordonner que les lettres seront rendues, nonobstant le rapport qu'elles pourraient avoir avec l'affaire au sujet de laquelle elles ont été produites. (Répertoire, v⁰ *Let. mis.*, n° 6. — *Sic* : Favard de Langlade, Répertoire, v⁰ *Lettre*, p. 258. — Rolland de Villargues, *op. cit.*, v⁰ *Lettre*, n° 7.)

338. — Un récent arrêt de la Cour de cassation semble confirmer cette thèse en décidant qu'en principe « des lettres missives confidentielles ne peuvent être produites par la personne à qui elles ont été adressées, dans un procès suivi entre elle et l'auteur de ces lettres, quand il s'oppose à cette publication. » (Cas., 5 mai 1897. D. P., 97. 1. 385.) Il faut cependant reconnaître que la jurisprudence rejette à peu près unanimement cette manière de voir, à raison des conséquences iniques auxquelles elle aboutit. Il suffirait, en effet, à celui qui a contracté par lettre une obligation, d'ajouter dans le corps de l'écrit une confidence quelconque, pour que l'engagement ne pût être prouvé. La fraude trouverait dans ce système un encouragement qu'un tribunal ne saurait tolérer. Comme le dit M. Legris, il n'y a pas à faire intervenir ici la règle du secret des lettres, puisque le débat s'engage seulement entre l'auteur et le destinataire ; tous deux en connaissent le contenu, et ils semblent, en plaidant, s'être mutuellement dégagés de l'obligation du secret (*op. cit.*, p. 188, n° 150). C'est donc uniquement au regard des tiers que s'impose le respect de la confidence. On pourrait objecter, il est vrai, que la publicité des débats, si on autorise le destinataire à se servir de la lettre, révèlera précisément aux tiers ce secret qui ne doit être connu que des correspondants. Mais les juges ont un moyen d'éviter ce danger en interdisant la lecture de la lettre à l'audience et en ordonnant son dépôt en la Chambre du Conseil où ils en prendront connaissance. Dès lors, cette objection se trouve être sans portée. (*Sic :* Cas., 18 mars 1861, D. P., 61. 1. 432 ; — Aix, 10 février 1846, J. P., 46. 2. 231 ; — Caen, 10 juillet 1862, D. P., 62. 2. 129;— Dijon, 11 mai 1870, D. P., 71. 5. 238 ; — Rennes, 10 juillet 1880, D. P., 82. 1. 74 ; — Orléans, 29 juillet 1896, D. P., 97. 2. 209 ; — Aubry et Rau, *op. cit.*, T. VIII, p. 290 ; — Larombière, *op. cit.*, art. 1331, n° 14 ; — Laurent, *op. cit.*, T. III, n° 204 ; — Rousseau, *op. cit.*, p. 25 ; — Hanssens, *op. cit.*, p. 216 ; — Tissier, *op. cit.*, p. 73.)

339. — De même, si l'expéditeur a demandé dans la lettre le renvoi ou la destruction du pli, le destinataire pourra, malgré ces mentions, le conserver et le produire au besoin dans son intérêt. Une partie, en effet, ne peut pas être laissée libre d'enlever à une autre la faculté d'employer les moyens de preuve dont elle est légitimement munie. (Valéry, *op. cit.*, p. 305 ; — Stoffel, *op. cit.*, p. 170.)

340. — Cependant, il ne faut pas exagérer les droits du destinataire. Si la lettre ne paraît pas présenter pour le procès un intérêt véritable ou si la production n'en est demandée que pour nuire à son auteur, les juges devront alors en interdire la lecture avant tout débat au fond. Ils ont, à cet égard, un pouvoir d'appréciation très étendu et il a été jugé en ce sens que c'est à eux qu'il appartient toujours de décider si une production de correspondance n'excède point le droit de légitime défense, ou bien si elle doit donner lieu, soit à des dommages-intérêts, soit aux réserves formulées par l'adversaire. (Cas., 18 mars 1861, D. P., 61. 1. 432 ; — 3 fév. 1873, D. P., 73. 1. 467 ; — Dijon, 11 mai 1870, S., 72. 2. 38 ; — Rouen, 13 novembre 1878, D. P., 80. 2. 190 ; — Bruxelles, 29 janv. 1873, *Pasicrisie belge*, 73. 2. 300; — Girault, *op. cit.*, n° 139, *et les aut. cités au précéd. parag.*)

341. — D'ailleurs, rien ne s'oppose à ce qu'une lettre soit divisée, si elle est, en partie relative à une affaire, en partie confidentielle. Seulement, le tribunal devra déterminer alors quelles sont, parmi ses diverses énonciations, celles qui pourront être lues à l'audience et celles qu'il sera interdit de dévoiler. Mais cette autorisation de donner lecture partielle d'une correspondance n'aura pas pour résultat de faire perdre à l'ensemble de l'écrit son caractère confidentiel ; par suite, le dépôt au greffe d'une pareille pièce devra toujours être refusé. (Cas., 7 mars 1849, D. P., 50. 5. 305 ; — Valéry, *op. cit.*, p. 312, n° 347 ; — Vanier, *op. cit.*, p. 95.)

§ 2. — DEUXIÉME HYPOTHÉSE

342. — Production par le destinataire contre un tiers. — Nous supposons ici que le destinataire veut produire une correspondance, non plus contre son auteur, mais contre un tiers. Il sera autorisé à le faire si les lettres ne sont pas confidentielles, car alors la production ne constituera que l'exercice pur et simple de son droit de propriété. Dans le cas contraire, il devra obtenir le consentement de l'auteur, qui pourra s'opposer à toute divulgation en se basant toujours sur la condition du secret dont est tenu envers lui son correspondant.

343. — Mais si ce dernier ne rapporte pas la preuve du consentement et si l'expéditeur n'intervient pas pour empêcher la production, le tiers pourra-t-il exiger le rejet de ces lettres en invoquant leur caractère intime? Remarquons qu'il ne peut plus être question de la condition du secret. Le tiers, en effet, ne saurait s'en prévaloir puisqu'il demeure étranger au contrat intervenu entre l'expéditeur et le destinataire. Mais aucune loi ne s'oppose à ce que les juges, sur sa demande, écartent ces correspondances en excipant du principe de morale qui ne permet pas que les écrits confidentiels soient divulgués contre la volonté de

celui qui les a envoyés. (Cas., 26 juillet 1864, D. P.,
64. 1. 347 ; — 3 mai 1875, D. P., 76. 1. 183 ; —
Aix, 5 juin 1852, S., 53. 2. 193 ; — Nancy, 11 mars
1869, D. P., 69. 2. 223 ; — Paris, 16 juin 1888, G.
P., 88. 2. 195 ; — Besançon, 27 mars 1889, D. P.,
90. 2. 176 ; — Larombière, *op. cit.*, art. 1331 ; —
Hanssens, *op. cit.*, p. 219 ; — Legris, *op. cit.*, p.
189-190, n° 152 ; — Tissier, *op. cit.*, p. 75 ; —
Breton, *op. cit.*, p. 183.)

§ 3 — TROISIÈME HYPOTHÈSE

344. — Production par une personne autre
que le destinataire. — Il faut toujours distinguer
si la lettre est ou non confidentielle.

Si elle ne l'est pas, le tiers, pour pouvoir légitimement s'en servir, devra apporter l'autorisation du destinataire, qui, maître absolu de cette correspondance,
a seul le droit d'en disposer. (Cas., 3 juillet 1850,
D. P., 50. 1. 209 ; — 20 juillet 1880, D. P., 81. 1.
179 ; — Nancy, 11 mars 1869, D. P., 69. 2. 223 ; —
Legris, *op. cit.*, n° 153 ; — Rousseau, *op. cit.*, n° 47 ;
— Valéry, *op. cit.*, n° 344.)

On s'accorde à reconnaître toutefois que ce consentement n'a pas besoin d'être donné en termes
formels. Il peut, par exemple, s'induire de ce fait que
la lettre se trouve depuis longtemps en la possession
des tiers, sans opposition de la part du destinataire.
(Trib. Seine, 9 janvier 1882, G. T., 10 janv.) Mais
l'expéditeur est sans qualité pour intervenir et empêcher l'usage en justice de son écrit. Une lettre missive, en effet, appartient au destinataire qui l'a reçue,

et, si elle n'a aucun caractère confidentiel, il peut en faire l'usage qu'il lui plaît, notamment la remettre à un tiers et autoriser ainsi ce dernier à s'en prévaloir, tout comme il pourrait le faire lui-même. (Cas., 26 juillet 1864, D. P., 64. 1. 347 ; — Trib. com. Marseille, 5 septembre 1889, *Rec. Marseille*, 90. 1. 25 ; — Trib. civ. Narbonne, 14 fév. 1893, *Le Droit*, 28 juin 1893 ; — Larombière, *op. cit.*, sur l'art. 1331 ; — Aubry et Rau, *op. cit.*, T. VIII, p. 291; — Valéry, *op. cit.*, p. 309 ; — Legris, *op. cit.*, nº 153 ; — Tissier, *op. cit.*, p. 78 ; — Hanssens, *op. cit.*, p. 220.)

345. — La jurisprudence cependant n'a pas toujours admis cette manière de voir. Elle jugeait autrefois que toute lettre, adressée à une personne autre que celle qui prétendait s'en servir, devait être considérée comme confidentielle à l'égard de celle-ci et, par conséquent, ne pouvait être produite si son auteur s'y opposait. (Rome, 4 décembre 1810, D. R. S. vº *Let. mis.* ; — Cas. 4 avril 1821, *loc. cit,* ; — Besançon, 8 février 1844, D. P., 45. 4. 336 ; — Cas., 21 juillet 1862, D. P., 62. 1. 521, *et plus récem.*, Trib. com. Nantes, 28 fév. 1891, *Rec. Nantes*, 91. 1. 109.) Mais cette doctrine, trop absolue, a fini par être unanimement abandonnée pour les motifs ci-dessus exposés.

346. — Au contraire, le consentement du destinataire ne suffira plus si la lettre est confidentielle. L'autorisation de l'auteur de la correspondance sera en outre nécessaire, non pas, comme le disent presque tous les arrêts, parce que l'écrit, quand il est confidentiel, appartient à la fois à celui qui l'envoie et à celui qui le reçoit, mais parce que ce dernier n'est propriétaire que sous la condition de ne pas divulguer. (Dijon 3 avril 1868, D. R. S., vº *Let. mis.*, nº 79 ;

— Trib. Seine 13 janvier 1887, *La Loi* du 8 avril ;
— Besançon, 27 mars 1889, G. P., 89. 1. 641 ; —
Trib. Seine, 12 Nov. 1890, G. P., 90. 2. 561 ; —
Douai, 28 janv. 1896, D. P., 97. 2. 521 *et la note ;* —
Valéry, *op. cit.*, p. 311, n° 346 ; — Legris, *op. cit.*,
p. 192, n° 153 ; — Tissier, *op. cit.*, p. 79 ; — Hanssens, *op. cit.*, p. 221.) Bien plus, la lettre pourrait
être écartée d'office des débats par le tribunal, sur la
demande de celui contre qui elle est produite, si l'auteur et le destinataire pour une raison quelconque se
trouvaient dans l'impossibilité de s'y opposer. *(V. les
arrêts et les aut. précités.)*

347. — Larombière résume ce principe en ces
termes : « Lorsque la lettre est entièrement confidentielle, enseigne-t-il, que le secret a été recommandé
au correspondant, ou que cette recommandation,
sans être expresse, résulte du contenu de la lettre ; que,
par exemple, sa publication est de nature à nuire à
l'honneur, à la considération soit de celui qui l'a
écrite, ou de sa famille ou de personnes étrangères
qu'il doit ménager, il ne suffirait pas, pour que les tiers
fussent admis à la produire en justice, que celui auquel elle a été adressée y consentît personnellement.
Il faut, en outre, le consentement de celui qui l'a
écrite et envoyée. Mais ce consentement peut être
tacite, c'est-à-dire résulter d'actes de sa part qui im-
pliquent et supposent son adhésion. Car il ne suffirait
pas qu'il ne s'y opposât point ; il faut que son consentement soit rapporté d'une manière ou d'une autre.
Dans le cas contraire, nonobstant le consentement
de la personne à qui la lettre a été adressée, le juge
doit en refuser la communication, et en maintenir le
secret, soit qu'il résulte d'une recommandation ex-

presse, ou de la nature purement confidentielle de l'écrit. » (*loc. cit.*, p. 212.)

348. — Il est enfin des cas où un tiers a la faculté de faire usage, de son propre chef et sans être préalablement autorisé par l'auteur, de lettres qui ne lui ont pas été nominativement adressées. Mais, pour qu'il en soit ainsi, il faut que celui qui les invoque les détienne sans fraude et puisse établir qu'elles n'ont été écrites que dans son intérêt personnel ou dans un intérêt qui lui est commun avec le véritable destinataire. C'est surtout en matière de *questions d'état* qu'il a été fait application de cette règle. Nous citerons, entre autres exemples, une espèce jugée par la Cour suprême, relativement à une demande en recherche de maternité. La Cour a reconnu que des correspondances écrites par une femme à une autre personne, pouvaient être invoquées par son enfant naturel, comme commencement de preuve par écrit, pour établir contre elle sa filiation. (Cas. 3 juillet 1850, D. P., 50. 1. 210 ; — 26 juillet 1864, D. P., 64. 1. 347 ; — Besançon, 8 fév. 1844, D. P. 45. 4. 336 ; — Caen, 10 juin 1862, D. P., 62. 2. 129 ; — Aubry et Rau, *op. cit.*, T. VIII, nº 290 ; — Larombière, *op. cit.*, art. 1331, p. 212 ; — Legris, *op. cit.*, p. 192, nº 154 ; — Rousseau, *op. cit.*, p. 30, nº 42.) Toutefois, même dans ces hypothèses très favorables, il est certain que la correspondance devrait être écartée, si le destinataire, en vertu de son droit de propriété, s'opposait à sa communication. (Cas., 12 juin 1823, D. P., 50. 2. 210, *note 4* ; — Rousseau, *op. cit.*, p. 31 nº 43.), ou encore s'il en avait été illégalement dessaisi (Riom, 8 janvier 1849, D. P., 49. 2. 143.).

349. — Au reste, d'une façon générale, la production d'une lettre devra toujours être interdite si la lettre n'est parvenue en la possession du tiers qu'à la suite de manœuvres dolosives, ou s'il s'agit d'une correspondance perdue et tombée par hasard entre les mains de celui qui entend s'en prévaloir. Cette restriction, sur laquelle il n'est pas utile d'insister davantage, découle des principes généraux de notre droit et des développements que nous venons d'exposer. Elle n'a jamais souffert aucune difficulté. (Arrêts du Parlement de Paris des 22 et 31 déc. 1593, rap. dans Brillon, *Dict. des arrêts*, v° *Let. mis.*, n° 40 ; — Cas., 3 juillet 1850, D. P., 50. 1. 209 ; — 21 juillet 1862, D. P., 62. 1. 521 ; — 26 juin 1874, D. P., 76. 1. 184 ; — 3 mai 1875, D. P. 76. 1. 183 ; — 13 nov. 1876, D. P., 78. 1. 6 ; — 20 juillet 1880, D. P., 81. 1. 179 ; — 9 juin 1883. D. P., 84. 1. 89 ; — 15 juillet 1885, D. P., 86. 1. 145 ; — 11 mai 1887, D. P., 87. 1. 332 ; — Riom, 5 mai 1816, D. R., v° *Let. mis.*, n° 24 ; — Riom, 8 janvier 1849, D. P., 49. 2. 143 ; — Bordeaux, 9 avril 1869, D. P., 70. 2. 222 ; — Paris, 31 juillet 1889, G. T. des 2 et 3 nov. ; — Legris, *op. cit.*, p. 193 et 194, n°s 155 et 156 ; — Valéry, *op. cit.*, p. 310, n° 344 ; — Rousseau, *op. cit.*, p. 35, n° 47 ; — Breton, *op. cit.*, p. 184 et suiv. ; — Tissier, *op. cit.*, p. 75 et suiv.) Mais l'origine vicieuse de la production serait couverte par l'acquiescement du destinataire et de l'expéditeur à laisser verser aux débats une lettre frauduleusement obtenue. Le Tribunal civil de Bordeaux a décidé en ce sens que les lettres ou photographies de lettres, tombées en la possession de l'une des parties au moyen d'agissements condamnables, ne doivent pas être écartées du procès lorsque l'autre partie, loin de demander ce rejet, reconnaît au contraire l'authenticité de cette correspondance, en discute les termes et se borne à contester la portée qu'on prétend lui donner. (Bordeaux, 5 mars 1890, G. P., 90. 1. 501 ; — Legris, *op. cit.*, p. 194, *note 1*.)

350. — En résumé, pour savoir si la production d'une lettre en justice est légitime, il faut tout d'abord rechercher si la partie qui l'invoque a le droit d'en disposer. Or, *en principe*, la correspondance appartient à celui à qui elle est adressée ; donc, *en principe* aussi, rien ne l'empêchera de l'utiliser pour son propre compte ou de transmettre son droit à autrui. Cela revient à dire que, pour faire usage d'une lettre, le consentement exprès ou tacite du destinataire est indispensable, et cette condition implique évidemment que la possession de l'écrit doit être exempte de fraude ou d'erreur.

351. — Cependant, *quand la lettre est confidentielle*, le droit de disposition du destinataire n'est plus absolu. Alors, une considération d'ordre public, basée sur cette règle de morale qui veut que le secret des lettres soit inviolable, fait obstacle à sa divulgation. Dans cette hypothèse, il y aura lieu d'apporter, non plus seulement l'autorisation du destinataire, unique propriétaire de la lettre, mais encore l'acquiescement de l'expéditeur, intéressé à ce que sa pensée intime demeure inconnue des tiers. Il n'en est autrement que si le procès s'agite entre les correspondants eux-mêmes. Ils pourront, dans ce cas, si la production est utile à la cause, se servir de leurs lettres confidentielles, tous deux devant être considérés comme s'étant mutuellement dégagés de toute obligation au secret.

SECTION II

RÈGLES PARTICULIÈRES

352. — Telles sont les règles générales de la production des lettres missives devant les tribunaux. Mais nous savons que certaines personnes n'ont juridiquement qu'une liberté très restreinte, comme, par exemple, les femmes, que la loi place, pendant toute la durée du mariage, sous la dépendance du mari. Nous savons aussi que cette autorité donne à celui qui en est investi, entre autres privilèges, le droit de surveiller et même d'intercepter la correspondance envoyée ou reçue par l'incapable. Vis-à-vis de ce dernier, l'inviolabilité du secret des lettres n'est donc plus qu'un vain mot. Or, supposons que le mari, après avoir arrêté un pli confidentiel destiné à sa femme ou écrit par elle, veuille se servir des aveux qu'il contient pour introduire une demande en séparation de corps ou en divorce. Pourra-t-il légitimer cette production en arguant de son droit de surveillance que lui reconnaît le Code ? Ou bien devra-t-on, au contraire, lui répondre qu'il ne peut utiliser la lettre, selon les principes précédemment développés, qu'en apportant le consentement du destinataire et de l'auteur d'une correspondance dont il n'a jamais eu la propriété ?

Pour répondre à cette question, il convient de la poser en termes plus compréhensifs. Elle revient en effet à se demander dans quelle mesure se trouvent modifiées les règles ordinaires de la production en justice des lettres missives par la faculté légale accordée à différentes personnes de s'emparer de la correspondance des incapables placés sous leur autorité. Ce examen fera l'objet des paragraphes suivants.

§ 1er. — PUISSANCE MARITALE

353. — La production des lettres de la femme par le mari est surtout d'un usage fréquent dans les instances en séparation de corps et en divorce. Elle a donné naissance à de vives controverses et à des divergences d'opinion absolues.

354. — Ecartons tout d'abord un premier point dont la solution ne saurait être douteuse. Il est en effet admis sans contestation que le mari peut, pour prouver les torts de son conjoint, verser aux débats les lettres qui lui ont été personnellement adressées par celui-ci. D'ailleurs, l'opinion unanime concède le même droit à la femme. En somme, nous ne faisons qu'appliquer ici le principe établi en matière de production d'une correspondance invoquée par le destinataire contre son auteur. Nous ne sortons donc pas du droit commun. (Paris, 22 février 1860, D. P., 60. 5. 353 ; — Dijon, 11 mai 1870, D. P., 71. 5. 239 ; — Poitiers, 19 janvier 1891, G. P., 91. 2. 383 ; — Trib. Seine, 6 janvier 1891, *Le Droit* du 14 fév. ; — Cas., 9 novembre 1880, D. R., v° *Let. mis.*, n° 22, — Curet, *Code du divorce*, n° 186 ; — Lafont de Sentenac, *op. cit.*, p. 28 ; — Legris, *op. cit.*, p. 198 ; — Aubry et Rau, *op. cit.*, T. IV, p. 180 ; — Laurent, *op. cit*, T. III, n° 204, p. 243-244 ; — Tissier, *op. cit.*, p. 82 ; — Hanssens, *op. cit.*, p. 277.)

355. — Au contraire, lorsque le mari présente au tribunal une lettre écrite par sa femme à un tiers, ou par un tiers à sa femme, le droit commun voudrait, si la lettre est confidentielle — et elle l'est toujours en pareille circonstance — qu'il se fût assuré le double consentement de l'auteur et du destinataire (1). Mais on comprend que cette condition est impossible à remplir et qu'on arriverait à supprimer, en l'exigeant, un mode de preuve, qui, par sa nature, peut offrir dans beaucoup de cas l'élément le plus certain de conviction. Aussi la jurisprudence, d'accord en cela avec la grande majorité de la doctrine, admet-elle que le mari doit être autorisé à produire les lettres, même confidentielles, reçues ou envoyées par sa femme. Pour nous, cette solution est commandée par le droit de contrôle reconnu au mari sur la correspondance de son conjoint. En vertu de ce pouvoir légal, il devient légitime détenteur de toute lettre de cette nature tombée en sa possession, puisqu'il a le droit d'en prendre connaissance et de la retenir. Le principe de l'inviolabilité du secret des lettres doit donc, dans l'hypothèse où nous nous plaçons, céder devant cet autre principe qui fait du mari le chef de la société conjugale et le gardien de l'honneur domestique. En conséquence, nous dirons, avec les arrêts, que le mari a le droit de faire usage de la correspondance de sa femme, non seulement quand elle lui a été volontairement remise par le destinataire (Besançon, 20 fév. 1860, D. P., 60. 2. 55), ou qu'elle est arrivée entre

---

(1) Cette thèse, qui était celle de Merlin (Rép., v° *Lettres*, n° 6), a été défendue de nos jours avec la plus grande énergie par Laurent (*op. cit.* T. III, n°ˢ 201 et suiv.). Mais elle a trouvé peu d'echo dans la doctrine. (*V. cepend. dans le même sens :* Carpentier, *Traité du divorce*, n° 18 ; — Willequet, *Du divorce*, n° 42 ; — Cas. 12 juin 1823, S., 23. 1. 394 ; — Aix, 17 déc. 1834, S., 35. 2 172.)

ses mains par cas fortuit (Alger, 12 nov. 1866, D. P., 67. 2. 126), mais encore lorsqu'il l'aura interceptée à l'insu de son conjoint ou du tiers, soit personnellement, soit avec l'aide de la justice quand le pli, non parvenu à destination, se trouvera encore dans les bureaux de la Poste. Il serait en effet peu logique de supprimer la sanction du droit de surveillance du mari sur la correspondance de sa femme, sanction qui doit nécessairement consister dans la possibilité de produire cette correspondance et d'en tirer parti devant les juges. (Cas., 15 juillet 1885, D. P., 86. 1. 145 ; — Paris, 22 février 1860, D. P., 60. 5. 353 ; — Bruxelles, 28 avril 1875, D. P., 76. 2. 25 ; — Trib. civ. Périgueux, 27 décembre 1890, D. R. S., v° *Let. mis.*, n° 92, *note 1* ; — Rousseau, *op. cit.*, n° 148 ; — Legris, *op. cit.*, p. 85 ; — Tissier, *op. cit.*, p. 85 ; — D. R. S., *loc. cit.*, n° 91 ; — Lafont de Sentenac, *op. cit.*, p. 38.)

356. — Mais cette production cesse d'être légitime quand le mari s'est servi de procédés illicites pour atteindre son but. Toutefois, il faut distinguer à cet égard l'hypothèse où les lettres sont parvenues en la possession du mari par des moyens qui, pour être certainement indélicats, ne tombent point cependant sous le coup d'un texte répressif, et celle où les lettres ont été obtenues à l'aide d'une infraction à la loi pénale. Dans le premier cas, on décide généralement que l'usage doit en être encore autorisé. C'est ainsi qu'il a été jugé qu'il peut être fait état d'une correspondance écrite par la femme adultère à son complice et que le mari a acheté de celui-ci à prix d'argent. (Cas., 9 juin 1883, D. P., 84. 1. 89.) C'est là une conséquence rigoureuse, mais logique, du principe de l'autorité maritale. (Cas., 15 juillet 1885, D. P., 86. 2. 146 *et la note ;* — Baudoin, *op. cit.,* p. 36 ; — Tissier, *op. cit.,* p. 85 ; — Legris, *op. cit.,* p. 205. — *Contra :* Hanssens, *op. cit.,* p. 284.)

357. — Quelques auteurs admettent une solution identique en ce qui concerne la seconde hypothèse. Demolombe enseigne que rien ne saurait autoriser les tribunaux à écarter des débats dont nous parlons les lettres missives que les parties produisent, ni la déloyauté, ni la trahison, ni ce motif que les lettres ont été soustraites par l'époux ou pour son compte par un tiers. Qu'on se récrie tant qu'on voudra, ajoute-t-il, contre l'infamie de celui qui se sert de documents qu'il a volés ; il n'en est pas moins sûr qu'aucun texte ne permet aux juges de repousser la preuve mise ainsi sous leurs yeux. *(op. cit.,* p. 501; — *Sic :* Massol, *op. cit.,* p. 42 ; — Le Senne, *Traité de la sép. de corps,* n° 346 ; — Goirand, *Traité du divorce,* p. 28 ; — Curet, *op. cit.,* p. 146 ; — Poulle, *Le divorce,* p. 123.) Cette doctrine est inadmissible parce que l'on ne peut jamais tirer parti d'un délit devant la justice et qu'il serait immoral de voir les tribunaux baser leurs décisions sur des documents dont des plaideurs se seraient emparés, en violant la loi. « Il appartient aux tribunaux, dit la Cour de cassation, d'apprécier les conditions dans lesquelles le mari s'est procuré les lettres de sa femme, et ils ne peuvent refuser d'en faire état qu'en déclarant que la détention de ces lettres *est le résultat d'un procédé délictueux, rentrant dans la prohibition de la loi et employé par le mari.* » (Cas., 15 juillet 1885, D. P., 86. 1. 145 ; — *Adde :* Cas., 9 juin 1883, D. P., 84. 1. 89 ; — Bruxelles, 28 avr. 1875, S. 76. 2. 101 ; —

Bordeaux, 13 janv. 1879, D. P., 80. 2. 191 ; — Liège,
10 janv. 1889, G. P., 89. 1. 46 ; — Orléans, 13 déc.
1889, G. P., 90. 1. 21 ; — Rouen, 2 avril 1890, *Recueil de Rouen*, 1891, 1. 106 ; — Paris, 30 juin 1890,
La Loi, du 23 juillet ; — Trib. civ. Chambéry, 23
décembre 1890, *Moniteur judic. de Lyon*, 19 février
1891 ; — Legris, *op. cit.*, p. 205, n° 167 ; — Tissier,
op. cit., p. 85 ; — Lafont de Sentenac, *op. cit.*, p. 39
et suiv. ; — Labbé, *sous* Cas., 9 juin 1883, *dans* S.,
85. 1. 137 ; — D. R. S., *loc. cit.*, n° 92.)

358. — Nous n'avons examiné jusqu'ici que la production des lettres de la femme par le mari, mais que
penser quand la femme demande à produire une lettre
confidentielle écrite par son mari à un tiers ou par un
tiers à son mari, et dont elle se trouve nantie? On estime,
en général, qu'il n'y a pas lieu d'appliquer ici les principes rigoureux du droit commun. Effectivement, en
matière de divorce et de séparation de corps, le législateur a donné aux tribunaux une grande latitude pour
parvenir à la découverte de la vérité et c'est ainsi que,
contrairement aux dispositions des articles 283-285
du Code de Procédure civile, il n'écarte pas de ces
procès le témoignage des parents et des domestiques
des parties. Il a compris que ces sortes d'affaires obli-
geaient le juge à pénétrer dans les mille secrets de la
famille, dans les recoins les plus cachés de la conscience. Sous peine donc de le placer dans l'impossibilité de se prononcer en parfaite connaissance de cause,
il devait enlever à la confidence son caractère ordinaire.
Voilà pourquoi la loi autorise le témoignage de ceux
qu'elle se refuse à écarter d'habitude ; voilà pourquoi
encore il faut décider, *par analogie*, que la production
des lettres en justice, qu'elle soit demandée par le mari

ou par la femme, doit être permise dans la plus large mesure. « La procédure du divorce, dit un arrêt de la Cour de Liège, comporte les moyens d'investigations les plus étendus, et aucun texte de loi n'en exclut les lettres confidentielles écrites par l'un des époux. » (Liège, 6 janvier 1889, *Le Droit* du 12 octobre.)

359. — La jurisprudence se prononce de plus en plus dans ce sens. Nous croyons devoir donner à cet égard certaines de ces décisions qui intéressent particulièrement la femme. Cette nomenclature, très typique, nous fera mieux saisir l'état de la question sur ce point. Ainsi, il a été jugé que la femme peut, à l'appui de son action en divorce ou en séparation de corps, produire des lettres écrites par son mari à des tiers pour qu'elles lui soient communiquées (Dijon, 11 mai 1870, D. P., 71. 5. 238). Il en est de même : des lettres découvertes par elle, — soit dans un lieu commun où le mari les avait laissées par inadvertance (Rouen, 13 nov. 1878 D. P., 80. 2. 190), — soit dans un vêtement de son mari, si elles n'étaient pas renfermées dans une enveloppe, même non cachetée (Cas., 25 mars 1890, D. P., 91. 1. 311), — soit dans un meuble ouvert aux deux époux pour l'exercice de leur commune industrie (Paris, 30 juin 1890, D. P., 91. 2. 333 ; — Rouen, 13 nov. 1878, D. P., 80. 2. 190 ; Alger, 12 nov. 1866, D. P., 67. 2. 126. — *Contra* : Paris, 11 juin 1874, D. R. S., v° *Div. et sép. de corps*, n° 415). Une solution identique est admise en ce qui concerne : les lettres adressées par le mari à un tiers et volontairement remises à la femme par le destinataire (Bordeaux, 13 janv. 1879, D. P., 80. 2 190) ; les lettres écrites par le mari à sa concubine et remises à la femme par cette dernière, en vue de les verser aux débats (Lyon, 6 mars 1883, D. P., 85. 2. 191) ; — les lettres écrites par le mari à sa concubine et données par lui en communication à sa femme, celle-ci se trouvant alors autorisée à faire usage de toute la correspondance pour se défendre contre les injures contenues dans ces missives (Gand, 21 mai 1884, D. P., 85. 2. 100). Enfin, les lettres adressées au mari, déchirées et jetées par lui dans sa corbeille à papier, pourront encore être légitimement invoquées, lorsqu'elles auront été trouvées par la femme ou par un tiers, et reconstituées (Paris, 20 janv. 1897, D. P., 97. 2. 429). Ces décisions sont, au reste, approuvées par la presque unanimité des auteurs. (D. R. S., v° *Let. mis.*, n°⁵ 93 et 95 ; — Lafont de Sentenac, *op. cit.*, p. 43 *note* 1 ; — Baudoin, *op. cit.*, p. 36 ; — Rousseau, *op. cit.*, p. 96 et suiv. ; — Legris, *op. cit.*, p. 203 ; — Tissier, *op. cit.*, p. 83 ; — Breton, *op. cit.*, p. 198 ; — Chauvet, *op cit.*, p. 115 et suiv. — *Contra* : Voillaume et Darantière, *Droits du mari sur la corresp. de sa femme.* p. 29.)

360. — Nous n'avons transcrit en détail cette longue énumération d'espèces que pour faire remarquer combien les juges, avant d'accorder la production, se préoccupent de déterminer avec soin dans quelles conditions la correspondance du mari a pu tomber entre les mains de la femme. Cela suppose que le droit de cette dernière n'est pas absolu et qu'il est des hypothèses où elle sera déclarée non recevable à utiliser les correspondances de son conjoint. Cette restriction, qui se dégage des termes de tous les arrêts précités, est facile à déterminer. La femme, en effet, n'ayant sur la correspondance de son mari aucun pouvoir légal de surveillance et de contrôle sera sans

qualité pour se servir d'une lettre qu'elle aurait *interceptée*, ce qui aurait lieu, par exemple, s'il s'agissait
d'un écrit adressé au mari, reçu en son absence par la
femme et décacheté par elle. *(Sic :* Rouen, 13 nov.
1878, D. P., 80. 2. 190 ; — *Id.*, 20 mars 1864, D.
P., 64. 2. 73 ; — Caen, 19 décembre 1865, D. P., 66.
2. 70 ; — Lafont de Sentenac, *op, cit.*, p. 42-43 ; —
Legris, *op. cit.*, p. 155, n° 127, et p. 204, n° 165 ; —
D. R. S., v° *Let. mis.*, n° 93 ; — *Id.*, v° *Div. et Sép.
de corps*, n° 417, *in fine* ; — Tissier, *op. cit.*, p. 86.)
Par application de ce même principe, il faut, en outre,
reconnaître qu'il lui sera interdit de faire état, non
seulement des lettres dont elle se serait emparée à
l'aide d'un moyen *délictueux*, mais encore, contrairement à ce qui se passe pour le mari, des lettres
qu'elle aurait acquises *par dol, violence ou autres
moyens illicites ou simplement malhonnêtes.* (Besançon, 30 décembre 1862, D. P., 63. 2. 65 ; — Bruxelles, 30 juin 1881, D. R. S., v° *Let. mis.*, n° 95, *note*
1 ; — Gand, 21 mai 1884, D. P., 85. 2. 100 ; —
Liège, 6 janv. 1889, *Le Droit*, du 12 octobre 1889 ;
— Paris, 31 juillet 1889, *id.*, du 12 octobre ; — Orléans, 13 décembre 1889, D. P., 91. 2. 333 ; —
Rouen, 2 avril 1890, G. P., 92. 1. v° *Let. mis.*, n°
3 ; — Paris, 24 juin 1893, D. P., 94. 2. 591 ; —
Bordeaux, 7 décembre 1894, D. P., 95. 2. 147 ; —
Douai, 28 janv. 1896, D. P., 96. 2. 521 ; — Baudry-
Lacantinerie, *op. cit.*, T. I, p. 410, n° 674, *et les
aut. citées supra.*)

361. — L'inégalité que l'on constate ici entre la
femme et son conjoint est peut-être choquante, mais
elle est à coup sûr légale, puisqu'elle n'est qu'une
conséquence de l'état de dépendance de l'épouse vis-

à-vis de son mari. Dans la pratique, d'ailleurs, les juges tendent de jour en jour à en atténuer davantage les rigoureux effets en se montrant plus indulgents dans l'appréciation des procédés employés par la femme pour se procurer les preuves écrites de l'inconduite de son mari. Sans doute, ils obéissent ainsi à un sentiment profondément équitable. Mais cette indulgence est la cause de la véritable anarchie qui règne en cette matière dans les décisions de la jurisprudence actuelle et elle fait mieux sentir combien est regrettable la lacune de notre loi, qui ne fixe nulle part les règles de la production des lettres missives en justice.

§ 2. — AUTORITÉ PATERNELLE ET DU TUTEUR

362. — C'est encore la loi qui range au nombre des attributs de la puissance paternelle le droit pour les père et mère de prendre connaissance des lettres adressées à leur enfant mineur ou écrites par lui, de les intercepter et de les supprimer. Mais s'ensuit-il qu'ils puissent aller jusqu'à produire cette correspondance dans un procès quelconque ? Nous ne le croyons pas. La raison en est que la puissance paternelle n'est plus, comme autrefois dans la législation romaine, édictée dans l'intérêt du chef de famille. Elle n'est aujourd'hui qu'une mesure de protection prise en faveur d'un incapable. Il faut donc en conclure que le père ne pourra se servir des lettres qu'il aura interceptées que si cette production est utile à l'enfant. (Hanssens, *op. cit.*, nos 266 à 269 ; — Chauvet, *op. cit.*, p. 85 ; — Tissier, *op. cit.*, p. 81 ; — Breton, *op. cit.*, p. 190.)

363. — On doit *a fortiori* refuser la production des lettres interceptées lorsqu'elle est demandée après la majorité ou l'émancipation de l'enfant. L'incapable, en effet, est seul propriétaire de sa correspondance et l'exercice du droit de contrôle dévolu à ses père et mère n'a pas pour conséquence de le dépouiller de cette propriété. Il pourra donc, devenu majeur, revendiquer ces écrits restés aux mains de ses parents, ce qui comporte évidemment pour lui la faculté de les faire rejeter des débats. (Trib. Seine, 29 novembre 1888, G. P., 89. 1. 454 ; — Tissier, *op. cit.*, p. 195-197 ; — *et les aut. citées supra*. — *Contra* : Caen, 11 juillet 1866, D. R. S., v° *Let. mis.*, n° 10, *note 1*.)

Ce qui vient d'être dit s'applique également au tuteur d'un mineur ou d'un interdit. (Tissier, *op. cit.*, p. 48 ; — Legris, *op. cit.*, p. 197, n° 158 ; — D. R. S., v° *Let. mis.*, n° 11.)

§ 3. — CORRESPONDANCE DES ALIÉNÉS

364. — La correspondance des individus placés dans une maison de santé reste, nous le savons, sous la surveillance des directeurs de ces établissements qui peuvent l'intercepter et en défendre la remise au destinataire quel qu'il soit. (V. *supra*, n°s 161-162.)

365. — Toutefois, ce serait une erreur de croire qu'il leur est loisible de la conserver ou de la détruire à leur fantaisie. Le directeur d'une maison d'aliénés n'est pas, en effet, le représentant d'un incapable. Son rôle se borne à garder et à soigner des malades, sans qu'il ait à se préoccuper de leurs affaires privées. Aucun doute n'est possible à cet égard et il suffit de lire les dispositions de la loi du 30 juin 1838 pour s'en convaincre. En vertu de ce texte, la gestion du patrimoine des malheureux séquestrés appartient au tuteur, en cas d'interdiction prononcée. Si cette formalité n'a pas été remplie, elle est alors confiée soit, d'office, à la commission administrative de l'établissement, ou à un administrateur provisoire (art. 32), soit, par voie judiciaire, à un curateur (art. 38). C'est pour nous la preuve incontestable que la mission unique du directeur doit être limitée au traitement et aux soins à donner à l'aliéné. Nous en conclüerons donc, avec la grande majorité des auteurs, qu'il n'est que le dépositaire des lettres interceptées et qu'il sera tenu de les rendre immédiatement au représentant légal de son pensionnaire. (Labbé, *sous* S., 76. 1. 98 ; — Aubry et Rau, *op. cit.*, T. VIII, p. 293, *note* 18 ; — Rousseau, *op. cit.*, p. 104-105 ; — Tissier, *op. cit.*, p. 56-57 ; — Legris, *op. cit.*, p. 161 et suiv.; — Hanssens, *op. cit.*, p. 265. — *Contra* : Angers, 6 mars 1874, D. P.,75. 2. 227 ; — Cas., 27 décembre 1875, D. P., 76. 1. 66.)

366. — Cette conclusion n'est pas sans intérêt. Supposons qu'en fait le directeur ait gardé la correspondance. Pourra-t-il s'en servir en justice pour sa justification afin de repousser une action en dommages-intérêts pour séquestration arbitraire formée contre lui par son client ? Les arrêts précités de la Cour de cassation et de la Cour d'Angers ont soutenu l'affirmative en basant leur décision sur le droit de la défense. « Ces lettres seront souvent pour les directeurs, dit à ce propos M. le conseiller Lepelletier en son rapport, le seul moyen de répondre aux accusations de séquestration arbitraire dont ils peuvent être l'objet. C'est le caractère commun de tous les genres de folie de prétendre qu'on n'a jamais été fou, surtout lorsqu'on l'est encore. Que l'aliéné sorti de l'établissement croie qu'il n'a jamais été malade, qu'il prétende que sa séquestration est le résultat d'un concert frauduleux, de machinations coupables, qu'à l'appui de sa prétention il allègue des faits que leur pertinence obligera le tribunal à admettre en preuve, voilà les directeurs exposés à tous les dangers d'une enquête, à tous les ennuis d'un procès, s'ils n'ont entre les mains la preuve déjà faite de la réalité de la maladie et de la fausseté des imputations dirigées contre eux. » (D. P., 76. 1. 68.)

367. — Nous ne pouvons pas nous associer à cette manière de voir. D'une part, nous le répétons, le directeur n'est que le dépositaire des lettres interceptées dont la propriété n'a jamais cessé d'appartenir à son malade. De l'autre, sa défense ne sera en rien compromise par le refus que nous lui opposons de laisser produire ces écrits. Il lui suffira, en effet, de prouver au tribunal qu'il a strictement accompli les formalités qui lui sont imposées par la loi avant d'admettre un malade dans son asile, pour que sa responsabilité soit absolument à couvert. C'est là, croyons-nous, plus qu'il n'en faut pour réfuter la théorie admise par deux fois par la jurisprudence.

FIN DE LA TROISIÈME ET DERNIÈRE PARTIE

TABLE DES MATIÈRES

APPENDICE

DEUXIÈME PARTIE
De la propriété des lettres missives (190 à 249)

CHAPITRE I
De la propriété du manuscrit

CHAPITRE II
De la propriété littéraire des lettres missives

TROISIÈME PARTIE
Production en justice des lettres missives (250 à 270)

Forcalquier, Imprimerie Albert CREST.

www.ingramcontent.com/pod-product-compliance
Ingram Content Group UK Ltd.
Pitfield, Milton Keynes, MK11 3LW, UK
UKHW021917070726
13614UKWH00001B/97